ALTDEUTSCHE TEXTBIBLIOTHEK

Begründet von Hermann Paul
Fortgeführt von Georg Baesecke und Hugo Kuhn
Herausgegeben von Burghart Wachinger

Nr. 102

I0585157

Ulrich Fuetrer

Lannzilet

(Aus dem ›Buch der Abenteuer‹)
Str. 1−1122

Herausgegeben von

Karl-Eckhard Lenk

MAX NIEMEYER VERLAG TÜBINGEN

1989

CIP-Titelaufnahme der Deutschen Bibliothek

Füetrer, Ulrich:
Lannzilet : (Aus dem „Buch der Abenteuer"); Str. 1–1122 /
Ulrich Fuetrer. Hrsg. von Karl-Eckhard Lenk. – Tübingen :
Niemeyer, 1989
(Altdeutsche Textbibliothek ; Nr. 102)
NE: Lenk, Karl-Eckhard [Hrsg.]; GT

ISBN 3-484-20202-5 kart.
ISBN 3-484-21202-0 Gewebe
ISSN 0342-6661

Druck: Allgäuer Zeitungsverlag GmbH, Kempten
Einband: Heinr. Koch, Tübingen

Inhalt

Vorwort

Der 'Prosa-Lancelot' des 13. Jahrhunderts, von KURT RUH als »säkulares Buch« bezeichnet, hat Textkritiker wie Interpreten wie kaum ein anderer mittelalterlicher Roman beschäftigt und inspiriert. Seine Wirkungsgeschichte in Deutschland, wo er bekanntlich nicht heimisch geworden ist, wird erst in Fuetrers 'Lannzilet'-Fassungen am Ende des 15. Jahrhunderts deutlicher greifbar. Darin eigentlich lag für mich die Herausforderung, als ich an eine Edition der Versfassung von Fuetrers 'Lannzilet' ging, eine Herausforderung, die durch den methodischen Reiz eines Vergleichs zwischen Vers und Prosa noch erhöht wird. Ich ahnte nicht, welch langer Weg vor mir liegen würde.

Wenn ich heute immerhin einen Teil des Romans vorlegen kann, so habe ich vor allem meinem Lehrer Burghart Wachinger zu danken, der mich mit Geduld und Nachsicht auf dem Weg begleitet hat und dessen fördernde Kritik der Arbeit weit mehr zugute gekommen ist, als ich das ausdrücken kann.

Daß ich seit 1979 auf die vielfältigen Möglichkeiten der elektronischen Datenverarbeitung zurückgreifen konnte, verdanke ich Paul Sappler. Er hat mir bei den entscheidenden Arbeitsgängen verständnisvoll und unermüdlich Hilfe geleistet. Hans-Joachim Ziegeler hat mit mir in langen Gesprächen Schlüsselszenen des Romans erörtert. Ohne seine freundschaftliche Unterstützung wäre diese Arbeit nicht zustande gekommen. Ludwig Denecke danke ich dafür, daß er mir sein reiches Wissen für die handschriftenkundliche Erschließung des Berliner Fragments (F) zur Verfügung gestellt hat.

Ferner habe ich für fachliche Hinweise Prof. Dr. Francis Brévart (University of Pennsylvania, Philadelphia [USA]), Herrn Dr. Ludwig Morenz (Stadtarchiv München), Frau Dr. Karin Schneider (Bayerische Staatsbibliothek München), Herrn Dr. Ulrich Seelbach (Freie Universität Berlin) und

Prof. Dr. Rudolf Voß (Universität Mainz) zu danken. Die Handschriftenabteilungen der Bayerischen Staatsbibliothek München, der Österreichischen Nationalbibliothek Wien und der Staatsbibliothek Preußischer Kulturbesitz Berlin haben mir bereitwillig die Kopien bzw. Mikrofilme der Handschriften überlassen. Nicht vergessen möchte ich Marga Albus-Martinek und Erika Zürn, die geholfen haben, den weiten Weg der Korrespondenz zwischen Tübingen und Verden zu überbrücken.

Die Arbeit hat im Sommersemester 1986 der Neuphilologischen Fakultät der Universität Tübingen als Dissertation vorgelegen. Sie ist für den Druck stellenweise überarbeitet worden. Gewidmet ist die Arbeit meiner Frau, die die Entstehung dieser Edition gleichsam als ›aventiure‹ miterlebt und manche persönliche Einschränkung mitgetragen hat.

Verden/Aller, im November 1988   Karl-Eckhard Lenk

Einleitung

I. Beschreibung der Überlieferung

Ulrich Fuetrers 'Lannzilet' ist in zwei Handschriften und einem Fragment des 15. Jahrhunderts überliefert:

Handschrift A

München, Bayerische Staatsbibliothek, Cgm 1. Pergament, 348 Bll., 54,5 × 36 cm (Schriftraum 41,5 × 27 cm). Zweispaltig. Die Verse fortlaufend geschrieben, die Versgrenzen meist markiert. Die Strophen deutlich von einander abgesetzt, mit abwechselnd roten und blauen Lombarden. Bl. 1ᵛ großes bayerisches Allianzwappen. Bairisch-österreichische Bastarda, mehrere Schreiber, Korrektoren und Rubrikatoren. Entstanden vermutlich um 1490, nach NYHOLM in Tegernsee.

Inhalt:

Bl. 1ʳᵃ–74ᵛᵇ	1. Buch	Gral-Troja-Epos
Bl. 75ʳᵃ–149ʳᵃ	2. Buch	Wigoleis
		Seifrid de Ardemont
		Meleranz
		Iban
		Persibein
		Poytislier
		Flordimar
Bl. 149ʳᵇ–150ʳᵇ		leer
Bl. 150ᵛᵃ–348ᵛᵇ	3. Buch	Lannzilet vom Lack

Zum 'Lannzilet'-Teil:

Der hier edierte Teil des 'Lannzilet' wird allein von Schreiber 3 bestritten, der auch den Cgm 43 geschrieben hat. Fragwürdig ist nach freundlicher Auskunft von Karin Schneider NY-HOLMs Vermutung, daß er mit Schreiber 2 von Handschrift b des 'Lannzilet' identisch sei. Die Verbesserungen und Nachträge eines Korrektors sind meist mit dunklerer Tinte ausgeführt, aber nicht immer sicher von den Korrekturen des Schreibers zu unterscheiden. Die Rubrizierungen sind vom zweiten Rubrikator ausgeführt. Auf Bl. 150va steht in roter Schrift als Prosatext ohne Absatzgliederung die Widmung an Herzog Albrecht IV. Diese Widmung endet in der Mitte der Spalte, der restliche Raum ist unbeschrieben. Der Prolog beginnt Bl. 150vb, und zwar mit großer rot-grün-goldener Initiale (Str. 1). Die Abenteuerüberschriften sind in dunklerem Rot gehalten, nach ihnen ist anfangs zusätzlich Platz gelassen (bis vor Str. 302), später sind die Strophen direkt angerückt. Der Text der Abenteuer beginnt jeweils mit einer farbigen Initiale, gelegentlich mit Rankenwerk in einer zweiten Farbe. Die Buchstaben nach den Str. 99 und 100 sind rot. Nach Str. 913 (Bl. 187rb) ist der Rest der rechten Spalte freigelassen.

Teilabdrucke des 'Lannzilet':

JOH. CHR. VON ARETIN, Beitrag zur Literatur der altteutschen Romane und Rittergedichte vom 12.-15. Jahrhundert, in: Neuer Literarischer Anzeiger, eine Zeitschrift aus dem Gebiete der Literatur und Kunst. III. Jahrgang, Tübingen 1808, S. 49-53, 65-68 (Str. 5949-5986); BERNHARD DOCEN, Herzog Albert IV. von Baiern, zugenannt der Weise, eine Dichtung Ulrich Fürtrers zu Eingange des Lanzilet, in: Beyträge zur Geschichte und Literatur. Hrsg. von JOH. CHR. FREYHERRN VON ARETIN, Bd. IX, München 1807-1813, S. 1210-1229 (Str. 1-113); FELIX FRANZ HOFSTÄTER, Altdeutsche Gedichte

aus den Zeiten der Tafelrunde, Bd. II, Wien 1811, S. 287–290
(Str. 108–110, Dichterkatalog, fragmentarisch); PAUL MÄR-
TENS, Zur Lanzelotsage. Eine litterarhistorische Unter-
suchung, in: Romanische Studien V 1880, S. 580–590
(Str. 5–113); PETER, Die deutschen Prosaromane, S. 168
(Str. 109), S. 169 (Str. 110); NYHOLM, Gralepen, S. XXXIII f.
(Str. 4559–4563, Erwähnung der Kaisertochter Kunigunde
Str. 4561).

Literatur zur Handschrift:

ERICH PETZET, Die deutschen Pergamenthandschriften
Nr. 1–200 der Staatsbibliothek in München, München 1920,
S. 5–6 (mit der älteren Literatur); NYHOLM, Gralepen,
S. XXXVI–LXII. Zur Geschichte: RISCHER, Literarische Re-
zeption, S. 16.

Handschrift b

Wien, Österreichische Nationalbibliothek, Cod. 3037/3038.
Papier, 516 Bll., 41,3 × 27,8 cm (Schriftraum 31,5 × 20,5 cm).
Zwei Bände mit durchgehender Blattzählung. Zweispaltig.
Die Verse fortlaufend geschrieben, die Versgrenzen meist
durch Virgeln bezeichnet. Strophen deutlich abgesetzt, braune
Stropheninitialen. Bairisch-österreichische Bastarda; mehrere
Schreiber, selten Korrekturen. Strophen deutlich abgesetzt.
Geschrieben um 1490, nach NYHOLM zusammen mit A im
Kloster Tegernsee.

Inhalt:

Zum 'Lannzilet'-Teil:

Der 'Flordimar'-Abschnitt endet in b auf Bl. 233rb. Nach einer leeren Seite 233^v folgt Bl. 234ra der Text des 'Lannzilet' ohne Prosavorrede. Möglicherweise hat die leere Seite dazu dienen sollen, die Prosavorrede aufzunehmen. Allerdings war wohl nur A für Herzog Albrecht IV. bestimmt, b aber wohl für König Maximilian, bevor dieser 1493 Kaiser wurde.[1] Die Abenteuerinitialen, in den Anfangsteilen der Handschrift rot, fehlen im hier edierten Teil des 'Lannzilet', Vorschriften z. T. vorhanden. Abenteuerüberschriften rot. Nach Str. 704 ist Platz für zwei weitere Strophen gelassen, möglicherweise wegen eines bemerkten Fehlers, vgl. Apparat zu Str. 693 (Bl. 264vb). Der Beginn von Str. 870 ist doppelt geschrieben, das erste Mal brach der Schreiber ab und ließ Platz für die vergessene Strophe, deren Eintrag dann unterblieb (Bl. 271vb).

Literatur:

HERMANN MENHARDT, Verzeichnis der altdeutschen Handschriften der Österreichischen Nationalbibliothek, Berlin 1961, Bd. 2, S. 830–833 mit der älteren Literatur. Zur Geschichte: RISCHER, Literarische Rezeption, S. 16.

Handschrift F

Berlin, Staatsbibliothek Preußischer Kulturbesitz, Ms. germ. fol. 757, Bl. 11–12, Fragment.[2]

---

[1] So HERMANN MENHARDT, Ein Spruch von den Tafelrundern, Beitr. (Tüb.) 77 1955, S. 136–164, hier: S. 152 und NYHOLM, Gralepen, S. LXIII Anm. 1 mit der Besitzergeschichte.

[2] Vgl. HERMANN DEGERING, Kurzes Verzeichnis der germanischen Handschriften der Preußischen Staatsbibliothek I, Leipzig 1925,

Geschichte der Handschrift:

Über Entstehung, Auftraggeber und Erstbesitzer der Handschrift kann man nur spekulieren. WERNER FECHTER[3] weist für das 16. und 17. Jahrhundert den Freiherrn Christoph Martin von Degenfeld als Besitzer einer 'Lannzilet'-Handschrift nach, doch handelt es sich hier vermutlich um die Prosafassung (Donaueschingen Cod. 141).[4] Schriftcharakter und Mundart sprechen dafür, daß F in unmittelbarer örtlicher Umgebung und zeitlicher Nähe von A und b entstanden ist. Cgm 247, die Handschrift c des 'Buchs der Abenteuer' ohne den 'Lannzilet'-Teil, wechselte 1579 aus dem Franziskanerkloster in der Schwabingergasse in die Hofbibliothek, die spätere Staatsbibliothek.[5] Die Handschrift stammte aus dem Besitz Kunigundes, der Frau Herzog Albrechts, die in das Kloster eingetreten war.[6] Es ist möglich, daß in diesem Besitz sich auch F befand, F also für Kunigunde geschrieben wurde. Doch ist dies nur eine von vielen Möglichkeiten, und F kann, schon wegen des anderen Materials, kaum als Schwesterhandschrift zu c angelegt sein. Ein Vermerk über den Vorbesitzer findet sich auf einem gelblichen Karton (8 × 10,2 cm), an einem Hanffaden mit Siegel befestigt und an das Fragment angehängt. Das Siegel ist das des Freiherrn K. H. G. von Meusebach: »Oben in Rot zwei in einander verschlungene grüne Rautenkränze; unten in Silber der Rumpf eines nackten Mohren ohne Arme. Auf dem gekrönten Helm mit rotsil-

---

S. 107. Ich wähle die Sigle F, weil die Siglen c (München, Cgm 247), d (Wien, Cod. 2888) und e (Donaueschingen, Cod. 140) bereits vergeben sind.
[3] WERNER FECHTER, Das Publikum der mittelhochdeutschen Dichtung, Frankfurt/Main 1935 (Deutsche Forschungen 28), Nachdruck: Darmstadt 1972, S. 88.
[4] Biographie von Degenfelds in ADB Bd. 5, S. 23–25. Vgl. auch PETER, Die deutschen Prosaromane, S. 150.
[5] NYHOLM, Gralepen, S. LXIX–LXX.
[6] NYHOLM, Gralepen, S. LXX, Anm. 3.

bernen Decken wiederholt sich der Mohr.«[7] Das Fragment
kam aus Meusebachs Besitz in den der damals Königlichen
Bibliothek Berlin im November 1850, drei Jahre nach Meusebachs Tod.[8] Meusebach könnte es gleichzeitig mit Ms. germ.
fol. 745 im Jahre 1830 erworben haben.[9] Auf dem angehefte-
ten Karton handschriftlicher Vermerk: »Bruchstück wahr-
scheinlich aus Ulrich Fürterers Lanzelot. – Es war nach v. d.
Hagens Grundriß S. 154 vormals in Kinderlings Besitz, u. ist
bey v. d. Hagen nur nach einer Abschrift u. daher nicht ganz
richtig beschrieben.«[10] Wann, wie und woher das Fragment in
den Besitz von J. F. A. Kinderling gekommen ist, läßt sich
nicht ermitteln.

Schreibstoff, Format, Blattzählung, Einrichtung:

1 Pergamentstück, 26,2 × 43,6 cm, die vier Ecken ca. 3–4 cm
tief schräg ausgeschnitten. Gleichmäßiges Pergament, das als
Überzug eines Buches von 20 cm Höhe, 15,5 cm Breite und
6 cm Rückenstärke gedient hat, was sich aus der Faltung und
den Löchern für die Bünde ergibt. Der Band hatte nach Aus-
weis von Einschnitten im Pergament vorn zwei Paar Schließ-
bänder im Abstand von 9,5 cm. Eine Rückenbeschriftung ist
nicht erkennbar. Auf Bl. 2ra unten (auf dem Rücken des ehemals beherbergenden Bandes) ein kleiner Rest von starkem

---

[7] Gotaisches genealogisches Taschenbuch der freiherrlichen Häuser
   auf das Jahr 1861. S. 496 f.
[8] Vgl. CAMILLUS WENDELER, Zur Geschichte des Ankaufs der Meusebachschen Bibliothek, in: Centralblatt für Bibliothekswesen 1
   1884, S. 213–231 und ANNALISE WAGNER, Das Schicksal der
   Meusebachschen Bibliothek, in: Jahrbuch für brandenburgische
   Landesgeschichte 23 1972, S. 135–145.
[9] Vgl. DEGERING, Kurzes Verzeichnis I (wie Anm. 2), S. 101.
[10] Vgl. FRIEDRICH HEINRICH VON DER HAGEN, JOHANN GUSTAV BÜ-
   SCHING, Literarischer Grundriß zur Geschichte der deutschen Poe-
   sie von der ältesten Zeit bis in das sechzehnte Jahrhundert, Berlin
   1812, S. 154 f.

Papier (ehemals Signaturschild?). Das Pergamentstück ist Teil eines Doppelblatts. Der Breite nach sind vom vorderen Blatt nur 7,6 cm erhalten, vom hinteren fast alles (36 cm); der Höhe nach umfaßt das Fragment den unteren Teil (etwa die Hälfte) des ursprünglichen Doppelblatts.

Die von der Bibliothek vorgenommene Blattzählung auf Bl. 2rb (11) und 2^{vh} (12) bezieht sich auf die gesamte Fragmentensammlung des Ms. germ. fol. 757, ist aber für das Blatt selbst irreführend. Sie wird hier durch eine Zählung nach der ursprünglichen Anordnung des Doppelblattes ersetzt, die inzwischen teilweise auch in das Fragment eingetragen worden ist: 1ra und 1vb für den erhaltenen Streifen des vorderen Blattes, 2ra–2vb für das hintere Blatt.

Tintenlinierung. 2 Spalten, erhalten 29 Zeilen, auf Blatt 1ra und 1vb wegen der ausgeschnittenen Ecke nur Reste von 24 Zeilen. Abgesetzte Strophen mit 2 Zeilen Abstand, das erste oder die ersten zwei Worte in doppelt großer Schrift, der erste Buchstabe rot gestrichelt. Die einzelnen Verse sind nicht abgesetzt, sondern nur durch Virgeln getrennt. Bl. 2^v rote Überschrift. Keine Korrekturen. Beschriebener Raum, soweit erhalten: 18,5 × 24,3 cm. Aus den fehlenden Strophen läßt sich errechnen, daß der beschriebene Raum eines Blattes eine Höhe von etwa 37,2 cm hatte; rechnet man einen oberen freien Rand von etwa 5 cm hinzu, so ergibt sich eine Gesamthöhe von etwa 50 cm bei einer Breite von 36 cm. Die Handschrift hatte also annähernd das Format von A. Unter Berücksichtigung der Überschriften ergibt sich, daß auch die durchschnittliche Textmenge pro Blatt in A und F annähernd gleich ist. Der zwischen Blatt 1 und Blatt 2 des Fragments fehlende Text umfaßt 129 Strophen und 2 Überschriften. Das entspricht einem Umfang von 4 Blättern; demnach war das erhaltene Doppelblatt das drittinnerste einer Lage. Der Umfang der Lagen läßt sich nicht bestimmen. Reklamanten und Kustoden fehlen. Einige Stellen sind stark abgerieben. Der Text des

Fragments ist mit Ausnahme von Bl. 1^r und Str. 1 und 3 von
Bl. 1^v sowie der Überschrift auf Bl. 2rb durch Galläpfeltinktur
stark gebräunt, doch ist die Schrift fast überall lesbar.

Schrift:

Die Schrift ist eine saubere Bastarda ohne kursive Züge ähnlich der bairisch-österreichischen Bastarda bei CROUS-KIRCH-
NER,[11] Abb. 40. *s* und *f* zeigen lange Unterlängen (*starb*
Abenteuerüberschrift nach Str. 439), das *a* ist einstöckig
(*Lannzilet* Abenteuerüberschrift nach Str. 439), der Kopf des
d hat eine ovale Schleife (*dem* Abenteuerüberschrift). *b* und *h*
sowie *l* haben verschnörkelte Oberlängen (*starb, Phariens*).
Rundes und gerades *r* sind gemischt (*starb - gewarb* Abenteuerüberschrift). Als diakritische Zeichen erscheinen schräge
Striche und *s*-förmige Haken. Die Abkürzungen ähneln denen von A und b.

Mundart:

Die dialektalen Eigentümlichkeiten entsprechen denen von A
und b. Bemerkenswert ist die *ckh*-Schreibung (*lackh*), die b
von A trennt[12] und F an die Seite von b stellt. In F steht
häufiger als in A und b anlautend *b* statt *p* (*blos* 430, *baiden*
446, *beschehen* 455).

Inhalt:

F überliefert ganz oder teilweise die Strophen 275–278,
298–301, 429–433, 437–439, 444–447, 452–456. Die Lesarten
von F sind an diesen Stellen in den Apparat eingearbeitet.
Damit aber auch die Lücken von F deutlich werden, ist im

---

[11] ERNST CROUS / JOACHIM KIRCHNER, Die gotischen Schriftarten,
Leipzig 1928.
[12] Vgl. NYHOLM, Gralepen, S. LXVIII.

folgenden buchstabengetreu der vollständige Text von F abgedruckt, und zwar im Zeilenfall des Fragments. Zweifelhafte
oder unvollständige Buchstaben erscheinen unterpunktet. Der
Text von A ist zum besseren Verständnis in eckigen Klammern mit abgedruckt.

1ra. Es fehlt der Anfang der Spalte.

275 R[itter edlen unnd aller der genossen, sein sun Darius]
musst [nu swerte laytten, mit im menig knab]
von Ritters [art, dar zu die werden sich teten be]
raitten

276 **All** durch d[es hofes ere, kam dar von frembder]
diet, mang fu[rst und frawe here, sunder was höret]
vnder sein gep[iet, nu hört die fraw vom Lack auch]
dise mere, du[rch Bohort unnd auch Lionell, dacht]
sy das es Ir w[ol bequemlich wäre.]

277 **Sy nam** [ir dick zu synne, und tet stät dar]
nach ringen, [durch Lannzilates mynne, wie sy]
sein nefñ zu im [möchte pringen, ain magt mit]
zawber sy zu h[ofe sannde, pericht sy wie sy wurbe]
mit, das Sy d[ie herren zwen prächt aus dem lann]
de

278 **Nu** sy zu H[of hin kame, und hört freud ma]
niger hannd[e, und man ir kunft vername, der]
künig fur sich [die maget schnell besandt, sy]
het erfraget [vor, alls ir gepuerte]

Ende Bl. 1ra. Es fehlen Bl. 1rb (Rest von Str. 278 und vermutlich Str. 279–286) und 1va (etwa Str. 287–294).

1vb. Es fehlt der Anfang der Spalte (etwa Str. 295–298).

298   [mit rigel unde schlos vil ser verschl]iessen

299   [Claudas der kunig here, w]ider aufs pa
[las ging, und beclagt sein not vil] sere, vor allen
[fürsten zu wainen er an vieng, vil] dick saig er in
[unmacht vor in nyder, sy dachten d]ick er wär auch
[tod, bis er zu seinen krefften kam hin]wider

300   [Er sprach ach got mir armen⁄] diss hab ich
                    [mir gemacht⁄ got wells an mir er]parmen⁄ das
              [ich nach disen lannden ye gedacht⁄ u]nd das die ku
                    [nig ye von mir wurden vertriben]⁄ hiet ichs vˢlan
                          [bey frewd und kind⁄ wär ich im la]ndt mit rw
              [vil wol beliben]

301   [Hiet ichs bei iren magen⁄ gelan u]nd bey dem
                    [rechten⁄ so dörft ich yetz nicht clage]n⁄ ich kenn
                    [das got kan gen dem unrecht vec]hten⁄ mit de
              [m vor jamer wanndt er sein hennde⁄ j]ach hiet ich
                    [aller lanndt gewallt⁄ so wär ich doch] an frewden
              [der ellennde]

Ende Bl. 1ᵛᵇ. Es fehlen 4 Blätter.
2ʳᵃ. Es fehlt der Anfang der Spalte.

429 wellt ain stund euch hiet lan genesen

430 **Yetz** möcht mir nicht gezemen⁄ der wellde reich
     hait gros⁄ das ich [euch] wollte [nemen]⁄ ain lid oder
     machen gesundes blos⁄ durch [ewr trew] der ich [vil]
     an euch spüre⁄ für all man die ich ye gesah⁄ ewr ge
     sellschaft ich zu frewden mir erkuere

431 **Mein** starcker zorñ gryṁer⁄ ist mir vˢschwundē
     gar⁄ sein wirt gedacht auch n[y]ṁer⁄ gen euch der
     Stat vnd all der diet furwar⁄ diss [h]abt et Ir gar aine
     In gemachet⁄ herr nembt ewr manschaft hie vō mir⁄
     des pleibt an ern Ir der vngeschwachet

432 **Fürpas** gen euch verspr[e]chen⁄ wil ich dz nyṁer
     tag⁄ doch sollt ir es ee zechen⁄ das Sy vor von euch nem
     mein hrˢ vnd mag⁄ ob Ir die ding dann well kurtzlich
     enden⁄ nach meinem Nefen phariens⁄ solt Ir vmb dise
     sach schnelles besennden

433 **Claudas** bey seiṁ garzune⁄ her Phariens
     enpot⁄ zwischen In dise suen⁄ vnd das ain ende hiet
     Ir aller not⁄ als diser man e[rhor]t die lieben mere⁄
     schnell rait er hin vnd wollt et [selb]⁄ bey Claudas recht
     [pesehen wie dem wäre]

Ende von Bl. 2ra.

2rb. Es fehlt der Anfang der Spalte.

437   [sein nefen vnd seinr]
        Sun zwen⸗ nam er mit Im vnd auch hiemit
        sein frawen

438 **Dise** Gesellschaft claine⸗ tet er zum Lack
        hin fueren⸗ vnd do die frawe raine⸗ zu Ir die wer
        den messeney gund spueren⸗ do ward erfrewet
        Sy von disem mere⸗ der empfanck ward von Ir
        so guot⸗ das es In nam mit alle gar Ir schwere

439 **Lionell** der Iung vnd fruetig⸗ gen Phari
        ens do was⸗ ains tails der vnmütig⸗ Yedoch
        versünt fraw myñe disen has⸗ In daucht sein
        auswesen et vil zů lange⸗ do sagt man Im diss
        mer gar⸗ als wie das Vrleug hett enndt vnd ane
        fange

        Abentewr Wie Lanntziler gewarb
        Bey dem lackh Wie Phariens starb
        Vnd von der Chunigin von Gann
        traibe

Ende 2rb.

Bl. 2va sind die Strophen 440–443 weggeschnitten. Die Unterlängen der letzten Zeile von Str. 443 sind noch erkennbar. Es
folgt:

444 **Die Kunigin** Ir wol dachte⸗ wie Sy
        die Riter kañdt⸗ zu in sy sich hin nachte⸗ Sy sach
        das Sy warn von Irm lanndt⸗ Phariens vnd Lambe
        gus was der ander⸗ Sy fragt von disen hr᷎n dreyn⸗
        der alt zu hañt die hr᷎n Junck die nander

445 **Sy daucht** von disen mern⸗ vor frewden
        ir geschwundt⸗ das da Ir kinder wärñ⸗ nach dem
        ain gahes wachen ward Ir kundt⸗ da vand Sy in Ir
        hannt von golld geschriben⸗ Lannzilet Bohortt Lio
        nell⸗ die namen drey guet zeit dar Inn beliben

446 **Ir** swester sy diss zaigte⸗ vnd sagt Ir die geschicht⸗
gen Got Sy darumb naigte⸗ In baiden ir hertzen
sich gross freúd aufricht⸗ Sy satzten all ir tun in
Gotes myñe⸗ in kurtz darnach von Bonebick⸗ ver
starb vil seligclich die kunigiñe

447 **Got** well Ir geistes wallden⸗ die anndern kŭ
nigin⸗ in seinem schutz auch hallden⸗ furan hort
zu von hertziclicher myñ⸗ die von dem lack die edl
raine trŭge⸗ dē Iungen degen lannzilet⸗ den sy er
zogen het mit schonem fŭge

Ende Bl. 2va.

2vb. Anfang der Spalte fehlt.

452   [der liebsten]
frawen⸗ mein⸗ [hat sy yembt frewd verirret⸗ oder leydt]
sy von sucht icht sunder pein⸗ O Got was ist dem sussē
weib beschehen⸗ hat sy laid oder vngemach⸗ do gund ain
clare maget zu Im yehen

453 **Herr** Sy ist news geganngen⸗ trawrig zer kemen
at⸗ zeher auf liechten wangen⸗ aus augen wieln auf
ir reiche wat⸗ er iach wer hat sy gemacht an frewdñ
lere⸗ er eilt hin zu der frawen clar⸗ die vand er wainde
ser so sagt das māre

454 **Er** sprach zu der vil rainen⸗ sagt keusche weibes frucht⸗
was sol diss clag hie mainen⸗ durch ewr weiplich er
vnd raine zucht⸗ wer hat euch ycht getan solich laide⸗
ewr clag all frewde mir penymbt⸗ durch Got sagt mirs
ee ich yetz von euch schaide

455 **Hayss** wainent sprach die zarte⸗ was sol ich da
von yehen⸗ das mich truebet so hartte⸗ das ist durch
euch mir alles gar beschehen⸗ ir clag mit rew sy ander
waid an vinge⸗ der Iung Ir wort an mass erschrack
⸗ in disem mŭt er von der frawen ginge

456 **Er dacht** was [soll] mein wesñ⸗ bey diser werden
schar⸗ lieber ich vngenesen⸗ wollt yṁer sein ee sich
[mein frawe clar]

An dieser Stelle bricht F endgültig ab.

II. Das Verhältnis der Handschriften

1. Das Verhältnis von A und b

Die beiden wichtigsten Handschriften A und b sind, gemessen an der Mehrzahl der Überlieferungsverhältnisse im 15. Jahrhundert, recht verläßliche Zeugen für das verlorene Original oder das Autormanuskript. Auch A und b zeigen jedoch Mängel und Fehler. Da für einzelne Teile von Fuetrers strophischem Œuvre noch weitere Handschriften dazutreten, hat sich für jeden Herausgeber die Stemmafrage neu gestellt. Man wird immerhin vermuten dürfen, daß das Verhältnis von A und b, die als einzige das gesamte strophische Werk, und zwar in gleicher Reihenfolge, überliefern, in allen Teilen ähnlich ist, und insofern ist ein Blick auf die Urteile der bisherigen Forschung sinnvoll.

Bezieht man das verlorene Autormanuskript ein, ergeben sich zunächst folgende stemmatische Grundmöglichkeiten: Entweder geht A auf das Autormanuskript zurück und b auf A, oder b geht auf das Autormanuskript zurück und A auf b. Schließlich können A und b auch unabhängig voneinander auf dem Autormanuskript basieren.

Für das erste Modell plädiert PANZER.[13] Echte Zusatzstrophen, die nur b hat, und Fehler in A, die b nicht hat, widersprechen jedoch diesem Modell und lassen es fragwürdig erscheinen.[14] Das zweite Modell ist bisher überhaupt nicht ernsthaft in Erwägung gezogen worden. Fehler und Lücken in b, die A nicht teilt, schließen auch dieses Modell aus. Das

---

[13] PANZER, Merlin und Seifrid de Ardemont, S. X: »A ist also die zuverlässigere Handschrift und die Vorlage von b.«

[14] Vgl. WEBER, Poytislier, S. VIII–X; NYHOLM, Gralepen, S. LXXVIII f.

dritte Modell, das eine direkte Beziehung zwischen A und b verneint, haben WEBER, MUNZ und FICHTNER vertreten.[15] Gemeinsame Fehler und teils richtige, teils falsche Korrekturen lassen jedoch an kompliziertere Verhältnisse denken.

Die Frage, ob zur Erklärung der Lesartenkonstellationen weitere verlorene Handschriften als Zwischenstufen anzusetzen sind oder ob Kontaminationen vorgekommen sind, ist vor allem von FICHTNER und NYHOLM unterschiedlich beurteilt worden. FICHTNER schließt Kontamination aus[16] und muß daher annehmen, es habe über das Autormanuskript hinaus weitere verlorene Zwischenhandschriften gegeben. Eine solche Annahme hat NYHOLM zurückgewiesen.[17] Er hält es für ausgeschlossen, daß, wie es nach FICHTNERs Stemma aussähe, der Widmungsempfänger Herzog Albrecht erst eine Handschrift der vierten Generation erhalten haben soll und daß gleich zwei vorausgegangene Handschriften verloren seien. In der Situation einer Schreibstube, die mehrere Handschriften für bestimmte Empfänger herstellte, liege vielmehr die gleichzeitige Benutzung der Haupthandschrift A und des verlorenen Autormanuskripts nahe.

NYHOLM glaubt, daß b aus A abgeschrieben sei, jedoch so, »daß b neben A auch die Vorlage von A benutzte, am Anfang weniger, später aber immer mehr« (S. LXXIX). Gegen seine Argumentation läßt sich einwenden, daß die Annahme, A und b seien »in demselben Scriptorium entstanden« (S. LXXVIII) unbewiesen ist; die von ihm vermutete Identität der Schreiber zu Beginn des 'Lannzilet' (S. LXIV) ist nicht gesichert. Außerdem muß man wohl mit der Möglichkeit rechnen, daß das Autormanuskript Fehler aufwies.

---

[15] WEBER, Poytislier, S. X; MUNZ, Persibein, S. XV; FICHTNER, Trojanerkrieg, S. 18.

[16] FICHTNER, Trojanerkrieg, S. 16

[17] NYHOLM, Rez. FICHTNER, S. 421 f.

Schon wegen der unterschiedlichen Überlieferungslage in einzelnen Teilen des 'Buchs der Abenteuer' ist die Frage des Handschriftenverhältnisses für den 'Lannzilet' neu zu prüfen. Die folgende Untersuchung bezieht sich im wesentlichen auf die hier edierten Strophen 1–1122, bei der Bewertung des Plus- und Minusbestandes aber auch auf den Text jenseits dieser Grenze. Wieder ist von den drei Grundmöglichkeiten auszugehen. Die erste Möglichkeit scheidet aus, weil b manchmal richtig ist, wo A Fehler aufweist:

In 244,7 bezieht A (*was züchten vol und annder schanden freye*) *annder* fehlerhaft auf *züchten*. b hat richtig *aller*.

In 816,5–7 hat A den falschen Plural *fuerten* und *ruerten*, b hat den Singular. Lannzilet erkennt, daß die Botin der Frau vom See eine authentische Botschaft bringt (816,5). Es muß der Singular stehen.

957,3–4 lautet in A: *mein dinst mit trewen im sagen, der künig, der messeneye des geleich.* Lannzilet hat wiederum die Nennung seines Namens verweigert. Er bittet aber darum, dem König weiter seine Dienste anzubieten, ebenso der Königin und dem Gefolge (957,4). *künig* in A (957,4) ist als inhaltliche Doppelnennung falsch, *künigin* (b) richtig.

Auch die zweite Grundmöglichkeit eines Stemmas ist definitiv auszuschließen. b hat Fehler, wo A richtig ist:

49,3–4 lautet in b: *was er betrachtet guetes lat er im nicht mit schwaichen, triegen, hertz. hertz* ist in diesem Kontext eindeutig falsch; A hat richtig *schertz*.

421,6–7 lautet in b: *Herr, deiner messeney sein rainer segen sey ewig zugetzallte. segen* gibt gar keinen Sinn; es könnte aus 421,3 heruntergeholt sein. A hat *geist* anstelle von *segen,* was für einen noch Lebenden ungewöhnlich, aber als Heilswunsch, der bis ins Jenseits reicht, sinnvoll ist.

Einer der schlagendsten Fehler von b ist die falsche Strophenreihenfolge Str. 693–712: 693, 705–712, 694–704, 713 ff. (Zählung nach A). A hat nach inhaltlichen Gesichtspunkten und nach dem Maßstab der beiden Prosafassungen die richtige Reihenfolge. Es ist möglich, daß die Vorlage von A und b ein Schaltblatt mit diesen 8 Strophen enthielt, die A richtig eingefügt, b aber deplaziert hat.

Sehr wichtig für die Beurteilung der Abhängigkeitsverhältnisse sind die Abweichungen im Strophenbestand. In b fehlen folgende A-Strophen: Str. 869, 5862–5907 (A: Bl. 345ra, b: Bl. 512rb). In A fehlen folgende b-Strophen: Str. 3134a, 4310a, 4446a.

Das Fehlen von Str. 869 läßt keine Schlüsse über die Handschriftenverhältnisse zu, da der Schreiber den Fehler selbst bemerkt hat.[18]

Die in b fehlenden A-Strophen 5862–5907 überliefern den Tod des Königs Artus. Es ist möglich, daß ein Blatt aus der gemeinsamen Vorlage verloren ging, das noch A, aber nicht mehr b gesehen hat. Dann müßte die Vorlage kodikologisch ähnlich gewesen sein wie b, da ungefähr ein Doppelblatt fehlt. Der Inhalt der Strophen ist in der Prosafassung überliefert und daher unverzichtbar. Gifflet wirft auf die Bitte von Artus hin dessen Schwert in das Meer (Str. 5873, P 358,1 ff.). Acht Tage nach Artus stirbt auch Gifflet (Str. 5887). Lannzilet stimmt, als er von dem Ableben des Königs erfährt, eine Totenklage an (Str. 5892, P 359,19). Ohne diese Nachricht wäre Lannzilets erneute Klage am Grab (Str. 5912) unverständlich.

Die in A fehlenden b-Strophen 3134a, 4310a und 4446a sind ebenfalls inhaltlich unentbehrlich. Die Claudas-Klage in Str. 4310a hat auch die Prosafassung (P 253,25 ff.). Hestor hat sich in Str. 4444 Parzival zu erkennen gegeben; ohne daß auch Parzival seinen Namen nennt, wäre nicht zu verstehen, daß sich beide in Str. 4447 ff. in den Armen liegen und ihren Geist Gott befehlen, der sie erlöst und heilt. Auch Fuetrers Prosa überliefert Parzivals Namensnennung (P 262,8 f.).

---

[18] Vgl. Anmerkung zu Str. 869.

Da beide Handschriften gegeneinander Fehler, Lücken und echten Zusatzbestand haben, kann die eine nicht allein Vorlage der anderen gewesen sein. Es bleibt nur die dritte Grundmöglichkeit: A und b schöpfen aus gemeinsamer Vorlage, die auch den jeweiligen Sonderbestand bot.

Diese Vorlage war nicht fehlerfrei. Denn A und b haben eine Reihe von Fehlern gemeinsam, u. a. 48,5; 181,2 f.; 230,5; 290,4; 291,2; 304,2; 337,3; 460,6; 496,6; 702,6; 830,4 – um nur eindeutige Fälle zu nennen. Die Fehler sind insgesamt zahlreich, doch nicht von großem Gewicht. Meist handelt es sich um kleine Verwechslungen, grammatische Versehen, Auslassungen von kleinen Wörtern und ähnliches. Man wird sie auch einem Autormanuskript ohne weiteres zutrauen dürfen. Insofern besteht kein zwingender Grund, die gemeinsame Vorlage vom ›Original‹, der Autorreinschrift, zu unterscheiden.

Wie ›rein‹ diese ›Reinschrift‹ war, ist natürlich fraglich. An manchen Stellen hat man den Eindruck, sie sei nicht überall deutlich lesbar gewesen. Dafür könnten insbesondere einige Stellen sprechen, wo in A und b gleichgerichtete Korrekturen vorgenommen worden sind (111,7; 504,4; 1018,4).

Ein besonderes Problem stellt die Arbeit des Korrektors dar, der in A am Werk war. Seine Eingriffe heben sich oft deutlich durch die schwärzere Tinte ab, aber nicht überall sind sie ganz sicher von jenen Verbesserungen zu unterscheiden, die der Schreiber selbst vorgenommen hat. Für die Frage der Handschriftenverhältnisse sind vor allem die Fälle interessant, in denen der ursprüngliche Text von A (A^1) mit dem b-Text übereinstimmt. Unter diesen Fällen sind einige, in denen A^1b zweifellos falsch ist, während A^2 einen guten Text bietet: 246,4; 400,6; 593,3; 917,5; 980,7; 1095,7. Es ist möglich, daß diese Korrekturen einer anderen Vorlage entstammen oder daß die ursprüngliche Vorlage inzwischen durch den Autor korrigiert worden war oder daß der Autor Einzel-

anweisungen gegeben hat. Es ist aber auch nicht auszuschließen, daß es sich um gelungene Konjekturen des Korrektors
handelt. Denn es gibt andere Stellen, an denen der Korrektor
den Text verschlechtert (z. B. 168,7; 246,5), und dort wird man
wohl eher Mißverständnisse und mißlungene Konjekturen
annehmen als eine andere Vorlage erschließen.

Die einfachste Annahme bleibt also, daß A und b auf eine
nicht ganz fehlerfreie gemeinsame Vorlage, die möglicherweise das Autormanuskript war, zurückgehen. NYHOLMS Vermutung, daß b neben dieser Vorlage auch A benutzt habe, läßt
sich für den 'Lannzilet' nicht mit Sicherheit ausschließen,
aber sie liegt keineswegs nahe.

2. Die Einordnung von F

b und F zeigen gegen A Bindefehler, Gegenbeispiele gibt es
nicht. 444,4 lautet:

Sy dacht, das sy waren von irem lanndt (A)
Sy sach, das sy waren von irem landt (b)
Sy sach, das sy waren von irem lanndt (F)

A hat die richtige Lesart *dacht*; kurz vor ihrem Tod (Str. 446)
träumt die Königin vom Paradies (443,2), in dem sie drei Jungen sieht: Es sind Lannzilet, Lionel und Bohort. Wieder erwacht erblickt sie zwei Männer, in denen sie eigene Leute
vermutet (444,4). Tatsächlich sind es Phariens und Lambegus,
die der Königin bereitwillig Auskunft geben über die Jungen
(444,7). Die Frage nach den drei Jungen wäre unsinnig, würde
man in 444,4 mit b und F *sach* lesen.Die Lesart von bF ist
falsch.

b und F glätten gemeinsam gegen A in 455,4 die Metrik:
Das ist durch euch ain mir alles beschehen (A), dagegen: *Das
ist durch euch mir alles gar beschehen* (bF). Das spricht zusätzlich für das Zusammengehen von b und F.

Auch in einem dritten Fall gehen b und F gegen A zusammen:

Yetz möcht mir nicht gezemen des Waruchss reichait gros (A)
Yetz möcht mir nicht gezemen der welde reichhait gros (bF)
Zwar ist die Lesart von bF nicht falsch, doch ist sie schlechter.
Die drei Beispiele zeigen, daß für die von F überlieferte Partie
A nicht die Vorlage von b und F gewesen sein kann. Es ergibt
sich folgendes Stemma:

Das genauere Verhältnis zwischen b und F läßt sich bei der
Kürze des Fragments F nicht entscheiden; es gibt keine be-
weisenden Fehler.

3. Fazit für die Gestaltung der Ausgabe

A ist nicht nur, weil für den Münchener Hof bestimmt, sorg-
fältiger ausgestattet als b, sondern bietet auch im ganzen den
besseren Text. Die Ausgabe folgt daher A und verbessert le-
diglich die Fehler von A aus b(F) – eine Entscheidung, die alle
bisherigen Editoren des 'Buchs der Abenteuer' getroffen haben.

III. Editionsgrundsätze

1. Das Verhältnis des kritischen Textes zu A

Die Schreibung folgt im allgemeinen der Handschrift A. Zum
Zwecke der leichteren Lektüre (inklusive einer wenigstens annähernd richtigen Aussprache) wurden jedoch einige Eingriffe in die Graphie von A vorgenommen, teils lautlich ir-
relevante Vereinfachungen, teils vorsichtige Systematisierun-

gen wechselnder Graphien, durch die die Schreibung den aus
Reimen, schwankendem Schreibgebrauch und sprachge-
schichtlichen Erwägungen erschließbaren Lautwerten deutlicher angenähert werden soll. Im einzelnen handelt es sich um
folgende Eingriffe:

1. Abkürzungen sind aufgelöst; nur in Zweifelsfällen gibt
der Apparat Auskunft. Beispiele für Abkürzungen in A und
ihre Auflösung im kritischen Text: Nasalstrich über *n, m* oder
Vokalen: *ersyñen = ersynnen* (1); *võ = von* (21); *dē = dem* (7);
nym̃ = nymm (18).

Strich als Ersatz des Nebensilbenvokals über *n* und *l*: *pla-*
netñ = planeten (25); *habñ = haben* (6); *geporñ = geporen* (5);
ewrñ = ewren (8); *engl̄ = engel* (1).

Vernachlässigt wird der Nasalstrich über *nn* (*mynñ = mynn*
113) und über *ain, aim, mein, meim, dein, deim, sein, seim.*

Haken für *er*: *d^s = der* (43); *manig^s = maniger* (53); *hr^s =*
herr (56); *hr^s n = herrn* (62).

Selten sind andere Abkürzungen: *sp^ach = sprach* (43); *Ptho-*
lome9 = Ptholomeus (33); *9plexio = conplexio* (41); *9pany =*
conpany (827) (so aufgelöst, weil *conplex* (90) und *conponey*
(580) ausgeschrieben erscheint); *p̄hend = prehend* (92); *aw^2 =*
awentewer (514).

2. Doppelkonsonanten einschließlich *-ck* und *-tz/-cz* sind
vereinfacht nach Konsonant und nach unbetontem Vokal.

Beispiele für Schreibungen der Handschrift A: Doppelkonsonant nach Konsonant: *gichtt* (260); *nichtt* (258); *machtt*
(251); *geschichtt* (251); *hellff* (463); *hertzog* (5); *zwanck* (6).
Doppelkonsonant nach unbetontem Vokal: *erkeñett* (592); *ge-*
leichesst (603); *hocheñ* (33).

3. *b* und *w* sind nach dem mhd. Sprachgebrauch ausgegli-
chen, nicht jedoch bei Namen und *abentewr.* Beispiele aus A:
tugendtwalt (20); *fürbar* (132) (selten); aber *abentewr*
(525,577), *Waldack.*

4. *j* und *v* stehen für Konsonanten, *i* und *u* für Vokale.

5. Die in der Handschrift nur unregelmäßig markierten Umlaute von *a, o, u, aw, ue* wurden bezeichnet: *ä, ö, ü, äw, üe*.

6. *w̃* und *w* werden in der Geltung als zweiter Bestandteil von Diphthongen einheitlich als *w* wiedergegeben; in der Geltung als silbentragende Vokale werden sie bei Vollwörtern entsprechend ihrem Lautwert wiedergegeben (fast nur *rw̃* = *rue, thw̃* = *thue*). *zw, zw̃, zü* (häufigste Schreibung) und *zu* wurden einheitlich *zu* aufgelöst.

7. Im Bereich der *u*-Laute wurden Diphthonge und Monophthonge in Anlehnung an die Handschrift, aber ohne Rücksicht auf die Graphie im Einzelfall nach Herkunft und Lautwert geschieden als *u, ü, ue, üe*. Bewahrt wurde jedoch die wechselnde Schreibung des alten kurzen *u* vor *n, r* und *ch*,[19] z. B. *sun/suen* (›Sohn‹) und das Schwanken des kurzen *u* mit *o* (z. B. *vernumen/vernomen*).

8. Die Wortabteilung wurde nach der Handschrift geregelt, wo es sich nicht um untrennbare Präfixe oder eindeutig getrennt zu schreibende syntaktische Fügungen (Präposition + Substantiv, Pronomen + Substantiv) handelt.

Alle übrigen Abweichungen von A sind im Apparat oder, falls metrisch bedingt, durch spitze Klammern nachgewiesen.

2. Die Lesarten von b und F

Nicht nachgewiesen werden die rein orthographisch oder phonologisch bedingten Abweichungen von b und F, wohl aber metrisch relevante und alle grammatischen und lexikalischen Abweichungen.

---

[19] Jüngere bairische Diphthongierung, vgl. HERMANN PAUL, Mittelhochdeutsche Grammatik. 20. Auflage von HUGO MOSER und INGEBORG SCHRÖBLER, Tübingen 1969, S. 124, § 116.

3. Metrische Einrichtung

In der metrischen Einrichtung des Textes gehe ich anders vor als andere Fuetrer-Herausgeber.

Mir scheint, daß Fuetrers Titurelstrophe sehr regelmäßig gebaut ist mit festem Auftakt und durchgeführter Alternation; als einzige Freiheit findet sich Kadenztausch in Vers 2 und 4. Dem Gleichlauf entgegen stellen sich häufige Tonbeugungen im Versinneren, die geradezu den Gedanken an silbenzählende Metrik aufkommen lassen.

Dieser charakteristische Versbau ist in der Überlieferung – meist durch eine gewisse Beliebigkeit der Wahl zwischen metrisch verschiedenwertigen Schreibformen – nicht ganz deutlich; aber da ihm sehr viele Verse folgen und der größte Teil des Rests durch ganz leichte Einrichtung dieser Norm angepaßt werden kann, darf das Prinzip als gesichert gelten. Das gölte selbst dann, wenn schon der Autor selbst seine metrische Norm z. T. unvollkommen in Schreibformen umgesetzt haben sollte.

Die vorausgesetzte Regelmäßigkeit habe ich jedoch bei der Einrichtung des Textes nicht einfach durchgesetzt. Vielmehr beschränke ich mich darauf, bei voller Durchschaubarkeit des Überlieferungsbefundes mein Verständnis anzudeuten: Metrisch erforderliche Ergänzungen erscheinen ohne Apparatnachweis in spitzen Klammern, und zwar recte bei Übereinstimmung mit b, kursiv bei Abweichung auch von b. Metrisch erforderliche Kürzung oder Verschleifung wird durch Unterpunktung angezeigt, abweichende Lesarten von b und F sind in diesen Fällen im Apparat nachgewiesen. Es bleibt bei diesem Verfahren dem Benutzer der Ausgabe überlassen, ob er regelmäßiges Alternieren oder Unter- und Überfüllung der Verse annimmt.

4. Die technische Einrichtung von Text und Apparat

Verbesserungen trivialer Schreibfehler sind durchgeführt, ohne daß im Text eine Markierung durch Kursivdruck erfolgt.

Alle gewichtigeren Eingriffe in den Text werden durch Kursivdruck hervorgehoben. Alle Lesartenangaben folgen der Schreibweise der Handschrift.

IV. Zur Abgrenzung der Teiledition und zum Verhältnis zu den Prosatexten

Die vorliegende Ausgabe bietet den Text von Fuetrers strophischem 'Lannzilet' bis Str. 1122. Eine Edition der weiteren Teile durch Rudolf Voß ist geplant. Der Einschnitt gerade an dieser Stelle erscheint von der Handlung her gerechtfertigt. Eine äußere Markierung bieten die Handschriften, abgesehen von der Abenteuerüberschrift, an dieser Stelle allerdings nicht. Der hier edierte Textabschnitt entspricht ungefähr dem 1. Buch von Fuetrers 'Lannzilet'-Prosa; da die genauere Grenzziehung dort von der Handlung her gesehen weniger glücklich ist, habe ich mich an die Kapiteleinteilung des 'Lancelot' des 13. Jahrhunderts gehalten; der Text dieser Ausgabe entspricht den ersten vier Kapiteln:

	'Prosa-Lancelot'	'Lannzilet' (Prosa)	'Lannzilet' (Vers)
Die schmerzensreiche Königin	S. 1– 34	S. 1– 8	Str. 114– 264
Lancelots Kindheit	S. 34–140	S. 8–24	Str. 265– 524
Die Dolorose Garde	S. 140–222	S. 24–46	Str. 525– 913
Galahot	S. 222–303	S. 46–55	Str. 914–1122

Zum leichteren Vergleich der verschiedenen Fassungen des Lancelot-Stoffs und als Hilfe bei der Untersuchung von Fuetrers Kürzungen, Erweiterungen und Umstellungen wird am Rand neben dem Text von Zeit zu Zeit bei eindeutig identifizierbaren Handlungsschritten und Motiven auf die Ausgaben von KLUGE und PETER verwiesen. Es bedeuten: K

3,4 = Kluge, Bd. 1, Seite 3, Zeile 4; P 2,13 = Peter, Seite 2,
Zeile 13; P 3,'1 = Peter, Seite 3, nach der Überschrift Zeile 1.

V. Inhaltsangabe

Preis Gottes und der Offenbarung seiner Macht in seinen
Werken. Er herrscht über die Planeten, die das Wesen der
Menschen hervorrufen, wie – insbesondere durch die Konstellation von Sonne, Merkur und Jupiter – an den Tugenden
Herzog Albrechts zu sehen ist. Dieser hat bislang schon von
vielen Rittern erzählen lassen, nun soll noch die Geschichte
eines Ritters erzählt werden (1–7). Der Dichter bittet Frau
Minne und Frau Ehre um Hilfe; sie wollen sie ihm gewähren,
freilich nur noch einmal und allein um dieses Fürsten willen.
Auf dem Fest eines Hofes zu *frewden tal* werde er *witz* und
vernuft für seine Aufgabe lernen können (8–13).

Sie geleiten ihn in ein amoenes Tal, in welchem Frau Minne, Frau Ehre und der Dichter Ulrich in der Reihenfolge der
Wochentage die Planeten aufsuchen. Diese werden als Fürsten
vorgestellt, die sich mit ihrem Hofstaat in Zelten an verschiedenen Plätzen des Tales zu einem Fest versammelt haben. Jedem Hof sind bestimmte Farben und Edelsteine zugeordnet;
jeder Hof erhält durch seine Angehörigen, die für den jeweiligen Planeten typisch sind, sein spezifisches Kolorit und ist
ausgezeichnet vor allem durch die Anwesenheit der Begründer der septem artes: Priscian (Grammatik) bei Sol, Ptolemäus (Astronomie) bei Luna, Pythagoras (Arithmetik) bei
Mars, Cicero (Rhetorik) bei Merkur, Euklid (Geometrie) bei
Jupiter, Tubal (Musik) bei Venus, Aristoteles (Logik) bei Saturn.

In der genannten Reihenfolge werden zunächst Sol (14–24)
und Luna (25–44) aufgesucht; bei letzterem bietet der Dichter
nach der Lehre des Ptolemäus eine Reihe astronomischer Da-

ten (25-39). Danach folgen Mars (45-50), Merkur (51-63), Jupiter (64-72) und Venus (73-86). Die ersten vier standen bei Albrechts Geburt in ihren Häusern (22, 43, 48, 62) und konnten ihm als ihrem Kind Tugenden und günstige Eigenschaften und Lebensumstände vermitteln. Jupiter und Venus standen kurz vor dem Eintritt in ihre jeweiligen Häuser und in günstiger Konstellation zueinander (71-72, 90). So ist es Jupiter gelungen, den Einfluß Saturns abzuwehren, an dessen Hof sich Aristoteles vergeblich bemüht, Tugenden zu vermitteln (83-86). Dieser Hof wird auch nicht aufgesucht, Aristoteles aber wird an Venus' Hof geholt, und er preist wie die sechs anderen Planeten Albrecht (87-90).

Auf einer vom König (Sol) einberufenen Versammlung senden die Planeten auf Vorschlag von Frau Minne den Dichter Ulrich mit einer Botschaft ihres Handelns zu Albrecht. Ulrich, der von Frau Minne öffentlich desavouiert wird, überbringt nun, mit der Ehrerbietung von Frau Minne und Frau Ehre, den versiegelten Brief (91-98). In ihm erklären die sechs der sieben Planeten und die sieben *philosophy* Albrecht ihre Gunst und Zuneigung. Sie versichern ihn auch in Zukunft ihrer Hilfe für seine Herrschertugenden, u. a. Mars der *manhait* (99-104).

Ulrich wird nun aufgefordert, von der *manhait* des Ritters Lannzilet *bey seinen tagen* zu erzählen (105). Ulrich beklagt die Grenzen seiner Kunst im Vergleich zu einer Reihe früherer Dichter; dabei kritisiert er die 'Lancelot'-Version Ulrichs von Zazikhoven, nimmt den Autor selbst aber auch in Schutz (106-110). Er bittet Maria und Gott um Hilfe für die Kunst, die für sein Vorhaben nötig sei, von der Aventiure eines Ritters zu erzählen, die dieser um der Liebe willen auf sich genommen habe. Ulrich hofft, dann auch mit Frau Minne in Frieden leben zu können (111-113).

In Gallia herrscht ein König, Ganues mit Namen, über die ererbten Länder Gann und Bonebick. Der Herrscher des

Wüesten Landes, König Claudas, der ihm auch von Rechts
wegen untertänig sein sollte, widersetzt sich und leistet keine
Gefolgschaft. Dieser Untreue wegen vertreibt Ganues ihn aus
seinem Land (114-116). Vor seinem Tode bittet Ganues die
Fürsten seines Landes, seinen Söhnen Bann und Bohort die
Treue zu halten. Er krönt sie zu Königen zweier [dieser zwei]
Länder, wo sie - mit edlen Frauen verheiratet - beide in Weis-
heit herrschen (117-120). Nach Ganues' Tod verschafft Claudas sich unter Freunden, Verwandten, Lehnsmännern und aus
dem Reich der Römer Verbündete und erobert das Land Bonebick, das Land König Banns, bis auf eine Stadt [Trewe]. Bei
den Kämpfen verliert Ponthus Anthonius von Rom durch
Bann sein Leben. Claudas, der dies rächen will, unterliegt
Bann im Zweikampf ebenfalls und kann nur durch die Seinen
vor dem Tod gerettet werden. Auf der anderen Seite haben
nur Bann selbst und drei seiner Getreuen die Kämpfe über-
lebt. Mit diesen zieht Bann sich nach *Trewe* zurück, der Stadt,
die allen Drohungen, Versuchungen und Belagerungen bislang widerstanden hat (120-129).

Auf Vorschlag von Claudas treffen sich Bann und Claudas
mit wenigen Begleitern vor der Stadt. Dort bietet Claudas
früntschaft für den Fall an, daß nun Bann sein Vasall werden
und von ihm sein Land und die Herrschaft darüber zu Lehen
nehmen würde. Bann lehnt dies ab, weil er König Artus zu
Lehen verpflichtet sei. Claudas gibt ihm eine Frist von 40 Tagen, um Hilfe von Artus zu holen. Komme es nicht dazu, solle
Bann als sein Vasall gleichwohl in Ehren bleiben (130-134).

Als Bann fortreitet, verabredet Claudas mit dessen *marschalk,* daß dieser das Land zu Lehen erhalte, wenn er ihm
Trewe durch Verrat übergebe (135-137). Banns Frau empfiehlt
dem König, König Artus das Unrecht zu schildern, das ihm
angetan ist, und damit seine Hilfe zu erbitten; beide ziehen
allein mit ihrem Kind und einem Diener fort (135-140). Unmittelbar darauf vereinbart der *marschalk* mit Claudas gegen

die Zusicherung, das gegebene Versprechen zu halten, daß er ihm in der kommenden Nacht die Tore der Stadt öffnen werde. Ein Ritter Banynn sieht den *marschalk* von dieser Unterredung zurückkommen. Er glaubt dem Verräter nicht, daß er den Frieden mit Claudas befestigt habe, und ist auf seinem Turm nahe dem Königsschloß auf der Hut, kann aber nicht verhindern, daß der *marschalk* die Tore öffnet und die Feinde trotz seiner Gegenwehr die Stadt erobern und anzünden. Nach vielen Tagen erst ergibt sich Banynn aus Hunger in seinem Turm und nur auf das Gelübde von Claudas hin, daß Claudas ihm den Kampf mit einem Verräter gewähren müsse (141-151). Als der *marschalk* von Claudas die Einlösung von dessen Versprechen fordert, erklärt Banynn, dies sei der Verräter; in einem Kampf mit ihm wolle er seine Schuld beweisen. Der *marschalk* geht darauf ein. Claudas verspricht dem Sieger das Land zu Lehen (152-156). In dem Kampf am nächsten Tag erschlägt Banynn den *marschalk*, nimmt aber Claudas' Angebot, das Land von ihm zu Lehen zu nehmen, aus Treue gegen seinen Herrn nicht an (157-165).

Auf der Reise zu Artus sieht Bann nahe einem See von einem *hochgepirg* aus, wie Trewe brennt. Er stirbt vor Schmerz (165-168). Als Banns Pferd ohne Reiter zurückkommt, ersteigt der Diener den Berg. Auf seine Klage um Bann folgt ihm Banns Frau und läßt das Kind allein zurück. Sie findet es in den Armen einer schönen Frau wieder, die trotz der Bitten von Banns Frau mit ihm in den See springt (169-175). Sie glaubt ihr Kind verloren, doch war dieser See ein Zauber der schönen Frau vom Lack, den sie Mörlin von Norchumerland aus Liebe gelehrt hatte. So weiß die Königin nicht, daß ihr Kind, das Galat getauft ist, später aber Lannzilet genannt wird, hier aufgezogen wird (176-178).

Die trauernde, heimatlose Königin wird von einer Äbtissin bewogen, mit ihr zu ziehen. Sie beschließt, der Welt zu entsagen, und die Äbtissin folgt ihrer Bitte, sie in ihren Orden

aufzunehmen (179-183). Claudas überzieht nun auch das
Land [= Gann] von Banns Bruder Bohort mit Krieg und vertreibt alle, die sich nicht in seine Gnade begeben. Deswegen
verläßt auch die Witwe Bohorts, der an einer schweren Krank-
heit gestorben ist, mit ihren zwei Kindern das Land. Sie will
zu Künigswal in dem Kloster den Schleier nehmen, in dem
bereits ihre Schwester [erst hier!] Nonne geworden ist. Auf
dem Wege dorthin begegnet ihnen aus der Jagdgesellschaft des
Claudas ein Ritter [Phariens], der, nachdem ihn Bohort einst
vertrieben hatte, an Claudas' Hof gegangen war. Er fordert
von ihr die Kinder, ist dann aber vom Verlust ihrer königlichen Macht und von ihrer Verzweiflung selbst so ergriffen,
daß er ihr verspricht, die beiden Knaben in Ehren zu halten
und ihnen zu helfen, ihre Herrschaft zurückzuerlangen. Er
verbirgt die Königin auf einem *bruederhof* (184-194). Die
Kinder nimmt er mit sich und verbietet seiner Frau, die allein
von ihnen erfährt, sie zu verraten. Claudas bietet Belohnung
demjenigen, der ihm die Königin und ihre Söhne ausliefert,
nachdem ihm ihre Flucht hinterbracht worden ist (195-196).
Darauf läßt Phariens die Königin durch seinen Neffen Lambegus heimlich ins Kloster zu Künigswal führen. Dort klagen
die Schwestern einander ihr Leid, und nachdem auch die Königin von Gann den Schleier erhalten hat, baut man ein Münster, in dem König Bann bestattet wird (197-201).

Ulrich fragt Frau Minne, warum sie, Frau Ehre und Frau
Fortuna dem König Claudas Macht über die beiden Schwestern verliehen haben, denen er doch hätte Minne entgegen-
bringen sollen. Frau Minne entgegnet, Claudas habe stets nur
die Minne nach Art der Verräter erstrebt. Ulrich solle ohne
Umwege weitererzählen (202-208).

Phariens' Frau, die heimlich mit Claudas schläft, berichtet
diesem von Bohorts Söhnen. Claudas bringt einen Ritter, der
Phariens haßt, dazu, Phariens am Hof des Verrats anzuklagen,
da er Bohorts Frau aus dem Lande gebracht habe und seine

Kinder verborgen halte. Der Ritter will dies, falls Phariens
leugne, im Kampf beweisen (209-214). Phariens bekennt sich
dazu, den beiden Söhnen als seinen Herren die Treue gehalten
zu haben. Die eigentlichen Verräter seien jene wie dieser Ritter, das werde er im Kampf beweisen (215-218). Phariens besiegt und tötet den Ritter (219-225). Claudas läßt Phariens die
Knaben bringen und schwört, daß er ihnen nichts zuleide tun
und ihnen, falls sie ihm Gefolgschaft leisten, ihr Land zurückgeben werde. Er läßt die Kinder in einen Turm schließen und
übergibt sie der Aufsicht von Phariens und Lambegus
(226-230).

Lannzilet wird im See von schönen Frauen erzogen; er er-
lernt alle ritterlichen Künste (231-233).

Claudas, durch seine Herrschaft hochmütig geworden, will
sich alle Könige, insbesondere Artus, untertänig machen, solte es ihn auch sein Reich kosten. Gegenüber den Fürsten seines Landes erklärt er, er wolle allein mit einem Knappen eine
gelobte Wallfahrt in ein fernes Land antreten. Er läßt sie
schwören, daß sie, sollte er nicht zurückkehren, Bohorts [des
älteren] Söhnen ihr Land überlassen, sich seines Sohnes annehmen und Gerechtigkeit walten lassen würden (234-238).
Allein seinem Knappen, dem er verbietet, seinen Namen zu
nennen, erklärt er, daß er an Artus' Hof dessen Macht erkun-
den wolle. So wird Claudas in Artus' Hofgesellschaft aufgenommen (239-241). Artus hatte zu dieser Zeit seine Macht
noch nicht lange befestigt und war etwa ein halbes Jahr mit
der jungen Ginofer verheiratet. Ein Jahr bleibt Claudas am
Hof und sieht, wie Artus' Macht und Ruhm sich mehren
(242-246). Auf dem Rückweg von Gamahaloth eröffnet Claudas seinem Begleiter, daß er die Möglichkeiten habe auskund-
schaften wollen, wie er sich Artus durch Heeresmacht untertänig machen könne. Der Knappe rät aufrichtig und erschrok-
ken vor der Überhebung, vor Artus' Übermacht und vor dem
unrechtmäßigen Anspruch ab (247-254). Obwohl Claudas

sich über diesen treuen Ratschlag freut, reizt er den Knappen
mit der Behauptung, er sei Artus mehr zugetan als ihm. Der
Knappe kündigt ihm die Gefolgschaft, kämpft sogar für seine
Ehre mit Claudas, läßt sich aber darauf ein, vor Artus im
Kampf seine angebliche Falschheit zu widerlegen. Nun erst
erklärt Claudas, daß er ihn habe erproben wollen. Er stellt
ihm Belohnung in Aussicht, und beide reiten heim (255–264).

Banns Witwe, die eines Tages trauernd am See sitzt, erfährt
von einem *brueder*, dem sie ihr Schicksal erzählt, daß Lannzilet lebt und gut erzogen wird. Der *brueder* reitet zu Artus
und wirft ihm vor, daß seine Ehre Schaden genommen habe,
weil er seinen Lehensleuten Bann und Bohort nicht geholfen
habe. Artus entschuldigt sich damit, daß er erst seine eigene
Herrschaft habe etablieren müssen, und kündigt Rache an
Claudas an. Das berichtet der *brueder* den zwei Schwestern
(265–274).

Claudas hat zur Schwertleite seines Sohnes Darius einen
großen Hof versammelt. Die Frau vom Lack schickt eine zau-
berkundige Jungfrau dorthin, die Lionell und Bohort, Lannzilets Vettern, auch zu ihr bringen soll. Sie tritt mit zwei Hunden, die sie an silbernen Ketten hält, vor Claudas und be-
schuldigt ihn, daß er zwar einen Hoftag halte, die aber, denen
das Land von Rechts wegen gehöre, nicht anwesend seien.
Wenigstens um seiner Ehre willen solle er sie zu sich laden
(275–282). Claudas läßt sie daraufhin sofort von Phariens holen. Beide dürsten nach Rache; Phariens kann Lionell kaum
davon abhalten, sich ein Schwert umzugürten. Am Hof ehrt
sie Claudas; viele trauern, als sie die sehen, die Gäste in ihrem
eigenen Land sind. Die Jungfrau vom See übergibt beiden
eine Spange und einen Kranz. Davon werden sie tapfer und
noch zorniger. Als Claudas sie an seine Seite bittet, schlägt
Lionell ihm mit dem angebotenen Becher so aufs Haupt, daß
er bewußtlos wird, den aufspringenden Darius erschlägt er
mit Claudas' Schwert. Claudas erwacht in dem Tumult und

schreit Zeter über Lionell (283-293). Die Jungfrau vom See streift Lionell und Bohort die silbernen Hundeketten über; dadurch erscheinen sie als Hunde. Sie geht mit ihnen ungehindert von dannen. Die Hunde hingegen erscheinen als Lionell und Bohort und können sich fliehend in einen Turm retten. Beim Versuch, sie zu töten, zerschellt Claudas' Schwert an einem Balken. Er begreift dies als einen Wink Gottes und beschließt, sie vor Gericht zu stellen. Den Tod seines Sohnes beklagt er als Folge seines unrechten Handelns gegenüber den Königen Bann und Bohort (299-301).

Phariens verlangt mit 3000 anderen die sofortige Herausgabe Lionells und Bohorts. Claudas' Vorwurf, sie verletzten ihren Lehenseid, weist Phariens zurück. Es kommt zum Kampf zwischen Claudas und Phariens und ihren Anhängern. Lambegus stößt Claudas vom Pferd, dieser wird von den Seinen gerettet und verwundet Lambegus. Phariens tötet einen Ritter, der Lambegus töten will, verwundet Claudas und kann ihn kaum vor Lambegus retten: Seinen Herrn dürfe man auch aus diesem Grund nicht töten; erst wer seinen Zorn meistere, sei ein »Held«. Dem so als treu erkannten Phariens leistet Claudas *vianze*. Auf Claudas' Bitte schlichtet Phariens den Kampf (302-315).

Als die Jungfrau vom See mit Lionell und Bohort an den See kommt, erscheinen diese und die Hunde wieder in ihrer tatsächlichen Gestalt. So finden Phariens' Leute im Turm nur die zwei Hunde; sie fühlen sich verhöhnt und empören sich erneut, ein Bote von Claudas wird fast umgebracht. Als Claudas Phariens an der Spitze seines Heeres heranreiten sieht, gebietet er auch den Seinen, sich zu rüsten. Phariens gelingt es, zunächst allein mit Claudas zu reden, welcher beschwört, daß er nicht wisse, wie die Hunde an Stelle von Lionell und Bohort in den Turm gekommen seien. Phariens glaubt nicht, daß seine Leute dies akzeptieren, und verlangt deshalb, daß Claudas sich in seine Gefangenschaft begeben müsse, wo er

ihm auf seine Ehre zusichert, ihm selbst Leben und Ehre zu
bewahren. Doch kann er die Seinen damit nicht beruhigen
und muß Claudas erklären, daß beide ihrer Versprechen damit ledig seien (316-329). Lambegus will den Kampf, der unter dem Licht von Fackeln beginnt und, nachdem Claudas
überlegen ist, nur der Dunkelheit wegen endet (330-32). Phariens wird von seinen eigenen Leuten Untreue vorgeworfen,
[da er Claudas unterstützt hat]; er weist dies zurück, sie selbst
hätten die Claudas geschworene Treue gebrochen und ihre
Ehre verloren, da sie ihre Lehnsmannschaft nicht widerrufen
hätten. Er wolle Claudas auf sein Schloß bringen, und sie würden die Folgen ihrer Wankelmütigkeit erleben, wenn dieser
seine ganze Macht ausspielen könne (333-335). Darauf bitten
sie Phariens um Vermittlung bei Claudas; Phariens erreicht,
daß Claudas ihm *vianze* zusichert. Auch seine eigenen Leute
beschwören das Abkommen. Doch merkt Phariens, daß drei
von ihnen sich nicht daran halten wollen, und deshalb veranlaßt er Claudas, statt seiner drei seiner *herren* zu ihm zu schik-
ken; einem von ihnen solle er seine Rüstung leihen, damit
nicht ihm bei einem neuen Ausbruch des Hasses etwas ge-
schehe (336-345). Kaum sind sie an Phariens' Turm, schlägt
Lambegus dem, den er für Claudas hält, eine tiefe Wunde.
Phariens wird nur durch die Bitte seiner Frau gehindert, Lambegus zu töten. Als darauf eine neue Schar Phariens zu Boden
schlägt, hilft nun wieder Lambegus seinem Onkel Phariens,
und zusammen mit den drei Rittern des Claudas behalten die
fünf die Oberhand (346-353).

Bohort und Lionell sind, obwohl gut versorgt, in Sorge um
Phariens und Lambegus. Die Frau vom Lack schickt darum
eine ihrer Damen nach Gann, wo sie berichten soll, daß (aber
nicht: wo) Lionell und Bohort leben; Phariens und Lambegus
soll sie mit sich bringen (354-358). In Gann gestattet die
Dame dem Ritter Leontes, den anderen mitzuteilen, daß Bohort und Lionell leben. Danach beschließt man, daß Lambe-

gus und Leontes mit der Dame zum See reiten, wo zunächst
Lambegus, dann auch Leontes sich vom Wohlergehen der beiden überzeugen und drei Tage bleiben können. Bei ihrer
Rückkehr nach Gann ist die Freude über diese Nachricht
groß (359–375). Phariens Versuch, heimlich die drei im Turm
gefangenen Ritter auf eines seiner Schlösser zu bringen, miß-
lingt (376–378).

Die Bürger von Gann verschließen die Stadt vor Claudas,
der sie mit seinem Heer belagert. Ein Vermittlungsversuch,
den Phariens auf Bitten der Bürger unternimmt, scheitert.
Statt, wie von Claudas angeboten, mit ihm einen Sonderfrie-
den zu schließen, kündigt Phariens ihm die Treue auf und will
an der Seite seiner Leute gegen Claudas kämpfen (379–389).
Eine Schar von Claudas' Rittern verfolgt Phariens; daraus
entwickelt sich sogleich ein größerer Kampf, in dem Phariens
zuerst Claudas vor Lambegus das Leben rettet, dann Lambegus aus einer Umzingelung befreit (390–399). Aus der folgenden Beratung mit den Bürgern Ganns holt ein Knappe Phariens zu Claudas. Phariens droht, die drei gefangenen Ritter
zu töten, sollte Claudas nicht den Kampf lassen. Er ermahnt
ihn, sein öffentlich gegebenes Wort, sich ihm als Geisel zu
stellen, zu halten. Claudas will das tun, wenn Phariens seiner-
seits sein Wort halten könne, ihm Leben und Ehre zu schützen. Phariens wagt nicht, dies zu garantieren, und kehrt zurück; die Hoffnung auf Frieden ist nun dahin, aber die Bürger
wollen Claudas trotzen (400–408).

Claudas läßt Leontes rufen und eröffnet ihm, der noch einmal auf dem rechtmäßigen Handeln der Bürger beharrt, er
wolle den erbetenen Frieden nur gewähren, wenn man ihm
Lambegus zur Rache ausliefere. Leontes lehnt dies ebenso ab
wie die Bürger; Lambegus jedoch will sich ausliefern, wenn
dies die Stadt retten könne. Gegen den Willen Phariens' und
der Bürger, und nachdem Claudas die erbetenen Geiseln gestellt hat, begibt er sich ohne Furcht in Rüstung zu Claudas,

legt dort die Rüstung ab und stellt sich Claudas (409–423).
Dieser ist von Lambegus' Mut und Treue so bewegt, daß er
sich an Lambegus nicht rächen, sondern ihn erneut als Lehensmann annehmen und der Stadt Frieden bieten will. Dem
herbeigerufenen Phariens unterbreitet er das gleiche Angebot.
Darauf werden die drei gefangenen Ritter freigelassen. Phariens aber will sich erst mit seinen Herren Lionell und Bohort
besprechen, und so reitet er mit seiner Frau und zwei Söhnen
zum Lack. Dort wird er gut empfangen, und schließlich be-
ruhigt sich auch Lionell, nachdem er den Grund für Phariens'
langes Ausbleiben erfahren hat (424–439). Als sie wieder
heimkehren wollen, stirbt Phariens; Frau und Kinder bleiben
bei der Frau vom Lack; Lambegus und die Seinen beklagen
Phariens (440–441).

In Künigswal sehnen sich die beiden Königinnen nach ihren Kindern. Die Herrin von Gann [Bohorts und Lionells
Mutter] träumt von drei Knaben, die in einem schönen Garten von zwei Rittern, es sind Phariens und Lambegus, begleitet werden. Der ältere der beiden nennt ihr die Namen der
Kinder, die sie später in ihre Hand geschrieben findet: Lannzilet, Bohort und Lionell. Sie erzählt und zeigt ihrer Schwester
alles; beide freuen sich. Die Königin von Bonebick [! Lannzilets Mutter] stirbt bald darauf (442–446).

Die Frau vom Lack ist Lannzilet in Minne zugetan und
fürchtet den Tag, an dem Lannzilet *ritterschaft* entdecken und
sie verlassen wird. So findet Lannzilet sie eines Tages weinend
und erfährt, daß sie um seinetwillen klage. Da er nicht Ur-
sache ihres Leides sein will, will er auf der Stelle fortreiten. Er
möchte sich zu König Artus begeben, um dort Ritter zu werden, wie er ihr erklärt, als sie ihn gerade noch aufhalten kann.
Sie schildert dem Unwissenden den *orden* der *ritterschaft*, für
den er noch zu jung sei, und darauf ist seine Sehnsucht nach
wird und *eren* dieses Standes erst eigentlich geweckt
(447–467). Obwohl er ihr mit diesem Wunsch Leid bringen

wird, will sie ihn ihm erfüllen und ihn am Johannistag zu
Artus bringen. Namen und Herkunft sagt sie ihm aber noch
nicht (468–469).

Für die Reise zu Artus stattet sie Lannzilet, sich selbst und
eine große Begleitung kostbar aus und zieht nach Gamahaloth, wo sich Artus aufhält (470–472). Artus ist gerade auf
einer Jagd, als seine Gesellschaft auf einen verwundeten Ritter trifft, der auf einer von zwei Pferden getragenen Bahre
liegt. Er hat im Kopf ein Stück Schwert, im Leib einen Speersplitter, will sich beides aber nur von einem Ritter entfernen
lassen, der versprechen muß, daß er an jedem Rache nehmen
wolle, welcher sage, daß er den verwundeten Ritter mehr has-
se als den, der ihm die Wunden zugefügt hat. Die Gesellschaft
wundert sich über den Ritter und schickt ihn in die Stadt
(473–478). Währenddessen nähert sich die Frau vom Lack mit
ihrem Zug und wird von Artus, Ginofer und ihrer Begleitung
freudig empfangen. Sie bittet Artus, den jungen Helden, den
sie von Kind auf erzogen habe, zum Ritter zu machen. Artus
sagt das zu und bittet sie zu bleiben; das lehnt sie ab (479–486).
Stattdessen gibt sie Lannzilet im Beisein von Lionell und Bohort noch gute Lehren und küßt ihn zum Abschied (487–490).

Ulrich beklagt sich bei Frau Minne, daß ihm nie solch ein
Abschied beschieden sei, und muß sich von ihr zurechtweisen
lassen (490–493). Nachdem die Frau vom Lack mit Bohort
und Lionell tränenreichen Abschied genommen hat, wird
Iban zum Lehrmeister Lannzilets erkoren (494–496). Artus
verspricht, Lannzilets Bitte zu erfüllen, ihn am nächsten
Sonntag zum Ritter zu schlagen, und Iban bringt auf Ginofers
Bitte Lannzilet zum Palas. Frau Minne läßt in beiden eine
Liebe ohnegleichen zueinander entstehen; Ginofer verbirgt
sie, erkennt aber die Liebe Lannzilets (497–502). Am Tag der
Schwertleite verspricht Lannzilet dem verwundeten Ritter
[s. o. 473–478], ihm nach dem Ritterschlag zu helfen. Mit an-
deren Jungen wird Lannzilet im Münster zum Ritter ge-

schlagen, versäumt aber, sich – wie jene – von Artus das
Schwert umgürten zu lassen, und geht sofort zum verwundeten Ritter, dem er Schwertstück und Speersplitter herauszieht
und den gewünschten Schwur leistet. Artus macht Iban deswegen Vorwürfe, doch Iban verteidigt sich, er habe Lannzilet
plötzlich verloren. Ärzte heilen den Verwundeten (503–509).

Beim Festmahl bittet ein Bote der Königin von Noaus, daß
ein oder zwei oder mehrere Ritter der Artusrunde sie in einem Entscheidungskampf gegen entsprechend viele Ritter des
Königs von Norchumerland, der sie unrechtmäßigerweise mit
seinem Heer bekämpfe, vertreten möchten. Sogleich erbittet
sich Lannzilet dieses *awentewr*, und nach einigem Zögern ge-
währt Artus es ihm. Lannzilet schickt einen Knappen mit
Lanze, Schild und Rüstung voraus (510–515). Er nimmt Abschied von Ginofer, die ihn zu ihrem Ritter erwählt; Frau
Minne bewirkt, daß beide bis zu ihrem Tod einander in Treue
lieben (516–519).

Als er vom Hof fortziehen will, erinnert ihn Iban, daß er
das Schwert des Ritters sich anlegen zu lassen versäumt habe;
erst mit ihm könne er in Ehren losziehen. Lannzilet aber behauptet, er habe seine ganze Rüstung schon vorausgesandt, er
wolle [das Schwert holen und] sofort zurückkommen. Doch
hat er dies insgeheim überhaupt nicht vor; er denkt sich, daß
eine andere Hand ihn ganz zum Ritter machen solle. Er trifft
auf den Knappen und den Boten der Frau von Noaus; dieser
bereut, daß er Artus um Hilfe gebeten hat, denn mit diesem
Ritter sei seiner Herrin nicht geholfen. Gleichwohl erklärt er
Lannzilet die Ursachen des Krieges, in dem sich die Frau von
Noaus befindet (520–523).

Lannzilet, der sich um nichts »Ritter«, sondern nur »Knappe« nennen lassen will, veranlaßt den Boten, der einen Sei-
tenweg eingeschlagen hat, wieder auf den richtigen Weg zu
reiten, denn er will ritterliche Ehren gewinnen in einem
Abenteuer, vor dem ihn der Bote warnt: Ein Ritter will nie-

manden eine Jungfrau sehen lassen, die er bewacht. Lannzilet rüstet sich zum Kampf und bittet diesen Ritter, ihn die Jungfrau, die in einem Zelt ist, sehen zu lassen. Der Ritter vertröstet ihn auf später, da die Jungfrau jetzt ruhe. Als Lannzilet weiter reitet, hört er, wie vier Damen sich darüber wundern, daß ein so schöner Mann so mutlos sei und sich nicht die Jungfrau ansehe. Voll Scham reitet Lannzilet zurück, findet aber weder Ritter und Zelt noch gleich darauf die vier Damen wieder. So schickt er den Boten mit der Versicherung seiner Treue zur Frau von Noaus voraus, denn er will das Abenteuer, um das er betrogen sei, nicht aufgeben (524–536). Er trifft im Wald einen weiteren Ritter. Dieser verspricht ihm, ihm Jungfrau und Ritter zu zeigen, falls Lannzilet ihm helfe, eine in Ketten gebundene Jungfrau aus der Gewalt zweier Ritter zu befreien. Das gelingt (537–544), und Lannzilet wird am anderen Morgen richtig zu dem Ritter geführt, der die Jungfrau im Zelt bewacht. Lannzilet besiegt auch ihn, kann darauf die wunderschöne Jungfrau sehen und schickt den Ritter, der ihn bislang geführt hat, zum Artushof; dort solle er Ginofer die Jungfrau als Zeichen seines Sieges in seinem ersten ritterlichen Kampf zuführen. Dafür möge Ginofer ihm ein Schwert senden; sie möge ihn in ihrer Gnade zum Ritter machen (545–551). Erst als Lannzilet dieses vor allen anderen ausgezeichnete Schwert hat, empfindet er sich als Ritter (552–553). Er reitet zur Frau von Noaus, die – da sie von seiner Tat gehört hat – nun ohne Furcht ist, ihn wohl empfängt und den Kampf mit seinem Gegner aufschiebt, bis seine Wunden geheilt sind (553–556).

Von dem Aufschub hört man am Artushof, und Artus sendet Kay auf dessen Forderung hin der Königin von Noaus zu Hilfe, sehr zur Scham und zum Ärger von Lannzilet. Jeder der beiden besteht auf seinem Recht zu kämpfen; aber die Frau von Noaus erinnert an die Vereinbarung, daß jede Partei gleich viel Kämpfer senden könne. Ihnen stellen sich der Kö-

nig von Norchumerland selbst und ein weiterer Ritter entgegen. Lannzilet, der eine weiße Rüstung trägt, stößt den König vom Pferd und besiegt ihn dann im Schwertkampf; Kay
besiegt ebenfalls seinen Gegner. Der König muß *vianze* geben
und der Frau von Noaus Genugtuung leisten. Da Lannzilet
von ihr zwei weiße Schilde zum Dank erhält, wird er von nun
an der weiße Ritter genannt (557-574).

Als Lannzilet fortzieht, erklärt ihm der Ritter, der ihn zur
Jungfrau im Zelt und zur gefesselten Jungfrau geführt hatte,
daß die beiden Abenteuer vor dem Kampf zu Noaus zu seiner
Erprobung gedacht waren: Hätte Manndragois, der Ritter, der
die Jungfrau im Zelt bewacht hat, gesiegt, so hätte er für die
Frau von Noaus, die er liebt, kämpfen können. So aber sei
Lannzilets Ruhm in diesem und dem anderen Kampf gestie-
gen. Der Ritter bietet Lannzilet seine Freundschaft; beide
trennen sich (575-581).

Lannzilet, der nun, um seinen Ruhm zu fördern, ganz allein reitet, begegnet einer klagenden Jungfrau, deren Freund
vor einer Burg im Kampf den Tod gefunden hat (582-584).
Auf dem Weg zu dieser Burg will ihm an einem Fluß ein
Ritter namens Alibors sein Pferd nehmen, was er an dieser
Furt angeblich auf Geheiß der Königin von Briton [Ginofer]
zu tun habe. Lannzilet, der darauf sofort bereit ist, abzusitzen,
besiegt den Ritter im Stechen, nachdem er erfahren hat, daß
dies nur ein Scherz war. Alibors, dem Lannzilet seinen Namen nicht nennen kann, reitet zum Artushof, um dort den
Namen zu erfahren, und erzählt von dem Abenteuer am Fluß
Humber (585-594). Die bewußte Furt heißt *der künigin furt*,
weil Ginofer sie während der Auseinandersetzungen in der
Anfangszeit von Artus' Königtum auf der Flucht vor sieben
Königen gefunden hatte. Artus aber war es zusammen mit
fünf anderen seiner Ritter doch gelungen, die sieben zu besiegen, wobei Kay allein zwei Könige mit seinem Schwert besiegt
und dabei bessere Figur gemacht hatte als der Scharfrichter,

an den Ulrich denkt. Dieser Vergleich wird Ulrich von Frau Minne und Frau Awentewr verwiesen, und er berichtet weiter, daß Kay seitdem Artus' Seneschall gewesen ist (595-606).

Lannzilet findet die Burg Dolorose Garde verschlossen, zu der ihn die klagende Jungfrau gesandt hat. Eine [zunächst unbekannte] Dame erklärt ihm die Aventiure dieser Burg: Wem sie sich öffnen soll, der muß zuerst je zehn Ritter, die die zwei Tore bewachen, besiegen; gelingt ihm dies, dann stürzt auf der Burg ein Standbild aus Erz. Nach dieser Erklärung erscheinen auf das Blasen eines Wächters hin fünf Ritter, von denen Lannzilet den ersten tötet und die anderen vier besiegt, doch beendet die Nacht den Kampf (607-619). Die Dame gibt sich nun als Botin der Frau vom Lack zu erkennen, prophezeit ihm für den kommenden Tag den Sieg und überreicht ihm drei Schilde, die entsprechend der Anzahl ihrer roten Balken im weißen Feld die Kraft von ein, zwei oder drei Männern zusätzlich verleihen. Nach dem Sieg werde er seinen Namen, der ihm wie seine Herkunft bisher unbekannt ist, auf der Burg geschrieben finden (620-625). Am anderen Morgen muß Lannzilet zunächst die vier gefangenen Ritter zurückgeben, doch dann besiegt er die ersten zehn Ritter, tötet dann vier weitere aus einer anstürmenden Gruppe und siegt endlich mit Hilfe des Schildes mit zwei Balken (626-635). Danach stürzt die eherne Figur und erschlägt einen Ritter, die neun anderen des zweiten Tores bitten nach kurzem Kampf – Lannzilet trägt den dritten Schild – um Gnade. Die Bürger der Stadt kommen und danken Lannzilet und hoffen auf seinen Sieg über den Burgherrn, doch dieser ist geflohen, wie ein Knappe berichtet (636-641). Lannzilet wird die reiche Burg und der Friedhof gezeigt; ein besonders kostbares Grab trägt die Inschrift, daß derjenige, der die Burg gewinnt, seinen Namen und seine Herkunft finde, wenn er den Grabstein umkehre. Das gelingt auch, und Lannzilet findet seinen Namen, den seines Vaters Bann, seiner Mutter Elonie und seines Reiches Bonebick.

Lannzilet bittet die Dame der Frau vom Lack, seinen Namen nirgendwo zu nennen (632–647).

Ein junger Knappe will die Nachricht von Lannzilets Sieg zum Artushof bringen. Nachdem er es Alibors an der Königinfurt erzählt hat, berichtet er es auch am Artushof, wo man ihm erst glaubt, als sich sein Bruder Aglians für ihn verbürgt. Artus will nun selbst zur Dolorose Garde reiten, doch Gabon erhält die Erlaubnis, schon vor ihm mit neun anderen Rittern zur Burg zu ziehen. Sie werden von den Bürgern, die Artus erwarten, freudig empfangen, finden jedoch das Tor am Abend wie am nächsten Tag verschlossen. Als sie schließlich zu einer kleinen Tür eingelassen werden, finden sie auf dem Friedhof viele Gräber mit den Namen von Rittern, die sie kennen und die in dieser Aventiure gestorben seien. Auf dem besonders reichen Grab steht geschrieben, daß hier auch der Sieger der Aventiure begraben sei. Die Klage ist groß, vor allem nachdem eine Jungfrau weinend den Tod des weißen Ritters bestätigt hat. Entsprechend groß ist die Klage am Artushof. Doch waren Friedhof, Gräber und alles andere nur Zauberei (648–663).

Artus und Ginofer ziehen nun selbst mit ihrem Hof zur Dolorose Garde. Auf dem Weg dorthin kann Artus, der an der Humber Kühlung sucht, nur durch das Eingreifen von vier seiner Ritter vor Gahanndes [Behandies], dem Herrn von Dolorose Garde und Dolorose Klause, gerettet werden, welcher glaubt, Artus habe Lannzilet ausgeschickt. Artus befiehlt einem seiner Helfer, von Behandies abzulassen, und bewahrt ihn so davor zu ertrinken (664–670). Als Artus und Ginofer dann allein vor die Burg kommen, ist sie verschlossen; sie hören die Stimme eines alten Mannes, der sie auffordert, am nächsten Tag zu verschiedenen bestimmten Zeiten wiederzukommen (671–672).

Gaban und seine Begleiter werden bei einer Jagd durch einen alten Mann [Behandies] in einen Hinterhalt gelockt: Er sagt, daß sie alle Artusritter, die nach den Grabinschriften tot sein müßten, lebend finden würden. Sie werden auf seiner Burg [Dolorose Klause] wohl empfangen, werden aber dann überfallen und sind ohne Waffen wehrlos gegen eine Übermacht; sie werden zu den anderen Rittern, die sie tot geglaubt haben, in ein Verlies gesteckt (673-681).

Lannzilet hört davon durch eine weitere Botin der Frau vom Lack, die er zur ersten auf Dolorose Garde führt. Beide sollen dort bis zu seiner Rückkehr warten. Er selbst verbirgt sich nahe der Humber und kann dort nachts einen Überfall von 20 Leuten, die auf einem Schiff über den Fluß gesetzt sind, auf Artus verhindern (682-694). Lannzilet reitet darauf zu Artus' Lager und bietet der Königin an, mit ihren Damen nun die bislang verschlossene Burg anzusehen. Frau Minne verwirrt aber seine Gedanken so sehr, daß er nicht bemerkt, daß unmittelbar nach ihm das Tor wieder verschlossen wird und Ginofer wieder vor dem versperrten Tor steht. Erst als Kay darüber höhnisch lacht, kommt Lannzilet zu Sinnen und bedroht den Torwächter wegen seiner Tat (695-699). Als das Stadtvolk aber Artus bittet, zur Burg zu kommen, können Artus, Ginofer und die anderen zur kleinen Tür hinein; sie sehen die Gräber, und wieder ist die Trauer über die [vermeintlich] Toten groß. Artus reitet ins Lager zurück, da er zum Schloß selbst erst nach drei Tagen Zugang erhält (700-703).

Lannzilet will Gabon befreien und verbirgt sich erneut an der Humber, nachdem er von einem Eremiten erfahren hat, daß Behandies Artus nachts angreifen will. Er allein tötet viele der 150 Angreifer und schlägt die anderen in die Flucht. Durch den Lärm erwacht Artus' Heer und greift mit ein. Lannzilet zwingt den fliehenden Behandies, ihm *vianze* zu geben, und - gegen das Versprechen, ihn nicht an Artus auszuliefern - auch Gabon und die anderen freizugeben. Lannzilet geht auf diese Bedingung ein und siegt in einer Tjoste

über Kay, der Behandies für Artus reklamiert (704–719). Behandies läßt durch einen Boten Gabon und die anderen Gefangenen frei; sie kommen zur Klause eines Eremiten, wo
Behandies und Lannzilet warten. Lannzilet weigert sich, den
Befreiten seinen Namen zu nennen, gebietet ihnen, bei der
Klause zu bleiben, läßt Behandies frei und reitet zu Artus
(720–723). Diesen bittet er, auf die Burg zu kommen, und vergißt nicht, den Torwächter entsprechend zu instruieren. Artus
und Ginofer werden wohl empfangen, doch wiederum sagt
Lannzilet weder seinen Namen noch Ginofer die näheren
Umstände des Dolorose-Garde-Abenteuers. Er läßt sich auch
nicht davon abhalten fortzureiten, sondern begibt sich zu Gabon und den anderen, die er zur Burg zum König schickt, der
noch immer glaubt, sie seien tot. Artus und sein Heer begegnen Gabon; in die große Freude mischt sich allein die Trauer,
daß sie nicht wissen, wer Gabon befreit hat und daß die beiden Damen der Frau vom Lack nur durch den weißen Ritter
von ihrem Versprechen entbunden werden können, auf der
Burg zu bleiben (724–735). Artus will deswegen den weißen
Ritter suchen, wüßte er nur, wo. Die eine der beiden Damen
sagt, daß man ihm bei den nächsten drei Fehden begegne, wo
er Ruhm gewinnen werde. Gabon weiß, daß der König von
Über-den-Marken einen Kriegszug gegen Artus' Reich unternimmt; Artus solle diesem verkündigen, daß das Artusheer in
vier Wochen in dessen Land eindringen und den weißen Ritter suchen wolle. Artus stimmt zu; während dieser Zeit will
Gabon den weißen Ritter suchen, dies soll auch eine von Artus ausgesandte Botin tun (736–740).

Lannzilet befreit einen Ritter, der in Diensten Ginofers ist,
aus den Händen eines großen Ritters, der ihn an sein Pferd
und dann an den Gefangenen (das Haupt) eine(r) Jungfrau
mit ihren Zöpfen gebunden hat. Den Vorwurf des großen Ritters, er habe ihm und der Jungfrau Leid angetan, bestreitet
der Gefangene. Die Befreiten sendet Lannzilet an den Artus-

hof, dort sollen sie den Schild ihres Retters beschreiben, es sei
derselbe, der König und Königin zur Dolorose Garde eingelassen habe (741–751).

Nachdem sie sich getrennt haben, begegnet Lannzilet einem Ritter, der sich als Artus' Feind ausgibt und ferner behauptet, er liebe mehr den Ritter, der einen anderen verwundet habe, als den Verwundeten selbst; gemeint ist der Verwundete, dem Lannzilet am Artushof Schwert- und Lanzen-
stück aus dem Leib gezogen hat. Lannzilet besiegt seinen Gegner, aber Frau Fortuna fügt es, daß Lannzilet selbst schwer
verwundet ist und auf einer von Pferden getragenen Bahre
liegen muß (752–758).

Diesem Zug begegnet eines Tages Gabon, der bis dahin vergeblich nach Lannzilet gesucht hat, u. a. beim König von
Hundert Rittern. Lannzilet erkennt Gabon, gibt sich aber
nicht zu erkennen. So merkt Gabon erst nachträglich, als er
denen begegnet, die Lannzilets toten Gegner beklagen und
sagen, daß dessen Widersacher verwundet auf einer Pferde-
bahre liege, daß er Lannzilet getroffen hat. Er kann ihn aber
nicht wiederfinden (759–768). Auch Fürst Libloys, auf den
Gabon trifft, weiß nichts von Lannzilet (769–771). Während
der Unterredung mit diesem will der König von Hundert Rittern eine schöne Frau, die mit ihrer Begleitung durch den
Wald reitet, durch seine Boten zwingen, zu ihm zu kommen.
Da sie sich weigert, entsteht zwischen den Boten und den Rittern der Dame Streit, den Gabon schlichtet. Er selbst geleitet
nun die Dame zum König, die dort verkündet, sie ziehe zu
Artus, um diesem mit ihrer Macht gegen den König von
Über-den-Marken zu helfen. Der König hingegen will gegen
Artus in den Krieg ziehen (772–776). Die Frau von Noaus, um
die es sich handelt, zieht weiter. Lannzilet, der an einem
Brunnen ausruht, wird von einem Knappen [fälschlich] ge-
sagt, die Frau von Noaus brauche Hilfe, da sie vom König von
Hundert Rittern gefangen sei. Sofort läßt Lannzilet sich dort-

hin tragen, trifft aber unterwegs auf die Frau von Noaus, die
ihm für sein Angebot dankt und ihn bittet, mit ihr zu ziehen,
damit er gesunde. Das lehnt Lannzilet [der nicht erkannt
wird] ab; in einer nahen Stadt wird er in zehn Tagen von
Ärzten kuriert (777–782).

Bei dem Turnier siegt Lannzilet, nun mit rotem Schild und
weißen Querbalken, über viele, endlich auch über den König
von Hundert Rittern. Dabei brechen seine Wunden wieder
auf, und er zieht sich unerkannt in seine Herberge, ein Kloster, zurück (783–789). Artus und Ginofer senden den besten
Arzt; aber weder ihnen noch Gabon sagt er seinen Namen,
sondern zieht fort. Als das Turnier darauf durch einen bei-
derseitigen Frieden endet, beginnt Gabon erneut die Suche
nach Lannzilet (790–797).

Den erschöpften Lannzilet findet die Frau von Noaus; sie
kann ihn bewegen, mit ihr zu kommen, und merkt an den
Seufzern, die er vor Dolorose Garde wegen des vor Ginofer
verschlossenen Tors ausstößt, daß er auch der Ritter ist, der
diese Burg erlöst hat. Er weigert sich, dort zu bleiben, und sie
pflegt ihn auf einer ihrer Burgen (798–802).

Auf seiner Suche nach Lannzilet kann Gabon eine Jungfrau, die glaubt, der weiße Ritter sei im Turnier erschlagen
worden, mit der Wahrheit trösten; er wiederum erfährt, daß
der weiße Ritter des Turniers identisch ist mit dem, der die
Dolorose Garde erobert hat (803–805). Sie verbringen die
Nacht bei einer Klausnerin, die Gabon vor dem Ritter Praun
ohne Barmherzigkeit warnt, der Gabons Begleiterin liebe.
Gabon läßt sich nicht von seinem Weg zusammen mit ihr
abhalten und kann Praun, der ihn auffordert, ihm die Jungfrau zu übergeben, in der Tjoste vom Pferd stoßen. Der
Kampf endet, da Praun gegen Gabons Versprechen, Praun
eine Bitte zu erfüllen, von Praun zum weißen Ritter geführt
wird. Dieser ist zwar wieder gekräftigt, doch stellt er sich weiter krank, und nur Gabons und Prauns Begleiterin kann zu

ihm gelangen. Sie ist Botin der auf Dolorose Garde durch Lannzilets Gebot festgehaltenen Dame der Frau vom Lack. Diese will nur dann von der Burg wieder fortgehen, wenn Lannzilet selbst kommt oder der Botin (der Geliebten Prauns) seinen Ring als Wahrzeichen mitgibt. Lannzilet zieht den Ring ab, und die Jungfrau zieht mit Praun und Gabon weiter; letzterer werde am Ziel ihrer Reise erfahren, wer der kranke Ritter war. Als sie auf Dolorose Garde und bei den Gräbern ankommen, weiß es Gabon (806–819). Praun erinnert deshalb an seine Bedingung und äußert seine Bitte: Gabon möge ihm die Jungfrau geben. Gabon meint, da sie ihm, Gabon, nicht gehöre, könne er sie ihm, Praun, auch nicht geben. Diese spitzfindige Unterscheidung will Praun nicht mitmachen, und so einigen sie sich auf einen Entscheidungskampf vor Artus (820–822).

Lannzilet zieht von der Frau von Noaus fort, um Artus beim Turnier gegen den König von Über-den-Marken zu unterstützen. Zunächst begibt er sich zu dem Einsiedler, bei dem er Behandies zurückgelassen hat (823–824). So finden ihn Gabon, Praun und die beiden Damen der Frau vom Lack nicht zu Noaus, reiten weiter und verbringen die Nacht bei einem Ritter, den sie auf der Jagd angetroffen haben. Am anderen Morgen werden sie von zwei Rittern [dem Gastgeber und einem weiteren] verfolgt, die Gabon angreifen, ohne daß Praun ihm hilft. Erst, nachdem die beiden Damen gesagt haben, daß es sich um Gabon handele, lassen die beiden ab vom Streit und beschuldigen Praun: Er habe Gabon verleumdet. Darauf verwehrt Gabon diesem, weiter mit ihnen zu reiten (825–833). Vor einer Burg geraten sie erneut in einen Hinterhalt; Gabon kann sich aber auf der Brücke der 20 Angreifer erwehren. Als der Burgherr dabei Gabons Namen hört, bemächtigt er sich zwar der beiden Damen, verspricht aber Gabon, sie zu schützen, und weist ihm den rechten Weg (834–838). Gabon trifft eine Jungfrau, die – aus Rache für ihren auf den Tod ver-

wundeten Freund, den sie im Schoß hält – mitreitet und ihm
zeigt, wohin der Ritter mit den beiden Damen gezogen ist
(839–840). Ein engelsgleicher Ritter, auf den Gabon an einem
See trifft, begleitet sie, als Gabon sich zu erkennen gibt; er
begleitet sie auch auf eine Burg, wo sie, wie er sagt, um ihr
Leben kämpfen müßten (841–844).

Währenddessen ist Lannzilet vom Einsiedler fortgezogen
und begegnet einem Knappen, der den weißen Ritter sucht:
nur dieser könne Ginofer davor bewahren, durch Behandies
entehrt zu werden, der sie auf Dolorose Garde gefangen halte.
Lannzilet folgt dem Knappen, den er vorausschickt, sofort zur
Dolorose Garde. Dort lockt ihn der Knappe in ein Verlies,
Ginofers angebliches Gefängnis, und schließt ihn ein
(845–852). Eine Jungfrau läßt ihn frei, aber nur gegen den
Schwur, die Burg ganz von ihrem Zauber zu befreien. Dies
könne in 40 Tagen *gmächlich* oder an einem Tag *vil angstlichen* geschehen. Lannzilet entscheidet sich wegen des Turniers für die zweite Möglichkeit, zur Freude der Bürger. Man
zeigt ihm auf dem Friedhof eine *gruft*, in die er sich bekreu-
zigend hinabsteigt (853–857). Nach einer großen Finsternis
führt sein Weg zwischen zwei erzenen Rittern hindurch, die
ständig zuschlagen. Er wird verwundet. Danach muß er über
eine breite und tiefe Lache stinkender Flüssigkeit springen,
die von zwei Grobianen bewacht wird, deren Kolben ihn aber
nicht treffen. Darauf trifft er auf eine Jungfrau aus Erz, die in
ihrer Hand zwei Schlüssel hat. Mit diesen Schlüsseln öffnet er
eine Säule und eine darin befindliche Truhe aus Metall. Das
führt zu einem ungeheuren Getöse aus Röhren, die darin liegen, doch als es endet, ist aller Zauber verschwunden, auch
Grabsteine und Helme auf dem Friedhof (858–866). Lannzilet
opfert die Schlüssel auf dem Altar der Kirche. Die freudig
gestimmte Menge kann ihn aber nicht hindern, nach Logers
aufzubrechen, wo er an dem Turnier mit silbernem Schild und
schwarzen Querbalken teilnehmen will. Die Burg Dolorose
Garde heißt nun Jojose Garde (867–870).

Gabons Begleiter (s. o. 841–844) will, als sie an der Burg
ankommen, zunächst allein kämpfen. Er sticht auch einen
Bewacher vom Pferd, als dieser aber Hilfe bekommt, greift
Gabon mit ein, und beide siegen. Sie zwingen die zwei Bewacher, ihnen zu sagen, daß die ihnen geraubten zwei Damen
sich beim Herrn der Burg befinden. Danach setzen sie ihre
Helme ab, und Gabon erkennt in seinem Begleiter seinen
Bruder Gaharies (871–877). Sie nehmen dem greisen Burgherrn die Damen wieder fort und treffen auf dem Ritt nach
Logers einige Ritter unter der Führung Prauns, den Gaharies,
als er von seinem Verhalten gehört hat, in der Tjost vom Pferd
stößt. Gabon beendet den Kampf, der vor Artus entschieden
werden soll, und gibt der Jungfrau, deren Freund schwer verwundet gewesen ist, einen der besiegten Ritter [aus Prauns
Begleitung] zu ihren Diensten. Dann trennen sie sich von ihr
und ziehen nach Gamahaloth (878–885).

Bei dem Turnier, an dem am Tag nach der *vespareye* auch
Gabon und Lannzilet teilnehmen, erkennt man Lannzilet den
Preis zu. Er geht jedoch heimlich sogleich fort und wird dabei
nur von Gabon bemerkt, der ihn nach Namen und Herkunft
fragt. Lannzilet verschweigt beides. Auch als ihn eine der beiden [von der Dolorose Garde nach Gamahaloth geführten]
Damen der Frau vom Lack, mit der Gabon ihm nachreitet,
bittet, beides Gabon zu sagen, antwortet er nicht, und so erfährt Gabon in Lannzilets Gegenwart von ihr Lannzilets Namen, den seines Vaters Bann und daß er der Ritter ist, der die
Dolorose Garde erstritten hat (886–896).

Lannzilet reitet beschämt mit der Dame weiter. In einer
Burg wird allein sie aufgenommen, Lannzilet erst, als ihn die
Burgherrin an seinem Schild als Sieger des Turniers vom Vor-
tage erkennt. Auch der heimkehrende Burgherr empfängt ihn
freundlich, verkündet aber dann zu Lannzilets Schrecken,
daß er Artus bekämpfe, weil er (der Burgherr) einer derjenigen sei, die den verwundeten Ritter, dem Lannzilet am Artus-

hof Schwert- und Lanzensplitter herausgezogen hat, mehr
haßt als den Ritter, der ihn verwundet hat (897–904; vgl.
473–478, 503–509, 752–758). Lannzilet beklagt (für sich) seine
Verpflichtung, gegen ihn kämpfen zu müssen, und bittet ihn
am folgenden Morgen, nicht mehr von dem verwundeten Ritter zu sprechen, da er derjenige sei, der ihm geholfen habe.
Daran hält sich der Burgherr, reitet Lannzilet aber dann beim
Abschied nach und zwingt ihn mit der gleichen Äußerung
vom Vorabend zum Kampf, in dem er unterliegt: Lannzilet
wirft ihn in seiner Rüstung in einen See, in dem er ertrinkt
(905–911). Ulrich Fuetrer möchte keine Gäste haben, die ihrem Gastgeber so mitspielen (912). Lannzilet trauert über seine Tat, Gabon verkündet am Artushof seinen Namen (913).
   Dort bringt eines Tages ein Riese [!] des Königs Galahut
Botschaft, daß Artus sich ihm unterwerfen und seine Länder
von ihm zu Lehen nehmen solle. Artus' Ratgeber raten Artus,
dies abzulehnen. Artus sendet den Boten zurück mit der
Nachricht, er – Artus – habe seine Lande von einem anderen
vogt [Gott] zu Lehen, dem er nicht untreu werde. Darauf kün-
det der Bote ihm einen Kriegszug Galahuts in weniger als
einem Jahr an (914–920).
   In Artus' Reich machen zwei Riesen ihre Raubzüge. Lannzilet kommt [dort] eines Tages bei der Verfolgung eines Ritters
an ein prächtiges, von einem tiefen Graben umgebenes
Schloß. Er fragt eine alte Wäscherin, wohin der verfolgte Ritter gezogen sei. Statt der Wäscherin antwortet Lannzilet die
Königin [Ginofer]. Als Lannzilet sie auf dem Schloß erblickt,
gerät er durch Frau Minne zum Bedauern Fuetrers wie Parzival ganz von Sinnen und wäre im Graben fast ertrunken,
hätte Iban ihn nicht auf Ginofers Hilferuf hin gerettet. Er ist
jedoch noch immer ganz von Sinnen, als der weiblich-un-
kämpferische Ritter Tagenot sein Pferd am Zaum faßt und
ihn an den Hof führt. Dort behauptet Tagenot, ihn im Kampf
zu *vianze* gezwungen zu haben. Unter dem Gelächter aller

stellen sich Ginofer und Iban als Bürgen, um Lannzilet frei zu bekommen, und Iban weist Lannzilet auf seinen alten Weg (921-933). Lannzilet, nun wieder bei Sinnen, wird von Tagenot [! vgl. 930,4 und 934,6; eigentlich: dem verfolgten Ritter] zum Kampf gefordert; Lannzilet besiegt ihn aber, und der andere bietet *sicherhait* (934-936). Beide kommen nun in der Wildnis zu den Behausungen der Riesen, die Lannzilet sofort angreift, nachdem er von seinem Begleiter erfahren hat, was sie Artus antun. Nach einem Streitgespräch tötet er zuerst den einen (937-947), dann auch den anderen Riesen (948-952). Sein Begleiter fällt ihm zu Füßen und preist ihn. Iban, der ebenfalls nachgeritten ist, kann ihn nicht bewegen, an den Hof zu kommen; beide erfahren auch nicht seinen Namen. Sie bringen die Nachricht vom Tod der Riesen an den Hof. Alle machen sich auf, um das Wunder anzuschauen, und Tagenot rühmt sich, den Ritter, der die Riesen erschlagen habe, fangen zu können (953-959).

Auf seinem Weiterritt wird Lannzilet [ein drittes Mal, s. o. 897-904] von einem Ritter aufgehalten, der alle Artusritter haßt, weil einer von ihnen einem Verwundeten geschworen habe, sich an allen zu rächen, die sagten, ihnen sei der Verwundete weniger lieb als der, der ihn verwundet habe. Lannzilet bekennt, daß er derjenige gewesen ist, der dem Verwundeten geholfen hat, und besiegt und tötet den Ritter (960-967). Vor Moloand gerät er in einen Kampf mit 40 Rittern. Zwar kann er sich behaupten, doch bietet er der Königin von Moloand *vianze*, als diese sie fordert. Sie führt ihn mit sich auf ihre Burg (968-971).

Der Frau von Noaus, die von Galahut mit einem Heer von 100 000 Mann heimgesucht wird, kommt Artus mit einem Heer von 7000 Mann zu Hilfe. Der Kampf, bei dem Gabon wahre Wundertaten vollbringt, endet erst bei Dunkelheit (972-977). Lannzilet hört davon, und auf sein Versprechen, sich nur durch Gefangenschaft oder Tod davon abbringen zu

lassen, in ihre Gefangenschaft zurückzukehren, läßt ihn die
Königin von Moloand am Kampf teilnehmen (978-980).
Lannzilet sagt seinen Namen nicht. Er kämpft in roter statt
weißer Rüstung, stößt Galahut vom Pferd und besiegt viele
andere, so daß Galahuts Heer weichen muß und man Lannzilet für diesen Tag den Preis zuspricht (Gabon war verwundet und hat nicht gekämpft). Lannzilets Ruhm dringt auch
zur Königin von Moloand, doch als sich die Ritter am
nächsten Tag zum Kampf rüsten, wird bekannt, daß Galahut
und Artus für ein Jahr Frieden geschlossen haben. Beide Hee-
re kehren heim (981-988).

Nach der Rückkehr hat Artus einen Traum, daß ihm die
Fingernägel, die Zehen und dann die Hände abfielen; man
vergiftete Wasser und Erde, Zepter und Krone würden in eine
tiefe Lache geworfen, aus der sich ein Drache erhöbe, der ihn
– Artus – ebenso wie andere Raubtiere verfolge. Die Weisen
werden berufen, und sie erklären, nachdem sie gezögert haben, die Wahrheit zu verkünden, was der Traum bedeutet:
Artus werde Land, Herrschaft und Ehre verlieren. Er werde in
Armut alt werden; Christus allein habe die Macht, dies Ge-
schick zu wenden, ihn möge Artus um Hilfe bitten (989-997).

Artus liegt täglich im Gebet vor Gott, als ein Eremit an den
Hof kommt, dessen Gebete von Gott erfüllt werden. Dieser
bestätigt die Traumdeutung, unterweist aber auch Artus, der
bisher in Hochmut gelebt habe, in Gottesfurcht, Herrscher-
pflichten, Reue und Buße; werde er sich daran halten, werde
er in Freuden alt werden, Ruhm bei der Welt und Ehre bei
Gott erwerben. Artus hält sich daran und wird von nun an
von aller Welt geachtet und geliebt (998-1006).

Lannzilet, noch immer von der Königin von Moloand gefangen, wird von Gabon und vierzig weiteren Rittern gesucht,
aber bis zum Beginn des neuen Streits mit Galahut nicht gefunden. Galahuts Heer ist dreißigmal größer als das des König
Artus, der von der Frau von Noaus und der Königin von Mo-

loand unterstützt wird. Die letztere fragt Lannzilet, ob er Artus wieder unterstützen wolle; Lannzilet ist dazu bereit (1007–1012).

Der Kampf beginnt mit einem Sieg des Artusritters Kologriand über Galahuts Gefolgsmann Estroamus. Als nach heftigem Kampf Galahut die Seinen zurückweichen sieht, schickt er den [von ihm] als ersten gewonnenen König mit seiner Schar ins Gefecht, gegen den Gabon in der Tjoste antritt; beide bleiben sitzen. Im allgemeinen Kampf vollbringt Gabon wieder übermäßige Rittertaten, so daß Galahut den König von der Engen Mark mit seinem Heer einsetzt. Gegen ihn streitet Iban. Der Kampf nimmt solche Formen an, daß Ulrich Fuetrer sich davor gewiß – im Gegensatz zu Jacob Pütrichs Gerede – bewahrt hätte. Er dauert bis in die Nacht, doch ist Gabon trotz Überlegenheit des Artusheeres schwer verwundet (1013–1025). Davon hören die Königin von Moloand und Lannzilet, der ihr vorwirft, ihn nicht in den Kampf gesandt zu haben. Darauf rüstet sie ihn prächtig aus, und Lannzilet zieht am nächsten Tag aufs Schlachtfeld, ist aber, beim Anblick Ginofers, die ihm mit der Königin von Moloand von den Fenstern aus zusieht, wieder so von Sinnen, daß er unbeweglich stehen bleibt. Fuetrer kritisiert Frau Minne dafür (1026–1032). Die Königin von Moloand fordert Ginofer auf, ihm eine Botschaft zu senden, er solle für die Damen in den Kampf reiten, aber Ginofer sagt, sie zweifele am Mut dieses Ritters. Darauf läßt ihm die Königin von Moloand durch eine Botin ausrichten, er sei Ritter der Königin, die ihn mit Minne belohnen wolle. Nun greift Lannzilet, dem Gabon drei Pferde und Lanzen gesandt hat, in den Kampf ein und kämpft so, wie man es derart wunderbar noch nie gesehen hat. Für Gabon, der nun ebenfalls zusieht, ist dies die beste Medizin, und er schickt weitere fünf Pferde und zehn Lanzen. Dies wiederum beflügelt Lannzilet, der Gabon für tot gehalten hat. Bei seinen Zügen durchs feindliche Heer folgen ihm

Kay und Iban (1033-1043). Bei Dunkelheit endet der Kampf. Galahut folgt Lannzilet, fragt ihn nach Namen und Herkunft und bittet ihn, obwohl Lannzilet seinem Gegner Artus Land und Herrschaft erhalten und ihm, Galahut, schweren Schaden zugefügt habe, um seine Freundschaft. Was immer Lannzilet ihn bitte, wolle er ihm erfüllen. Lannzilet sagt zwar nicht seinen Namen, geht aber auf das andere ein, und Galahut beschwört vor zweien seiner Könige als Zeugen sein Angebot. Lannzilet schläft in seinem Lager (1044-1052).

Artus fürchtet, am folgenden Tag Land und Herrschaft zu verlieren. Doch nachdem beide Seiten zum Kampf gerüstet haben, erbittet Lannzilet von Galahut, daß er – wenn Artus vor ihnen fliehe – zu Artus gehen und sich in seine Gnade begeben und seine Huld erbitten solle. Galahut hält das für unehrenhaft und bereut sein Versprechen, bekräftigt es aber, als die beiden Könige ihn daran erinnern. Lannzilet, Galahut und die Seinen rüsten sich, und Artus wendet sich mit den 300 Mann, die ihm geblieben sind, mit Ginofer und Gabon zur Flucht. Auf Lannzilets Mahnen reitet nun Galahut zu Artus und bittet knieend um Gnade. Artus hebt ihn auf, beide geben sich den Versöhnungskuß. Galahut verrät nicht, wie es zu seinem Sinneswandel gekommen ist. Gabon ist voller Freude (1053-1065).

Ginofer, die bereits geflohen ist, wird zurückgeholt; Galahut umarmt sie. Als Lannzilet dies sieht, weint er. Galahut fragt, was das zu bedeuten habe, und Lannzilet antwortet, er sei ihm für das, was Galahut um seinetwillen getan habe, so verpflichtet, daß ihm umgekehrt auch nichts zu groß wäre, was er für Galahut tun könne. Galahut tröstet ihn und schickt seine Fürsten heim (1066-1072).

Auf Bitten von Artus und Ginofer leistet Galahut ihnen weiter Gesellschaft. Dabei fragt Ginofer Galahut einmal, wer ihn zu diesem Friedensschluß veranlaßt habe. Galahut antwortet, er kenne weder Namen noch Herkunft des Ritters, aber dieser sei ihm der liebste auf Erden, obwohl er sein ganzes Heer besiegt habe. Auf Ginofers Bitte bittet Galahut Lannzilet, zu einem Gespräch mit Ginofer zu kommen. Lannzilets Trauer wird nun zu Freude, und er kommt an den Artushof (1073–1081).

Ginofer umarmt ihn, und Lannzilet verliert aus Minne ein weiteres Mal den Verstand und steht da, als ob er *gefroren* wäre (1082–1083). Dafür kritisiert Ulrich Fuetrer Frau Minne; diese wehrt sich mit Angriffen auf ihn und rechtfertigt sich mit dem Hinweis, sie habe ja nun Lannzilet die Dame vor Augen gestellt, nach der er sich sehne. Ulrich wirft ihr hingegen vor, sie treibe nur ihr Spiel mit ihm (1084–1091). Ginofer merkt jedoch, daß Lannzilet der Minne wegen so handelt und läßt ihn allein (1092).

Eines Tages zieht Ginofer sich mit Lannzilet, Galahut und der Königin von Moloand in den abgelegenen Teil eines Gartens zurück und fragt Lannzilet, warum er den Frieden gestiftet habe. Um Lannzilet die Antwort zu erleichtern, entfernt sich Galahut mit der Königin von Moloand, und Ginofer beschwört Lannzilet, ihr bei der Liebe zu derjenigen, die er am meisten liebe, zu antworten. Als Lannzilet sagt, es sei um der Dame willen geschehen, die ihm die höchste Freude bringe, und Ginofer, für diese Dame Glück erbittend, sagt, sie würde ihren Namen nie verraten, bekennt Lannzilet endlich, daß Ginofer selbst es sei, um derentwillen er – seit sie ihn als ihren Ritter zu seiner ersten Fahrt zur Frau von Noaus gesandt habe – alles getan habe: die Jungfrau an den Hof zu senden, die er in seinem ersten Kampf erstritten und wofür Ginofer ihm sein Schwert gesandt habe, für Ginofer und Artus habe er die Dolorose Garde geöffnet, um ihretwillen sei er fast ertrunken und habe er hier den Frieden gestiftet. Auf Ginofers Frage bekennt er, auch die zwei Riesen erschlagen zu haben. Für alles nun schenkt Ginofer ihrem Ritter Herz und Minne, falls ihre Ehre davon nicht Schaden nehme. Auch

Lannzilet will nur ihr Ritter und in ihrer Gnade sein, in Gefahr solle ihre Minne niemanden bringen. Amor schließt hier einen Bund, den Frau Zwietracht nicht leicht zerstören kann, aber Frau Ehre sollte achtgeben, daß nicht Gelegenheit und Zeit die *wirde* beeinträchtigen (1093–1113).

Als Ginofer mit einem Kuß beider Liebe besiegelt, fragt Frau Minne Ulrich Fuetrer, ob es ihm so recht sei. Diesem gefällt es, doch hat er Zweifel, ob Frau Ehre um Rat gefragt worden sei, denn wenn der Ehre König Artus', dem er gewogen sei, etwas zustoße, wären Frau Minnes Pläne besser zerstört worden. Frau Minne schimpft und fordert Ulrich zum Weitererzählen auf (1114–1117). Ginofer sagt nun Galahut, der den Namen seines Freundes noch immer nicht kennt, daß dieser der Sohn König Banns sei und Lannzilet heiße, aber trotz seiner vielen Taten und Siege seinen Namen noch verschwiegen haben wolle (1118–1120). Die Königin von Moloand kommt auch dazu; Frau Minne sorgt für Liebe zwischen ihr und Galahut, der sich bald darauf in treuer Freundschaft von Lannzilet trennt (1121–1122).

VI. Literaturverzeichnis

Alle wichtigen Arbeiten sowie solche zur literaturgeschichtlichen Einordnung sind im folgenden Literaturverzeichnis vollständig angeführt; sie sind daher in Einleitung und Kommentar nur in Kurzform zitiert.

1. Ausgaben

Ulrich Füetrer, Der Trojanerkrieg. Aus dem 'Buch der Abenteuer' mit einer Einleitung kritisch (hrsg.) von EDWARD G. FICHTNER, München 1968.

Ulrich Füetrer, Wigoleis. Hrsg. von HERIBERT A. HILGERS, Tübingen 1975 (Altdeutsche Textbibliothek 79).

Lancelot. Hrsg. von REINHOLD KLUGE, I. Nach der Heidelberger Pergamenthandschrift Pal. germ. 147, Berlin 1948 (Deutsche Texte des Mittelalters 42).

Ulrich Füetrer, Persibein. Aus dem 'Buch der Abenteuer'. Hrsg. von RENATE MUNZ, Tübingen 1964 (Altdeutsche Textbibliothek 62).

Die Gralepen in Ulrich Füetrers Bearbeitung (Buch der Abenteuer). Nach der Münchener Handschrift Cgm 1 unter Heranziehung der Wiener Handschriften Cod. vindob. 2888 und 3037 und der Münchener Handschrift Cgm 247 hrsg. von KURT NYHOLM, Berlin 1964 (Deutsche Texte des Mittelalters 57)

Merlin und Seifried de Ardemont von Albrecht von Scharfenberg in der Bearbeitung Ulrich Füetrers. Hrsg. von FRIEDRICH PANZER, Tübingen 1902 (Bibliothek des Literarischen Vereins in Stuttgart 227).

Ulrich Füeterers Prosaroman von Lanzelot. Nach der Donaueschinger Handschrift hrsg. von ARTHUR PETER, Tübingen 1885 (Bibliothek des Literarischen Vereins in Stuttgart 175), Nachdruck: Hildesheim 1972.

Ulrich Fuetrer, Bairische Chronik. Hrsg. von REINHOLD SPILLER, München 1909 (Quellen und Erörterungen zur bairischen und deutschen Geschichte N. F. II,2).

Poytislier aus dem Buch der Abenteuer von Ulrich Fuetrer. Hrsg. von FRIEDERIKE WEBER, Tübingen 1960 (Altdeutsche Textbibliothek 52).

2. Forschungsliteratur

HARTMUT BECKERS, »Der püecher haubet, die von der Tafelrunde wunder sagen.« Wirich von Stein und die Verbreitung des 'Prosa-Lancelot' im 15. Jahrhundert, in: Wolfram-Studien IX (1986) S. 17–45.

KLAUS GRUBMÜLLER, Der Hof als städtisches Literaturzentrum. Hinweise zur Rolle des Bürgertums am Beispiel der Literaturgesellschaft Münchens im 15. Jahrhundert, in: K.

GRUBMÜLLER u. a. (Hrsg.): Befund und Deutung. Zum Verhältnis von Empirie und Interpretation in Sprach- und Literaturwissenschaft, Tübingen 1979, S. 405–427.

HERIBERT A. HILGERS, Rezension RISCHER, in: AfdA 89 (1978) S. 75–80.

HANS-GEORG MAAK, Zur metrischen Form von Füetrers Abenteuerbuch, in: ZfdPh 86 (1967) S. 58–69.

JAN-DIRK MÜLLER, Rezension RISCHER, in: Daphnis 3 S. 208–211.

KURT NYHOLM, Das höfische Epos im Zeitalter des Humanismus, in: Neuphilologische Mitteilungen 66 (1965) S. 297–313.

ARTHUR PETER, Die deutschen Prosaromane von Lanzelot, in: Germania 28 (1883) S. 129–185.

KURT NYHOLM, Rezension FICHTNER, in: Beitr. (Tüb.) 91 (1969) S. 421–426.

KURT NYHOLM, Ulrich Fuetrer, in: ²VL, Bd. 2 (1980) Sp. 999–1007.

CHRISTELROSE RISCHER, Literarische Rezeption und kulturelles Selbstverständnis in der deutschen Literatur der »Ritterrenaissance« des 15. Jahrhunderts. Untersuchungen zu Ulrich Fuetrers 'Buch der Abenteuer' und dem 'Ehrenbrief' des Jakob Püterich von Reichertshausen, Stuttgart 1973 (Studien zur Poetik und Geschichte der Literatur 29).

HELLMUT ROSENFELD, Der Name des Dichters Ulrich Fuetrer (eig. Furtter) und die Orthographie, insbes. die Zwielaut- und Umlautbezeichnung in bairischen Handschriften des 15. Jahrhunderts, in: Studia neophilologica 37 (1965) S. 116–133.

HELLMUT ROSENFELD, Der Münchener Maler und Dichter Ulrich Füetrer und sein Name (eig. »Furtter«), in: Oberbayerisches Archiv 90 (1968) S. 128–140.

UWE RUBERG, Die Suche im Prosa-Lancelot, in: ZfdA 92 (1963) S. 122–157.

UWE RUBERG, Raum und Zeit im Prosa-Lancelot, München 1965 (Medium Aevum. Philologische Studien 9).

[150ᵛᵃ] Dem durchleuchtigen, hochgebornen fürsten und herren
herren Albrecht, pfalzgraf pey Rein, Herzog in Obern und
Nidern Bairn etc. Seinen fürstlichen genaden zu willen hab
ich, Ulreich Fuertrer, zu Munchen ersamelt mit ainer slech-
5 ten und ainvaltigen stümpl teutsch aus ettlichen püechern die
hystori, gesta oder getat von herren Lanzilet vom Lack, geporn aus dem chunigreich Bonabick, mit dem aller chürzisten
synn, doch unmangelund der abenteur darzu gehörund: zu
dem ersten von seinem vater chünig Bann, wie der von rewen
10 starb; von chünig Artus aus Pritoni; wie Lannzilet, Lionel und
Bohort im Lack erzogen wurden; was auch sy mit ritterschaft
erzeugt haben; item von dem anfang des heiligen Grales, war
durch, wie oder was er gewesen ist, auch wie Galat, Parzival

Prosavorrede *fehlt b*

Prosavorrede: *Die Prosavorrede ist fast identisch mit der des 'Prosa-Lann-*
zilet', vgl. P 1. Allein A war für den bayerischen Herzog Albrecht IV.
bestimmt. Daraus erklärt sich vielleicht das Fehlen der Prosavorrede in
b. Vgl. NYHOLM, *Gralepen, S. LXXVII, Anm. 3.* 1 ff. Dem . . . Bairn
etc.: *Text des Akrostichons am Beginn des 'Buchs der Abenteuer', vgl.*
Gralepen Str. 10–29. Einerseits deutet die Parallele auf die Zugehörig-
keit des 'Lannzilet' zum 'Buch der Abenteuer' hin. Andererseits könnte
die neuerliche Widmung gerade die Eigenständigkeit des Werkes be-
tonen. 4 Fuertrer: ROSENFELD, *Der Name, S. 125, und: Der Mün-*
chener Maler, S. 134 f., weist gegen NYHOLM, *Gralepen, S. XXIII,*
nach, daß der umlautlose Zwielaut ue *anzusetzen ist.* 5 stümpl *mehr-*
fach bei Fuetrer, vgl. etwa SPILLER, *Bairische Chronik S. 214,13; wenn*
von einem Substantiv ›Stummel‹ *auszugehen wäre, wäre dies feminin.*

und Pohort die abenteur des heiligen Grals zu endt prachten;
15 von dem sarglichen sass zer tavelrunt; item wie es yedem ritter in seiner suechung ergieng, auch wie man sy hielt zu tavelrunt, wie es im anpegynn erdacht ward und wie es in wider
zergieng und wie sy all erslagen wurden; auch von dem tod
Artus, frawn Ginofern, Lanziletz, Gaban, Parzival und Po-
20 horz; item von gar wunderlichen geschichten, die sich under
disen dingen ergangen haben: wie Britonie, Logers, Gaule,
Bonebick und Gann die lannd ir herren verwaist wurden; von
der grössten manslacht, da ie man von gehört. Und ditz bracht
alles zu ain verräter genant Morderot, des chünigs Artus kebs-
25 sun, und hebt sich an mit Claudas dem verräter und enndt
sich mit Morderot dem verräter.

1   [150ᵛᵇ] O got und herr allmächtig,
      deiner wunder manigvalt
      ward nie kain herz erträchtig.
      tausent mal macht wol werden ee gezalt
  5 laub, gries, steren und tropfen aller unnde,
      ee das dein weyshait ungemess
      engel noch mensch ymmer ersynnen kunde.

1,1 *Der Prolog (Str. 1-113) leitet das Werk mit einer astrologischen und
allegorischen Erzählung zum Preis Herzog Albrechts IV. ein. In dieser
und nach ihr enthält der Prolog aber so gut wie alle traditionellen Pro-
logelemente, vgl.* PETER KOBBE, *Funktion und Gestalt des Prologs in der
mittelhochdeutschen nachklassischen Epik des 13. Jahrhunderts, in:
DVjs 43 (1969), S. 405 ff.: An drei Stellen innerhalb des poetischen Prologs nennt sich Fuetrer als Autor selbst (10,1. 92,6. 105,1). Er nennt und
diskutiert seine Quellen (Str. 108-110, vgl. Prosavorrede). Albrecht IV.
wird als Auftraggeber (10,5-7. 106,1-4) und als Gönner (Str. 88, 89)
genannt. Der Autor erfleht für sich Hilfe (111). Er bittet um Nachsicht
und Wohlwollen (Str. 8, 9) und beklagt seine eigene Unfähigkeit (Prosavorrede, 98,4). Er sieht sich in der Nachfolge Wolframs, Gottfrieds und
Hartmanns (Str. 108), gibt eine Literaturschau (Str. 107-109) und lie-
fert eine Art Deutung des Erzählstoffs (112,6-7). Weitere Elemente:
Anrede an das Publikum (›audite‹) (112,1), Wahrheitsbeteuerung (13,5),
'Tugendspiegel' (Str. 20, 24, 42, 60, 102). Die Vermutung, Fuetrers Prolog sei am Inhalt von Wolframs 'Willehalm'-Prolog oder am Prolog von
Albrechts 'Jüngerem Titurel' orientiert (so* PAUL HAMBURGER, *Untersuchungen über Ulrich Füetrers Dichtungen von dem Gral und der Tafelrunde, Straßburg 1882, S. 40), dürfte unzutreffend sein. Nur die ersten Strophen, die in allen drei Werken gebetsartigen Charakter haben,
stützen diese Vermutung. Sonst lassen die Texte keine inhaltlichen Ge-
meinsamkeiten erkennen.* 3 erträchtig *etwa* ›ersinnend, ergründend‹,
gebildet wie vürtrehtic; *vgl. 22,3 und Bayer. Chronik 118,28.*

2   Seid uns so hoch geobet
     ist, diss alls zu erspüren,
     des sey dein nam gelobet.
     den zennter, abgrundt mag dein macht wol rüeren,
5   die firmament, wie die von stat sich heben
     (das hastu alls gemaistert gar),
     wie die planeten siben dargen streben,

3   wie menschliche figure
     von der planeten kraft
     hand wesen und nature,
     das schaff⟨e⟩t, herr, gar ain dein maisterschaft,
5   wie diser so ed⟨e⟩l ist und der gevaiget
     und der so künstenreich. drumb sey
     deinem g⟨e⟩walt ymmer ewig genayget.

4   Nu hat dein gnad gesundert
     zer welt ain man erlesen,
     mit dem dein weyshait wundert.
     der ed⟨e⟩l sunn im gibt natur und wesen.
5   Marcurius in mit kunst und weyshait stewret.
     ain Jupiter von siten guet,
     sunst ist er allen mannen ob getewret.

5   Mit wirden sunder schande
     lebt ye der auserkoren.
     ain fürst aus Bayren lannde
     ist er aus künigklicher art geporen.

3,1 mēschlich *b*   6 kūnstñreiche *b*   7 deim *b*
4,5 in] im *b*

4,3 *Zu Fuetrers Idealbild des Herrschers vgl.* GERHILD S. WILLIAMS,
*Adelsdarstellung und adliges Selbstverständnis im Spätmittelalter. Po-
litische und soziale Reflexionen in den Werken J. Rothes und U.
Füetrers, in:* PETER UWE HOHENDAHL *und* PAUL MICHAEL LÜTZELER
*(Hg.): Legitimationskrisen des deutschen Adels, Stuttgart 1979,
S. 45-60.*

5 sunst sind auch alle künn von disem stamen,
den got sunder geedelt hat.
herzog Albrecht er haist mit seinem namen.

6 Sein angeborne tugent
sein raines herz ye zwank,
das er bisher von jugent
nicht wann nur nach hohen eren rank.
5 sunst hört er singen, sagen noch vil geren
von den, die bey ir tagen
geworben haben allzeit nach solichen eren.

7 Von den ains tails gesaget
hab ich dem fürsten herren,
was manig ritter pejaget
hat all sein zeit mit manhait und sunst eren.
5 erst solt ich sagen von wunder und abentewren,
die ain ritter mit [151ᵐ] preys erwarb,
ja ob fraw Selld mich wollt⟨e⟩ darzu stewren. –

8 Fraw Mynn, erst mues ich lauffen
durch not zu ewren genaden.
gross sorg und vorcht mit hauffen
hand mich mit diser abentewr beladen.
5 fraw Er und Mynn, ir ratt mir payd mit trewen!
hab ich ewren breys gehonet ye,
zu pessten wil ich in vort ymmer newen.

9 Ewr eren inesigel
wil ich zu fleisse stempfen.

6,2 rains *b*
8,1 Mynn *auf Rasur A*   3 vorcht] not *b*
9,2 fleys *b*

6,4 *Dem Vers fehlt eine Silbe;* ⟨nach⟩ nicht *ist zu erwägen.*   5–7: *Wohl bezogen auf Albrechts Interesse an der höfischen Ritterdichtung.*
8,6 *Diese Aussage gegenüber Frau Minne auch in 203,1.*

helft, das aus künsten tigel
ich giessen müg, das unwird thue vertempfen.
5 an künsten stam wetzt meiner zung grabstickel,
das sy durch grab vil süesser wort,
wann darzu hört nicht schaufel noch der pickel.

10   Ulrich, du tuest erst rieffen,
wann du versinken willd
in schanden muer dem tieffen.
dein ruef zu uns von dir uns gar bevildt.
5 ob dein arbait nicht hört aim fürsten herren,
des lob so menigen endt erhillt,
sunst torfstu rat noch hilf nit von uns geren.

11   Durch den fürsten gehewren
so wil fraw Mynn und ich
mit rat und ler dich stewren,
wie es yedoch vil clain vervahet dich.
5 ain hof ist hin gen frewden tal gesprochen,
da man wirt messen preis und er,
ain quotlibet, werd aus mit all ain wochen.

12   Dar well wir mit dir keren;
da magstu dir genueg
hören von wird und eren,
wie man schaydet mass, zucht von unfueg.
5 mang künst⟨en⟩reichen man von hohen wytzen,

10,1 rüffn *b*   6 mengen *b*   7 torftu *b;* vō vns nit *b*

10,5 hört: *wie* torfstu *10,7 wohl Konj. Prät.*
11,7 quotlibet: *Fuetrer meint wohl weder den musikalischen Begriff noch die Scherzdisputation, sondern eher eine Disputation mit vielfältigen, aber ernsten Themen. Vgl. zu* quotlibet: KURT GUDEWILL, *Quodlibet. In: Die Musik in Geschichte und Gegenwart. Hg. von* FRIEDRICH BLUME. *Bd. 10. Kassel 1962, Sp. 1822–1832. –* werd aus: ›*dauert*‹, *wohl Relativsatz ohne Einleitung.*
12,4 *Dem Vers fehlt eine Silbe; etwa:* man ⟨da⟩

natur und auch beschaidenhait
sicht man bey aller werder diete sitzen.

13 Kundestu da icht gemerken,
das dir wol kem zu frumen,
dir witz, vernuft tät sterken,
so das du wärst der girde dein volkumen,
5 füeg dich mit uns, die warhait solltu schawen! –
sunst volgt ich nach auf irem spor.
do wir kumen in ain gepluemte awen,

14 [151ᵇ] do stuend ein zellt geheret,
von glast gar unvertunk⟨e⟩lt,
dargen ain fürste keret,
des kron und wat rubinet und karfunk⟨e⟩lt.
5 mang jochant spiegelvar die verre glenzet.
das lieret in den augen so,
das es clarhait der sunn nie überschwenzet.

15 Von fürsten gross gedrennge
was nach auf seinem spor,
von rittern solich gemenge.
in ain vil reich gestüele hoch enpor
5 satzt sich der herr, der do von reichait glinstert.
was ich vor ye von kosste sach,
das was bey disem glasst et gar ervinstert.

16 Von gollt erglesst es alles,
was yembt mocht übersehen.

12,6 beschaidnhait *b*
13,7 gepluende *b*
14,3 fürst *b*

14,5 jochant: *spiegelfarbener Hyazinth, weißer Zirkon (Mineral).* 6 lieren *hier etwa:* ›den Augen glänzend erscheinen‹. 7 überswenzen ›übertreffen‹; clarhait der sunn *ist Subjekt.*
15,1–3 gedrennge *und* gemenge *sind Subjekt.*

dabey was vil des schalles.
maniger hannde tagalldie spehen
5 mocht man auf disem wunne reichen annger.
nu gieng dort her ain herr⟨e⟩ alt,
mit im doctores, lerer giengen manger.

17   Priscianus genennet
was diser alt mit namen,
durch den von erst erkennet
der wellde ward gramatica. von des stamen
5 die siben freyen künst sind aus geflossen.
sy ist mueter und uresprink;
aus ir die anderen sechs sich hannd ergossen.

18   Wer der künig bekronet
sey, der mit reichait gros
all herschaft über schonet?
der edel sunn, des glanz tuet widerstos,
5 das er alls licht an clarhait über obet.
fraw Mynn jach: »Nymm mit fleisse war!
du hörest palld, was ich dir hab gelobet.«

19   Priscianus züchtigkleiche
hie für den künig trat.
sunst sprach der künstenreiche:
»Ewr wird, die verr vor allen wirden gat,
5 bericht mich, herr, von ainem fürsten grossen,
der yetz zer werlde sein hoches lob
vor anderen fürsten kan so hoch⟨e⟩ stossen.

16,4 mang⁵ *b*
17,6 vrspryngk *b*
18,4 edl *b*   6 vleis *b*
19,3 kunstreiche *b*   7 and⁵n *b*

18,4 tuet widerstos ›*übertrifft (im Wettstreit)*‹ *(DWb 14, 1294); das geforderte Dativobjekt ›jedes Licht‹ ist aus dem* das-*Satz zu ergänzen.*

20 Ain fürst aus Bayren lannde
    ist der vil tugentwalt,
    der do so weyt erkannde
    der werlde ist durch sein tugent manigfallt.
 5 er ist mit gnaden ye euch sunder gemainet,
    das ir von allem tadel im
    sein herz⟨e⟩ habt durchnechtigklich gerainet.«

21 [151ᵛᵃ] Der künig sprach: »Gesaget
    hastu von ainem mann,
    des preys nach eren jaget.
    do im der künig in der himel tron
 5 im anpegynn ein goss sein werdes leben,
    do wollt auch got, das ich im sollt
    nach meiner art natur und wesen geben.

22 Durch sein gepot allmächtig
    was ichs geflissen sunder
    in leo, mein haws, erträchtig
    mocht ich wol würken mit im meine wunder.
 5 ich wil er, herschaft im noch grosse füegen:
    seinen stat mach ich mit wird so hoch,
    das in von mir wol ymmer mag penüegen.

23 Ich gib schön, dabey sterke
    den mein erwelten kinden.
    ain weyser an in merke:

20,2 ist] yss *b*   4 wellt *b*   5 genadñ *b*

21,1 der künig: *Gemeint ist die Sonne.*
22,1–4 *Sinn: Die Sonne war auf Gottes Geheiß in ihrem Haus, dem Tierkreiszeichen des Löwen, und wirkte an Albrecht Wunder.   3 Ist zu
konjizieren* meim? – *erträchtig: vgl. Anm. zu 1,3.   7 Zur Zuordnung
von Planeten und Tierkreiszeichen vgl. z.B.* HEINZ H. MENGE, *Das 'Regimen' Heinrich Laufenbergs. Textologische Untersuchung und Edition, Göppingen 1976 (GAG 184), Vers 609–1706, zu Sonne und Löwe
Vers 851 f.*

in beschaydenhait mues man sy allzeit vinden.
5 nach herschaft strebt ir herz zu allen stunden,
unpeweglich, fürsichtig,
auch senftes muets gen frembden unde kunden.

24 Hör, was ich dir wil däuten,
das in ist angeboren:
frölich bey werden läuten
sol sein der edel fürste auserkoren,
5 millt und getrew, dapey mit eren zuchtig.
sein herz vast hoher eren gert.
fraw Schannd ab seinem hof ist verr die fluchtig.

25 Vernembt, fraw Mynn und Ere!
wann ir welt fürbas gan,
so nemet ew⟨e⟩r kere
zu Ptholomeus, dem künsten reichen man.
5 wes ir in durch den fürsten bitt, das laisst er.
natur und der planeten lauff,
des alles ist er gar durch grundt ain maister.

26 Der sol nach ew⟨e⟩r gere
euch füeren sunder wan
hin zu des mannes spere,
do er reichlich sitzt in seiner region,
5 dem wol beheglich ist ditz fürsten leben.
zu ew⟨e⟩r fürgenomen rais
sol euch got selber hail mit gelücke geben.«

24,2 angeborner *A*   4 fürst *b*
25,3 nembt *b*   4 zu] do *A;* Jotholome *b*   6 der *fehlt b*
26,7 selb⁵ mit hail *b*

25,4 Ptholomeus *ist dreisilbig zu lesen, vielleicht in Anlehnung an b* Ptho-
lome.
26,3 mann: ›Mond‹. – *Um die Erde liegen die sieben Planetensphären als
gedachte Kugeln. An unterster Stelle ist die Sphäre des Mondes.*

27 Wir gerten genad und hullde.
   mit urlab schied wir dann.
   ich jach: »Zwar ich verschullde,
   fraw Mynn, was ir zu lieb mir habt getan.
 5 lat uns der endt, alls euch yetz ist gehaissen,
   das ich den vollen vind mein gere,
   nach dem gedänk und synn mich stetes raissen.«

28 [151ᵛᵇ] Von dannen tet wir gahen,
   alls uns die strasse lert.
   ain reich gezellt wir sahen,
   darzu mein frawen und ich mit in kert.
 5 von samyt weys was es vil maisterleiche,
   der zellt⟨e⟩ stanngen silbrein gar,
   von perlein clar durch sticket wunder reiche.

29 Der knopf ain liecht parille,
   darauf ain reicher fan
   (ditz was des herren wille),
   nach vollem schein *geschmellzt* daran stund der man.
 5 ain fürsten reicher eren fundt wir darinnen,
   gar all sein masseneye was
   begnadt von got, von kunst und hohen synnen.

30 Ain doctor allt und greysen
   sach wir dort vor im sitzen,
   den mir fraw Mynn tet weysen
   und jach, er wär von kunst und hohen witzen,

27,1 gnad *b*   6 ger *b*
28,2 lerte *b*   4 kerte *b*
29,4 geschmelltz *Ab;* dran *b*

27,5-7 *Sinn:* ›Laßt uns dorthin (endt) *gehen, wie euch jetzt gesagt wurde,
   damit ich, was ich suche, vollkommen* (den vollen) *finde.*‹
29,1 parille: ›Beryll‹.   2 fan: *Die Zeltfahne hier wohl als Metallfahne mit
   Emaillewappen gedacht.*

    5 astronomya wär er von ersten fundig,
      planeten lauff und ir natur
      das wär et im zu endt gar alles kundig.

31   Wie das der himel schwayffen
      das firmament umb füeret,
      planeten in ir raiffen
      mit widerstreb erden noch himel rüeret,
    5 wie der scheint tunkl und jener mit prehen flanndert,
      durch was der man in seinem schein
      sich vinstert und mit liecht sich wider anndert,

32   wie lanng ain yeder strebet
      in seines zirkels krays,
      wann er von stat sich hebet,
      wie dick unnd weyt der erden umberais,
    5 wie hoch von erden ist bis zu dem monne,

30,7 et] er *A*
32,1 strebebet *b*

31,1-4: *Die Planeten bewegen sich auf Bahnen* (raiffen) *in Gegenrichtung
    zum Fixsternhimmel, ohne Erde oder Himmel zu berühren.*
    5 flandern: ›flimmern‹
32,5 *Es folgen nun bis Str. 39 Angaben zu Entfernung, Durchmesser und
    Umfang der Himmelskörper. Die zusammengesetzten Zahlen fügen sich
    nicht immer bruchlos ins Strophenschema. Francis Brévart verdanke ich
    den Hinweis auf einige knappe lateinische und deutsche Notizen des 15.
    Jahrhunderts, die der Tradition, der Fuetrer hier folgt, nahezustehen
    scheinen. Sie sind überliefert in Augsburg UB, cod. Öttingen-Waller-
    stein II. 1. 4° 61, 85ʳ, und München, Cgm 328, 119ᵛ, jeweils im An-
    schluß an Konrads von Megenberg 'Deutsche Sphaera'. In diesen No-
    tizen, die einige weitere Angaben enthalten und durch eine Zeichnung
    verdeutlicht werden, gelten die Entfernungsangaben eindeutig jeweils
    von einem Planet zum nächsten. So dürfte es auch Fuetrer verstanden
    haben, obwohl er es nicht ausdrücklich sagt. Fuetrer rückt jedoch, viel-
    leicht um der Folge der Wochentage näherzukommen, Mars zwischen*

vernemet das (alls er uns schreibt)
und mer, das sag ich euch nu fürbas schone.

33 Ptholomeus der vater
    ist diser hochen kunst,
    durch speculier⟨e⟩t hat er
    wie der sodiac in seines zirgk⟨e⟩ls runst
  5 planeten füert, auch wie sy sich pehawsent,
    von erd bis an die sper des manns
    sexhundert ist darzu fünfzehentausent

34 dapey auch sechsunddreyssigk.
    sunst habt ir dise zal.

32,6 vᵉnembt *b*
33,7 funfzehnt. *b*

---

*Mond und Merkur und Venus an die Stelle von Mars; auch die Zahlen
weichen teilweise ab. Zum Vergleich (Angaben in Meilen, soweit nicht
anders vermerkt):*

Notizen		Fuetrer	
Entfernungen:			
Erde – Mond	*15635*	*Erde – Mond*	*15636*
Mond – Merkur	*7812*	*Mond – Mars*	*7812*
Merkur – Venus	*7812*	*Mars – Merkur*	*7824*
Venus – Sonne	*23436*	*Merkur – Sonne*	*23436*
Sonne – Mars	*15625*	*Sonne – Venus*	*7812*
Mars – Juppiter	*7812*	*Venus – Juppiter*	*8609*
Juppiter – Saturn	*7812*	*Juppiter – Saturn*	*(8609)*
Saturn – Firmament	*23436*	*Saturn – Firmament*	*23663*
Durchmesser:			
Mond	*1896*		*18906*
Sonne Augsburg	*35700*		
München	*35740*		*36740*
Erde	*6490*		*6490*
Umfang:			
terra	*252000 stadia*	*Erde*	*20600 Meilen*

33,4 sodiac: *der Zodiakus oder Tierkreis, Kranz der Sternbilder, durch den
sich die Planeten bewegen.*

ich habs ersuechet fleyssigk,
wie weyt und dick der planet sey mit all
5 (nicht yss unpilld, das maniger sich des wundert):
sein dick hat achzehentausent meyl
und sechser mer darzu geraitt näwnhundert.

35 [152ⁿ] Fürbas hat ers durch vachtet
die höch bis an den Mars,
künstlich, gründtlich betrachtet
(darumb die kunst wol haisset ›vera ars‹):
5 gar sibentausentachthundert zwelfer mere.
nu füran zu Marcurio:
nach seiner zal und raittung ich euch were

36 sibentausent und achthundert
vierundzwaynzigk mer, das ist war.
bys an den sunn gesundert
dreyundzwainzigktausent darzu vierhundert gar
5 und sechsunddreyssigk, sunst sind sy euch verzaichent,
durch die dick aus der sunnen schein
sechsunddreyssigktausent sibenhundertvierzigk
raichend.

37 Bis an des Venus spere
achtundsibenzigkhundert zwelf.

34,4 all] zal *b*
36,6 schein *oder* schem? *Ab*

35,1 durchvachten *zu* fachten, fechten ›*prüfen, eichen*‹, *vgl. DWb 3,
Sp. 1226 u. 1390 und* J. A. SCHMELLER, *Bayer. Wb.,* ²*1872–77, Bd. 1,
Sp. 687; wohl Variante zu mhd.* p(f)ahten.
36,5–7 *Syntaktisch wohl als Partizipialkonstruktion im absoluten Nomi-
nativ zu verstehen:* ›*wobei der Schein der Sonne . . . erreicht*‹. durch die
dick aus: *durch die Sonne hindurch dort, wo sie am dicksten ist. Gemeint ist der Sonnendurchmesser.*

nach der astronomy lere
wirf ich vom lautteren keren hin die schelf
5 und sag euch zu dem Jupiter die zale:
achttausentsexhundert neyner mer.
alls hoch ist an Saturnum sunder twale.

38 Wie manige meyl sich strecken
bys an das firmament?
dreyundzwaynzigktausent auf recken
sexhundertdreyundsechzig an das endt,
5 da sich die sper gestirnet umbe treybet.
sechsunddreissigktausent jar er gat,
ee er sich ainst mit alle *gar* umb scheybet.

39 Wem darnach stüend sein gerde,
das er vernemen wolt,
wie dick wär all die erde,
des girde sollt wol werden hie ervolt:
5 sechstausentundvierhundert darnach naynzigk.
ir umbe krais umbgriffen hat
sechshundert und zu tausent malen zwaynzigk.

40 Der diss alls hat betrachtet,
den sach wir nu da sitzen.
der fürst nicht rinng in achtet.
fraw Mynn⟨e⟩ sprach zu dem von hochen witzen:
5 »Der edel sunn hat uns all her geweyset
durch ainen fürsten, des lobe man
die verr⟨e⟩ umb in allen lannden preyset.

37,3 nach *fehlt b*   4 laut⁵m kern *b*   6 newner *b*
38,7 gar *fehlt A*
39,3 all die] alle *b*   4 ervollet *b*
40,5 edl *b*   6 lob *b*

37,6 neyner: ›um neun‹, *Genitiv als Maßangabe.*
40,1 Der: *Ptolemäus (?)*

41   Aus Bairen lanndt geboren,
      Albrecht haist der geedelt,
      dem nie ritzt lassters doren
      seiner eren fan, darumb er hoche wedelt.
   5 habt ir in der natur ycht aus geraittet
      sein art und sein conplexio,
      war[152ʳᵇ]durch der wellt sein lob so weyt sich praittet?«

42   Er sprach: »Natur und wesen
      ist im von den planeten
      zum pessten auserlesen,
      was sy ye rainer tugent an in hetten.
   5 hört, was euch diser herr werd underrichten!
      des mannes spera er regirt,
      sein art tuet all⟨e⟩ unwird gar vernichten.«

43   Zu dem der herr antwurte
      und sprach, der auserkoren:
      »Zu der zeit seiner gepurdte
      do het unart ir schanz zumal verloren.
   5 nach wunsch fraw Sällden scheyben im do gienge.
      ich was auch selb in meinem haws,
      dem krebs, davon er sellden vil enphinge.

44   Got wolt im sellden gunnen,
      gelucks und hocher eren
      nach art des edlen sunnen.
      da wolt auch ich mein pesstes darzu keren:
   5 schön, zucht unnd mass beheglich allen lewten.

41,4 hoch *b*   7 ward durch *b*
43,1 zů dē antwurte *b*   5 gingñ *b*   7 entpinge *b*
44,2 gelůckes *b*

41,4 er *bezieht sich auf* fan.
42,1 Er: *Ptolemäus*
43,1 der herr: *der Mond*

wo unart mich wolt irren des,
nach weysem rat tet ich das dannen räwten.«

45 Mein frawen payde gerten
urlabes von *den* herren.
des sy sy do gewerten.
durch die vil wunnigklichen awen keren
5 tet wir gen ainem gezelt, nach bla geferbet;
der knopf ain clarer saphier was,
von maisters hendt geschniten, licht gegerbet.

46 Nach vein lasur gefare
waren all der zellte schnüer.
in harnasch licht und clare
gieng manig ritter wider und⟨e⟩ für.
5 zwen herren in sameyt pla sassen darunder,
sy redten von natur unnd kunst,
Mars und Pittagoras, vil michel wunder.

47 Mit zuchten schön genigen
ward von mein frawen payden,
ir grues auch nicht verswigen.
zu hand den frawen ir sedl ward beschaiden.
5 her Mars da jach zu meinen payden frawen:
»Ich hab vernomen wol die mere,
war durch ewr wandlen sey in diser awen.

48 Zer wellt manigen wundert
von ainem fürsten auserlesen,
des lob ist so gesundert.

45,2 dem *A*, dē *b*   3 *erstes* sy *auf Rasur, ursprünglich stand dort* warñ *A*,
man *b;* gewerte *b*   6 der] den *b*
46,4 wider *fehlt b*   5 *vor* sassen *radiertes* do *A*
47,6 mer *b*

45,3 *Mond und Ptolemäus gewähren den beiden Frauen Urlaub.*

ich sag euch von natur und seinem wesen,
5 damit ich in hab völlig[152ᵛ]klich *getewret*.
all akust ich zurugken warf
wider mein haws den voll mich darzu *stewret*.

49 Streng vesst unnd stät⟨e⟩s muet⟨e⟩s
mues sein sein manlichs herz.
was er betracht⟨e⟩t guetes,
lat er im nit mit smaichen, triegen, scherz,
5 alls waichen herrn oder kinden tuet gezemen,
den man pewtt ain⟨en⟩ apfel rot,
lassen das golld in aus den hennden nemen.

50 Darumb manigen ennden
pschicht im dick widerstoss.
ich wil ettlichen pfenden,
das ers gestet schamrot und wirden blos.
5 zu gueter mass kan ers zum wegsten raitten
durch lere dis⟨e⟩s mannes hie,
doch mues er ymmer zeit der rechten payten.«

51 Von meinen frawen payden
nach urlab ward gesprochen
und teten dannen schayden,
funden ain zellt, an reichhait unzerprochen:
5 von samat praun sach mans die weyt erglessten,
mang stain darauf verhefftet lag;
der knauf ein rubin was gar von dem pessten.

48,5 gestewret *Ab* 7 tewret *A*
49,4 schwaichñ *b;* scherz] hr³tz *b* 7 in *nachträglich vom Korrektor A*
50,6 ler *b*

48,6-7: mein haws *apo koinu:* ›Alles Schlechte warf ich (von ihm weg)
zurück in mein Haus, dieses hat mich dazu völlig in die Lage versetzt.‹
49,3-4: ›*Was er für gut hält, das läßt er sich nicht nehmen mittels
Schmeicheln . . .*‹

52 Mein frawen fragten mere,
   wer under dem gezellt
   vogt oder herr⟨e⟩ wäre.
   ain garzun jach: »Ob ir durch sucht die welt,
  5 so möcht ir weyshait grösser nynndert vinden.
   man pfligt hie nicht wann künste vil.«
   ich dacht: »O got, möcht ich mich da gesinnden!«

53 »Marcurius besenndet
   hat her die künstenreichen,
   darumb all her gelenndet
   sind philosophy *manige,* des geleichen
  5 doctores vil der heiligen geschrift, geleret
   im decrett und auch puet⟨e⟩rey.
   ob ir durft rats, den voll irs werdt geweret.«

54 Mit schöner kurtoseye
   ain enpfank hie geschach.
   mein fraw die wanndels freye
   aus süessem munnd vil zuchtigklichen sprach:
  5 »Geert sol sein, der hie ist vogt und herre,
   darzu sein werde misseney.
   got well, das unhail sey euch allen verre.

55 Weishait mit schönen worten
   den vol man fliessen hort
   aus durch ir mundes porten.
   her Tulius, der von erst hat enport

53,2 kunstreichñ *b*   4 manig⁵ *Ab*   5 schrift *b*
54,5 geeret *b*

53,6 decrett: *kanonisches Recht;* puterey *(zu* computus*): Kunst der Be-
rechnung, wichtig z.B. zur Kalenderberechnung.*
54,6 misseney = *mhd.* massenîe
55,3 ir *bezogen auf* misseney *54,6*

    5 rethoricam mit worten spech ge[152ᵛᵇ]plüemet,
      darumb der edel, weyshait vol
      von werder diet sol ymmer sein gerüemet.«

56   Alls mir mein fraw verprachte
      mitt schöner perd ir wort,
      her Tulius her gachte
      und füertz pey hennden zu dem fürsten vort
    5 und sprach: »Herr, secht die mynnigklichen frawen
      und auch darzu ir messeney!
      frag, was ir gewerb sey hie in diser awen!«

57   Der herr sprach: »Mir ist kunde
      ir herkumende vart:
      vil geren sy befunde
      von ainem fürsten, geporen aus der art,
    5 das er mit genaden taw so ist durchfeuchtet;
      sein lob in allen lannden weyt
      vor sein genossen so die verre läuchtet.«

58   Her Tulius sprach: »Wunder
      hab ich von im vernomen,
      das er so ain unnd sunder
      an solicher wird unnd eren ist volkumen.
    5 durch sein pegynn ist er zer welt gepreyset.
      tuet im dann wer ettlichen zwank,
      drumb wirt er dort ewig geparadeyset.«

59   Doctores vil der pessten
      durch dise dinng fürlaytten

56,4 fürt *b*
57,4 geporn *b;* hˢ art *b*
58,4 wirden *A*   7 darüb *b;* paradeyset *b*

57,4 *Vielleicht wäre b vorzuziehen:* geporn aus hoher art.

manig schön unnd frembde quessten.
sy respondierten mengen weys und saitten:
5 »Dise conclus die well wir hie bevelen
dem herr⟨e⟩n her Marcurio;
der kan unns warhait davon nicht verhelen.«

60 Marcurius jach: »Nature
des fürsten ich euch sag,
secht wesen und figure:
got in sein wunnen hoher fräwden pflag,
5 do er in hat von fleisch und bluet gepilldet;
do legt ich kunst und weyshait zu,
des ist all unart an im gar erwilldet.

61 Zuchtig gar sunder galle
sein alle meine kind.
zu gueten siten alle
unnd menngen künsten sy genayget sind.
5 sein herz ist tugennt samen worden swanger,
der sam allsus gewurzelt hat,
das er ist worden ain tugenntperender anger.

62 Am zwyling ich gewaltig
was in meinem aigen haws,
drumb mein art manigfalltig
mocht ich im sennden in seines [153ʳᵃ] herzen klaus.
5 prüeft, was von natur in sey angeartet,
den ir minndt durch sein tugent gros!
zu herren Jupiter nu fürbas wartet.«

59,3 mang *b*
61,6 gewurtzlt *b*
62,1 Am] Im *b*   2 meim *b*   3 darüb *b*   4 seins *b*   6 minndt] mundt *b*

62,2 *Merkurs Nachthaus sind die Zwillinge. Vgl. Laufenberg, 'Regimen'
(s. zu 22,7) Vers 1413f.*   5 *in ist Akk. Sing., die Konjektur* im *wäre zu
erwägen.*

63   Mein frawęn sich payde pieten
     wollten zu seinen füessen;
     der sich kund zuchten nietten,
     es wer⟨e⟩t disen claren frawen süessen.
   5 ain urlaub ward genumen zu den stunden,
     unnd giengen durch der vogel sank,
     do wir ain zellt von grosser reichait funden.

64   Ain pfelle grüen erglimert
     an disem pavilun;
     mang schmareys darab schymert.
     fraw Mynn⟨e⟩ sprach: »Uns hat wol fraw Fortun
   5 zu säliger zeit her pracht auf das gefillde.
     her Jupiter behawset ist
     in disem zellt, der ye was tugent millde.

65   Ain künstenreichen maister
     hat er zu im besannt;
     her Ewklides haist er.
     gewicht, all mass die sind im wol bekannt,
   5 wie sich nach geomatry der zirgkel scheybet,
     wie der driangel und quadrant
     nach liny recht die richt als für sich treybet.«

66   Allsus mein frawen gingen
     hin für die werden schar,

63,6 vogl *b*
64,1 pflelle *A*   2 pauilum *b*
65,2 besent *b*

64,7 Jupiter: *Im Gegensatz zu Saturn und Mars zählt Jupiter zu den ›stellae beneficiae‹. Das Gegenbild des Saturn findet sich Str. 83–84.*
65,3 *Vers unterfüllt, zu erwägen* her⟨re⟩. 5 ›*wie sich der Zirkel dreht‹* 6–7 *Die geometrischen Instrumente Triangel und Quadrant ›treiben die Linie genau im rechten Winkel immer geradeaus‹.*

die sy durch zucht enpfiengen.
her Jupiter der sprach: »Nu nemet war,
5 was wunders dise frawen bey uns suechen!
sollt man ir gird antwurten in,
man funds geschriben kaum in manigen puechen.

67 All werde diet die weysen
sollen diss frawen zart
von schullden loben unnd preysen.
durch ainen fürsten von vil hoher art
5 hand sy sich grosser arbait unnderwunden.
was in ye ist gesagt bysher,
noch hannd sy irer gyrde den vol nicht funden.«

68 Des antwurt im fraw Ere
und jach: »Wellicher endt
der weyten welt ich kere,
so wirt sein preys zum höchsten doch genennt.
5 ich wen wol, ob der gral noch wär auf erden,
er müesst durch seine tugent gros
namlich⟨en⟩ da künig unnd herr⟨e⟩ werden.«

69 [153ʳᵇ] »Für war, fraw, nit unrechte
sagt ir zu disen dingen.
sein künn und auch geschlächte
möcht in zu solicher wirde wol für pringen.
5 wie edl er ist von künn oder des bluet⟨e⟩s,
noch sag ich euch, das im sein herz
noch edler ist gar vil seins rainen muet⟨e⟩s.«

67,4 ain *b*
68,3 weyten *fehlt b*
69,5 edl *b*

68,5 der gral: *Sehr ähnlich Gralepen Str. 565. Vgl.* RISCHER, *Literarische Rezeption, S. 22.*

70   Darumb durch ew⟨e⟩r gere
      wil ich euch machen kundt
      von disem fürsten here:
      da im der schöpfer lebens zer wellde gund,
  5   do was ich in mein sper vil wol geschicket,
      ich nacht dem schützen, meinem haws,
      darinn mich Venus mit seinem schein an plicket.

71   Von kindes pain seiner jugend
      hab ich dem fürsten geben
      keusch, scham, vernunft und tugent,
      gelück, weishait und dabey lannges leben.
  5   in grossen eren so sol der werde allten.
      wie im Saturnus zaigt sein tuck,
      aufs jüngst mues er doch preys und sig behallten.

72   Es ist mein widerparte
      Saturnus alle zeit,
      der mich dick irret harte;
      doch hab behallten ich gen im den streyt,
  5   do diser fürst zer welt erst ward geporen.
      fraw, wer in lagt, dem wil ich noch
      durch seinen preys stecken den lasster doren.«

73   »Genade gros gesaget
      sey euch und hocher eren,
      die ir dem fürsten traget.
      urlabs und hulld thue wir zu euch begeren,
  5   zu ew⟨e⟩r masseney der tugentreichen.«
      sunst schieden dann die frawen mein,
      sahen ain zellt, das *glenzt* her mynnigkl⟨e⟩ichen.

70,5 meins *Ab*   7 seim *b*
71,1 seinr *b*   5 werde] werden, -n *radiert A*   6 tuck *nachträglich einge-*
      fügt b
72,3 dick *fehlt b*   4 ich behallten *b*
73,7 glentz *Ab*

74 Was wir et vor gesahen
    von grosser reichait sunder,
    was alls dem vil unnahen.
    ich solt erst sagen von reichait michel wunder:
 5 ain weyten plan diss zellt het gar umbfangen,
    von samat rot ain germansin;
    rot waren gannz mit all der zellte strangen.

75 Manigen ritter zieren
    sach wir auf disem plan,
    hie tannz⟨en⟩, dort thiostieren;
    do waren ritter, frawen wolgetan.
 5 ich wen, auf Floritschanz nie zemen kumen
    so menig wol geflorte schar.
    do sach man durch die weib vil sper zerdrummen.

76 [153ᵛᵃ] Bey diser werden diete
    muest trawren gar zerschleiffen,
    alls das die mynne riete.
    do hört man rotten, herpfen und auch pfeiffen;
 5 vil weisser kel hört man mit süessen stymmen
    gemischet in die instrument.
    durch die freud tet mein herz gen höche klimmen.

77 Unmynn dorst nit geschmecken
    zu diser werden schar,
    nur was frewdt macht erwecken.

76,2 trawren *doppelt geschrieben b*   4 do] so *b*

74,6 germansin: ›*Karmesin‹ (ital., 15. Jh.), rote Farbe, gewonnen aus der Schildlaus; hier, in Apposition zu* zellt, *der Zeltstoff aus karmesinrotem Samt.*

75,5 Floritschanz: *Das Hoffest, das Artus auf Florischanz im 'Jüngeren Titurel' gibt und in dessen Verlauf der Brackenseil-Text vorgelesen wird ('Jüngerer Titurel' Str. 1874–1927; vgl. Gralepen Str. 514–529).*

77,1 geschmecken zu: ›*sich wie ein flüchtiger Geruch nähern‹*

da wir kumen zu den gepreisten dar,
5   da wurden meine frawen so entpfangen,
vor Waldack mit dem Graharzois
Akarin hat nie solich freud beganngen,

78   alls hie die küniginne
tet, Venus die vil her.
zer henndt nam sy fraw Mynne
und auch die tugenthaften frawen Er
5   und füert sy zu dem reichen tabernackel,
da manig küenes ritters herz
enzündet was von haisser mynne vackel.

79   Tubal liess erst erklingen
der musick süess gedön,
von der mynn frölichs singen.
meng rubinvarbes mündlein süess und schön
5   bey rosenfarben wänglein frölich lachet.

77,5 so] paid *b*   7 Akary *b*
78,7 myñ *b*
79,1 erst *fehlt b*

77,6 Graharzois: *meint   Schionatulander;   vgl.   'Jüngerer   Titurel'
Str. 2833ff.   und   NYHOLM,   Gralepen,   S. XXXII,   Anm. 7   und
Str. 625-627.*
79,1 Tubal: *Jubal, »Sohn des Lamech aus der Nachkommenschaft Kains,
›von dem hergekommen sind die Geiger und Pfeifer‹ (1 Mose 4,21). . . .
Auf Grund der zitierten Erwähnung der Musik in der Bibel galt für die
christliche Musikanschauung bis in die neuere Zeit hinein die Gestalt
des Jubal als der biblische Beweis für deren göttlichen Ursprung«* (WAL-
TER BLANKENBURG, *Jubal. In: Die Musik in Geschichte und Gegen-
wart. Hg. von* FRIEDRICH BLUME. *Bd. 7. Kassel 1958, Sp. 222-223). Die
Namensform Tubal, die im Mittelalter häufig auftritt, könnte durch
Kontamination aus Jubal und Thubalcain entstanden sein. Zu Jubal/
Tubal (statt Pythagoras) im System der artes vgl. ferner:* J. SEIBERT,
Jubal. In: Lexikon der christlichen Ikonographie. Hg. von ENGELBERT
KIRSCHBAUM *u. a. Bd. 2. Rom, Freiburg 1970. Sp. 359f. und 703-713.*

diss was bey nam ain paradeys,
darinn all frewd gar sunder *trawen* wachet.

80   Venus sprach: »Kainer frag⟨e⟩
     darf ich umb ewr gefert.
     woch, zeit und alle tag⟨e⟩
     ist mein gewerb so, das ewer fürst volhert
   5 mit solichem lob, alls er her ist erwachsen.
     mein fraw Fortunn beschützt in so,
     das neydes gall im nicht schrot eren sachsen.

81   Euch ist doch dick gesaget
     von mein genossen vor:
     wer in zu unrecht laget,
     des wirde jaget auf der schanden spor.
   5 durch in in werder diete herz geseet
     hab ich der süessen mynne sam,
     die unmynn nicht so schnelles im vor weet.

82   Ich wil noch durch den süessen
     mein macht und gewalt erzaigen,
     das hohe häubter müessen
     sich im zu recht gen seinem gepot naygen,
   5 umb das er tugent, er so hoche mynnet.
     an aller *werde* selldenyer
     mit macht er noch die oberhandt gewynnet.«

79,7 trayen *A*
80,4 ewr her⁵ *b*   6 beschütz *b*
81,4 wird iagt *b*
82,2 gwalt *b*   4 seim gepote *b*   6 werren *A*, werdñ *b*

79,7 trawen = *mhd.* drouwen; *oder ist* trawren *zu konjizieren?*
80,4 volhert *zu* volherten ›ausdauern‹   7 ›daß das Gift des Hasses ihm den
    sachs *(das kurze Schwert) der Ehre nicht zerstört‹.* sachsen *ein unge-
    wöhnlicher schwacher Akk. Sing. wohl des Maskulinums.*
82,6-7 *Sinn: Er übertrifft die Diener* (selldenyer) *der Würde* (werde).

83　[153ᵛᵇ] Aber zu meinen frawen
　　　Venus mit zuchten sprach:
　　　»Secht dort in yener awen
　　　ain herr⟨en⟩, ist an allen wirden swach;
　5　Saturnus der planet ist ers gehaissen.
　　　sein kind zu raub unnd dieberey
　　　unnd ander untugennt tuet ers *all* raissen.

84　Wann sich sein gwalt erstrecket,
　　　so wirt in lannden weyt
　　　hunger unnd not erwecket.
　　　zu allem guet tregt er hässlichen neid.
　5　grob, akustig die erden mues er pawen.
　　　sein zellt was swarz unnd reichait plos.
　　　ab seiner messeney aim mochte grawen.

85　Ain man mit witzen grossen
　　　man bey dem öden vindet,
　　　der machet den tugent plossen
　　　geren, das er sich eren hoff *gesinndet.*
　5　her Aristotiles ist er genennet,
　　　der loycam die kunst uns lert,
　　　damit man recht von dem unrechten kennet.

86　Was der im tugent saget,
　　　vervaht et *alles* clain.
　　　nicht annders im behaget,
　　　nur des herz ist vermaladeyt unrain.
　5　ir dürfet lützel gahen zu im hinnen.
　　　sein art ir ye gehasset hannd;
　　　darumb wil er auch euch durch nichte mynnen.«

83,5 er *b*　7 vntugent] vn *nachträglich eingefügt b;* alle *A*
85,4 gesundet *A*
86,1 im] von *b*　2 vˢvahet *b;* als *A*

87   »Dem maister wir enpieten
     wellen, dem tugenthaften,
     der sich kan zuchten nietten.«
     aim garzun vil behennden sy das schaften,
   5 der pracht auch dar schnelles den edlen weisen,
     der allso gesallvyeret ward,
     das man zu hochen dingen wol mag preysen.

88   Sy redten maniger hannde
     von tugent und auch mynn.
     do sprach der weyd erkannde:
     »Ich prüef aus edler art wol bey euch hynn
   5 ain werde diet, was die joch hannd geworben.«
     Venus jach: »Herr, aus Bayrlandt hörens
     ai(ne)m fürsten, des preys nie ist erstorben.«

89   Der maister jach: »Gehöret
     hab ich et wunders vil,
     wie sich des wird enpöret,
     das niembt erraicht mit lob seiner eren zil.
   5 ich merk wol, das er ist allso versüenet
     mit euch, fraw Mynn und Ere,
     das sein herz im mit tugent allzeit grüenet.

90   [154ᵐ] An conplex und figure
     ain weyser erkennet wol
     kunst, wesen und nature,
     das sein herz sein mues gannzer tugent vol.«
   5 Venus jach: »Ich han mich im so verpflichtet
     zu vor, wan sich zu meinem haws,
     wag unde stir, mein gank die nehe richtet.«

89,4 seinr *b*
90,7 vnd *b*

88,4-5 *Sinn:* ›Ich erkenne, daß eine edle Schar bei euch herinnen ist, nach der Botschaft zu urteilen, die sie geschickt haben.‹

91 In dem der künig sannde
   reich boten zu in allen,
   wurben, das sy zu hannde
   kemen zu im, das wär et sein gefallen;
5 er wolt pesprechen sy all in der awen.
   do kam von werder diet ain schar,
   die man in grosser zirhait wol mocht schawen.

92 Auf stuend der prehend sunne,
   der vogt was diser schar,
   unnd jach: »Got hailes gunne
   dem, durch den wir uns hannd versemmelt gar.«
5 von hocher tugent hueben sy an zu kosen.
   fraw Mynn jach: »Ulrich, nymm hie war,
   ir rede solltu gar zu vleisse losen.«

93 Der künig sprach aber mere
   zu meinen frawen klar:
   »Rat uns durch ew⟨e⟩r ere,
   wen senndt wir zu dem edlen fürsten dar,
5 der im von uns fürpring unnser gewerbe
   gefüege, weys, so das bey im
   hie dise reiche sach et nicht verderbe?«

94 Mein fraw im des antwurte
   unnd jach: »Herr, diser knecht
   (für in sy mich do fuerte),
   des will unnd trew bey namen were schlecht,
5 dann das er lützel kan solicher fuege,

91,1 Im dem *b*
93,2 klare *b*

94,4–7 ›dessen guter *Wille* und *Zuverlässigkeit* wohl gut und recht wären,
nur daß er nicht viel kann von solchem feinen Werk. Er kann es nur
rauh und grob, wofür ich ihn doch vor seinem Herrn oft genug tadle.‹

nur rauch unnd grob, wie ich in doch
vor seinem herrn drumb höne dick genuege.«

95 Scham rot mein fraw mich mach⟨e⟩t
vor disen herr⟨e⟩n allen.
wie mir der mund erlachet,
so was ains tails mein muet vermischt mit gallen,
5 und jach: »Ir welt mich all hie frewden pfennden.«
»verschriben und versigelt wol
mögt irs dem edlen fürsten zu hof wol sennden.«

96 »Vil war«, so rett fraw Ere,
»hat er uns hie gesayt.«
do nach ir aller gere
der brief versigelt was unnd sunst berait,
5 do gert ich gnad und hulld gar von in allen.
fraw Mynn jach: »Sag an mir vil recht:
wie hannd dir dise dinng all hie gefallen?«

97 [154ʳᵇ] Ich sprach: »Zu diser wellte
nie dinng so wol noch pas.«
sy jach: »Mein widergellte
sey, das du mir hinfür nicht tragest has.
5 damit deim herrn sag dinst gar undertänig
von frawen Eren und auch mir.
guets willens vind er uns nicht widerspänig.«

98 Sunst tet ich dannen schaiden
und sagt genad⟨e⟩ gros
den meinen frawen payden.
genediger fürst, nu bin ich witze plos,
5 das ich volsagen nicht kan von den geschichten.
was man euch pot und eren redt.
der brief ains tails euch möcht⟨e⟩ underrichten:

95,5 wellet *b*
96,2 gesayt] gesagt *A*   3 do] doch *b*

Von des brieffes lautt die übergeschrift:

99 »Dem durchläuchtigen erkor⟨e⟩n
   fürsten und edlen herrn,
   Pfallzgraf bey Rein geporen,
   Albreht, in Bairlant Herzog, der mit eren
5 Obern und Nidern Bayren herschlich besitzet,
   dem hört der brief, der mit weyshait
   durch unnser gunst sein gnossen überwitzet,

100 von unns hernach genennet:
    Sol, Luna und auch Mars,
    Marcurio, der erkennet
    die underschaid getichtet und auch wars,
5   her Jupiter, Venus die küniginne,
    siben genennt philosophy,
    die all von schulld tragent euch hollde mynne.

101 Geboren hoch, durchleuchtig
    et cetera fürst und herr,
    des herz tugent ist feuchtig,
    so das ewer eren don erklinget verr,

Überschrift: *Endsilbe* -fes *nachträglich eingefügt A; Briefüberschrift in
   großer, roter Schrift Ab*
99,7 genossen *b*
100,2 soll *b*   7 tragñ *b*

99,6 der *(Rel.pron.): gemeint Herzog Albrecht.   7 Danach die Buchstaben*
   d v ge *in roter Schrift A, wohl von der Hand des Korrektors. Mögliche
   Auflösung:* dominationi vestrae genuflexens *(›deiner Herrschaft das
   Knie beugend‹).*
100,2-6: *Die sieben Philosophen sind die den Planeten zugeordneten Mei-
   ster.   4 Das Genitiv-s von* wars *gilt für* getichtet *mit: ›die Unterschiede
   zwischen Gedichtetem und Wahrem‹.*
101,1 *Über dieser Verszeile in roter Schrift die Buchstaben* l d b *A, wohl
   von der Hand des Korrektors. Vermutlich:* lectori domino benevolo.
   Hier wie in 99,7 Demutsformel.

auch wie man schaidet fueg von dem unfueg.
5   heb an die awentewer unns zu sagen,
wie Lannzilet lebt bey dem lack
und manhait fürbas üebt bey seinen tagen. -

106   Hört, edler fürst und herr⟨e⟩,
mein will und dinst berait
payd nahen und auch verre
sein ewren genaden und allzeitt unversait.
5   yedoch ains tails der dinng ich mich entsitze
umb das: ob ich mich underwindt,
so gepricht mir darzu vernunft und auch der witze.

107   Nu hand die weysen erkräwtert
mir vor der künsten garten
mit sprüchen spech erläuttert;
des mues ich in den dürren schmelhen warten,
5   ob sy undanks ycht hetten übersehen.
fund ich ain körnlein künsten sam,
des wolt ich mir zu hochen frewden jehen.

108   Erglenzet licht, ersternet
hat es vor mir meng man.
sunder gar aus erkernet
hat es von Eschenbach her Wollforan.

105,5 abentewr *b*
106,4 gnadñ *b*

107,1 erkräwtern: *Gralepen Str. 1753* ›*von Unkraut befreien*‹, *hier eher*
›*der besten Kräuter berauben*‹   3 *etwa:* ›*durch ihre kunstvollen und*
glänzenden Dichtungen‹   4 *dürre schmelhe:* ›*dürres Gras*‹.
108,4–109,1: *Fuetrer sieht sich also in der Tradition folgender Autoren:*
Wolfram, Gottfried, Hartmann, Rudolf von Ems, Albrecht von Schar-
fenberg, Wirnt von Grafenberg, Heinrich oder Ulrich von dem Türlin
und Johann von Würzburg. Genannt sind diese Autoren hier nicht als
Quellen, sondern als Vertreter einer vorbildlichen Literaturtradition,
vgl. auch H.-G. MAAK, *Das sprachlich-stilistische Vorbild von Ulrich*
Füetrers Abenteuerbuch, in: ZfdPh 93 (1974) (Sonderheft), S. 198-217.

5 Gotfrid von Straspurg und Hartman von Awe,
Ruedoll, Wirrig und vom Türlin,
her Albrecht waren benetzet mit künsten tawe

109   und von Wirzpurg Johannes:
die all haben gesag⟨e⟩t
von tugent menigs mannes,
wie die zer wellt vil preyses hannd bejaget.
5 von Satzenhofen her Ulrich hat gesprochen
ains tails von herr⟨e⟩n Lannzilet;
wie er die awentewr hat ser zerprochen,

110   [154ᵛᵇ] do gib ich schullde kaine
dem künsten reichen mann.
vernembt, wie ich das maine!
den grund der abentewr ich durch lesen han.
5 wolt got, hiet ers zu end alls ich gelesen,
er hiet es euch berichtet so,
das mein kunst gen im werdt nicht wär ainer vesen.

111   Seyd es mein herr zu mir *geret,*
so ist mein will berait
dem edln fürsten geheret.
so rueff ich an die künigkliche mayd,
5 das sy erwerb mir genad unnd künsten stewre,

109,3 meniges *b*   4 habñ peiagt *b*   5 Satznhofñ *b*
110,2 kunst reichñ *b*   7 ainr *b*
111,1 es mein] irs *auf Rasur b;* geret] geredt *A*   3 edlñ *b*   4 kunigk-
lichen *b*

108,6 H. Beckers, *Der püecher haubet . . . , S. 43-45, hat aufgrund einer
Anregung meinerseits vermutet, es könne sich um Fuetrers Zeitgenossen,
den Sammler Wirich vom Stein, handeln. Der Kontext verbietet jedoch
diese Deutung. Auch in Fuetrers 'Wigoleis' erscheint Str. 317,6 die
Form* Wirrig *für* Wirnt von Grafenberg.
111,4 die künigkliche mayd: *Maria*

　　die nahen und die verren,
　　das sy an seinen sünen ir stet behielten
5　(in landen zwain wolt er sy künig machen),
　　das sy sy lerten recht und frid
　　und auch darzu allzeit in eren wachen.

119　An tugent der geschönet
　　　vor all den seinen gar
　　　zu künig payd sy krönet.
　　　nach dem nam in got zu der engel schar.
5　　nu herschten die zwen künig so weisleiche,
　　　das von ir lob gesaget wardt
　　　das pesst⟨e⟩ gar in aller künig reiche.

120　Zwo frawen mynnigkleiche
　　　gab man den künigen grossen,
　　　die wol zamen dem reiche.
　　　zun höchsten wirden man sy wol möcht genossen.
5　　nu sag ich euch, [155ᵛᵇ] wie es mit Claudas ginge:
　　　als Ganuens erstorben was,
　　　ain urleug gros er in dem lannd an vienge.　　K 2,16. P 2,2.

121　Er schraib fründ und auch magen,
　　　sunst auch manigem mann,
　　　den er bey seinen tagen
　　　ycht liebes oder eren het getan.
5　　der Römer macht zu der not im gestuende.
　　　vom Wüesten Lannd die herr⟨e⟩n gar
　　　verholen im teten auch ir hilfe kunde.

122　Sunst er mit grossem here
　　　kam ins lannd Bonebick,
　　　do er mit starker were
　　　in streiten dick behertet mengen sigk.

120,2 kunign *b*
121,4 liebs *b*

5 er vallt der stet und purge sunder zale
bis an ain stat imm land, die pest,
vor der mit streit er rannte dick das wale.

123 Mit durchächtunng dem lannde
er grossen schaden mert.
mit gar werlicher hannde
gen im künig Bann mit all den seinen kert.
5 do wardt ain streit, der rache vil kund geben:
Ponthus Anthonius von Rom
von künig Bann verlos sein werlich leben.   K 3,4. P 2,13.

124 Künig Bann worcht mit seinem leibe
im streyt die wunder gros,
davon mang klares weybe
durch ir ameis ward aller fräwden plos.
5 er vallte tod und wund zu payden seitten;
mit frais den punder er durch prach,
das nach im wurden lucken die vil weyten.

125 Claudas bey seinen tagen
so layde nie geschach,
alls do er sach erschlagen
den Römer, dem er der hochsten mynne jach.
5 durch ain maint er in an dem künig zu rechen.
alls Bann sach sein kumende vart,
do tet er durch die schar her gen im prechen.

126 Yeder ain starkes spere
do nam zu seinen hannden.
zusamm trueg sy ir gere
unnd mainten payd ir schaden do zu annden.

124,1 seim *b*   5 vallt *b*

125,5 durch ain: ›*durchaus*‹ *wie 383,7; 684,5; 734,7. u. ö.*

5 was wolt ich an dem hochgepreisten rechen,
das ich durch euch oḍer yemands dro
gelübd und trew sunst wolt⟨e⟩ an im prechen?«

134   Claudas der sprach: »So varet
      zum künig von Briton;
      damit ewr er bewaret.
      mügt ir zu tagen fierzig sein helf han,
5   so das er mich mit macht vom lannd vertreybet –
      beschicht des nicht, fürwar das wist,
      das ir bey hohen eren wol beleybet.«

135   Pesprechen sich drumb wollde   K 4,11. P 2,35
      der künig mit den seinen.
      hin schied der eren holde.
      sein valschait gros der marschalk da liess scheinen:
5   zu velld belaib der valsch und eren freye.
      mit Claudas kam er des in ain,
      das er die stat im gäb mit leckereye.

136   Claudas sprach: »Will du nietten
      dich herschaft und sunst eren,
      dein helfe thue mir pieten!
      darumb wil ich dich dises lanndes weren,
5   das du das hast zu lehen von mir ymmer.«
      des dankt der ungetrewe wicht
      und jach: »Aus ew⟨e⟩r helf geschaid ich nymmer.«

137   O du gar eren öder!
      wer hat Triphones herz

134,4 helfe *b*
135,7 gab *b*

134,3–7 *Sinn:* ›*Wenn euch Artus hilft, bewahrt ihr eure Ehre. Wenn nicht,
   bewahrt ihr sie auch dann, wenn ihr euch ergebt.*‹
137,2 Triphones: *Wohl für* Typhon. *Vgl.* Robert von Ranke-Graves
   (Hg.): Griechische Mythologie. Quellen und Deutung, Reinbek 1960

dir geben, du vil schnöder?
wils got, dir wirt hernach dein lones merz,
5 der dir lebens, guets und seiner eren trawet.
fuch, das du ye gewanst ritters nam!
ab deiner schalkhait allen werden grawet.

138 [165ᵐ] Alls nu der künig was kumen   K 4,32. P 3,11.
zu Trewe auf sein palas
und die künigin vernumen
het die geschicht, do sprach der valsches las:
5 »O got, das ich zer welt ye bin genesen!
der zu recht was und ist mein man,
sol ich dinsthaft dem fürbas ymmer wesen?«

139 Vil nach ging das zu herzen
der claren künigin.
sy jach sewfzend mit schmerzen:
»Gar sunder pit lat schaiden uns von hinn
5 und künig Artus auf genade clagen
den valsch und auch die gross untrew,
darein man uns sunst tuet zu unrecht jagen.«

137,5 seinr *b*
138,2 Troye *b*   7 dinstschaft *b*

---

*(Rowohlts deutsche Enzyklopädie), Bd. 1, S. 118: »Aus Rache für den
Untergang der Giganten schlief Mutter Erde mit Tartaros. Bald darauf
gebar sie in der Korykischen Höhle von Kilikia ihren jüngsten Sproß,
Typhon: das größte Ungeheuer, das je das Licht der Welt erblickte.«*
139,4 sunder pit: ›*ohne Verzögerung*‹ wie 210,6; 382,4; 457,5; ähnlich oft
sunder peiten.

147 Dieblich hin zu der porte
     der marschalk gunde schleichen.
     do er die krey erhorte,
     er entschlos die stat Claudas, dem künig reichen.
   5 zuhand sy fraislich an den sturem traten.
     Banynn des gwart und schray: »Die stat
     und alle diet drinn ist välschlich verraten!«   P 3,'13

148 Swert, spiess, hacken und hammer,
     damit an häwsern prachen
     sy manige starke klamer.
     man, weib und kind inn petten sy erstachen.
   5 die stat sy zunten an manigen ennden.
     Banynn der küene ritter snell
     tet von seinem ors manigen toden sennden.   K 8,19. P 4,'1.

149 Er tet mit sper und swerte
     wunder an den verworchten.
     wohin mit streit er kerte,
     sein schwerte alls den gahen tod sy vorchten,
   5 wie es doch lützel [156ᵛᵃ] half gen disem here.
     do er nicht mochte geherten mer,
     do kert er gen seim turen doch mit were.

150 Der turen was so vesste,
     das er nicht umb ain ay
     sorgt auf all frays der gesste,
     wie man gen im ser wuettet und auch schray.
   5 imm sturem maniger man verlos sein leben.
     diss werte also manigen tag,
     bis er in hunger not halb muest aufgeben.

148,7 seim *b*
149,1 swertñ *b*   3 kerten *b*   7 turn *b*
150,1 turner *b*   5 sturm *b*

151 Doch muest Claudas versprechen   K 10,1. P 4,5.
im bey sein pessten trewen,
die glübd an im nicht prechen,
das er in weren sollte sunder rewen
5 und im zu recht hielt ain⟨en⟩ wicht vil vaigen,
»dar ich kempflich zu sprechen hab,
diss ist die gnad, die ir mir solt erzaigen.«

152 Indem der marschalk gerte
zu Claudas dem vil reichen,
das er seiner glübde in werte.
er hiet die stat nu inn gewalltigkleichen.
5 er sollt umb sein guettat im nicht verzeihen,
die stat zusambt dem lannd⟨e⟩ gar
sollt er, alls ers gelobt, im darumb leyhen.

153 Banynn sprach: »Künig und herr⟨e⟩,
ewr künigklichen wort
erman ich euch vil verre!
alls manig hoher man hat wol gehort,
5 ich han zu sprechen gen ainem mörder öde,
der hie an disem ringe stat:
der marschalk ist der arg verräter schnöde.

154 Er hat seinn aigen herr⟨e⟩n
verraten in den tod
und gmacht hie disen werren.
ich pring mit kampf in drumb in solich not,
5 oder er mues des leibes mich hie letzen.

151,2 seinen *b*   3 gelübd *b*   4 in das werñ wolte *b*
152,3 seinr glübd *b*   4 er] die *b*   5 getat *b*
153,4 mangˢ *b*
154,3 gemacht *b*   5 leibs *b*

151,5-7 *Übergang in die direkte Rede.*

der jem kund leben layden,   K 11,30.
wann im der kopf verr von seinem korpel sprank.   P 4,21.
5 »Hab dir umb deinen verdienten solld die miete!
was half dich dein untrew⟨e⟩ gros,
das du [157ʳᵃ] deim aigen herrn sein stat verriete?«

163 Mit ritterlicher ere
so raumbt Banynn das wale.
do sprach der künig here:
»Banynn, nu enpfach diss lannd von mir mit alle!
5 doch solltu manschaft mir et sein verpunden.
dein herz ye pflag vil trewen gros;
das hat man mengen enden an dir funden.«

164 Do sprach der eren holde: K 11,32. P 4,23.
»Herr, das wil ich euch jehen:
ee ich diss haben wollte,
ee wolt ich lannd noch mag⟨e⟩ nymmer sehen
5 und mich verellendt in ain wallt⟨e⟩ ziehen.
solt ich verrichten meins herrn lannd,
gots und der welldę mynn müesst mich ymmer fliehen.«

165 Claudas zu grossen trewen
die rede im verfieng.   K 12,5. P 4,'1.
nu hört mit mären newen,
wie es dem künig auf seiner rais ergienng.
5 all diser ding het er *et* kain vertrawen.
er kam zu ainem praiten lack.
ain hochgepirg tet er da neben schawen.

162,4 seim *b*   5 soll *b*
163,2 wal *b*   4 nu *fehlt b;* all *b*   7 hat *fehlt b;* menigenn *b*
164,7 wellt *b*
165,2 red *b*   3 mit *doppelt geschrieben, zweite Schreibung unterpunktet A*
     4 seinr *b*   5 et *fehlt A*

166   Er sprach zer küniginne:
»Hört, mynnigkliches weib,
was mir hie ist ze synne!
ewr güet des willens mich nicht widertreyb.
5   auf dis⟨e⟩s pirges höch mag man wol sehen
zu Trewe, mein vil guete stat,
und alles, was darumbe mag beschehen.

167   Ich kumm her wider pallde.
got ewr⟨e⟩n leib vor laid
in seinem scherem hallde!«
sunst er mit hullden von der keuschen rait.
5   gleich der zeit auf die höch des perges kam er,
alls man sturm⟨e⟩t sein guete stat:
durch das gwan sein herz all zu grossen jamer.

168   Er sach zu örteren allen
sein guete stat gar prynen,
die hohen turen fallen,
die porten, darzu alle mewrezinnen.
5   diss laid im pracht so ungefüegen schmerze,
das im von rew unnd ungemach
der tod im *leib* ab stiess sein raines herze.   K 13,21. P 4,'4.

169   [157ʳᵇ] Sunst lag er dort erstorben,
das nyemb wesst umb die mer,
wie er nu het geworben.
do kam sein ors mit ainem satel ler.
5   diss sach der knecht, der sprach: »Ich wil besehen,

168,7 im leib] im do, do *nachträglich eingefügt A*

166,6 sehen zu *ist hier merkwürdig.*
168,7 *Für den 'Prosa-Lancelot' hat* RUBERG, *Raum und Zeit, S. 20–25
diese Szene untersucht. Aus der Darstellung der letzten Tage des Königs
Bann entwickeln sich vier Handlungsstränge: 1. das Klosterleben der
Königinnen, 2. die Erziehung Lancelots im See, 3. das Geschehen um
Claudas, 4. die Verbindung zum Artushof.*

177　Her aus Norchumerlannde
　　　Mörlin, do von man sagt,　　　　　　　　K 20,12. P 6,11.
　　　sein mynn vil gross er wannde
　　　auf die vil mynnigklich und schönen magt;
5　　der lert von zauberey sy michel wunder.
　　　das kind sy füert an guet gemach,
　　　wie die künigin lag aller kreffte sunder.

178　Wie die künigin betrogen
　　　hie wardt mit disen dingen,
　　　so ward das kind erzogen.
　　　hiet sys gewesst, sy dörfte lützel ringen
5　　mit ungemach (ir werdz hernach erkennen).
　　　das kind Galatt mit tauffe hiess,
　　　wie mans ye seydher Lannzilet tet nennen.　　K 21,16. P 6,9.

Awentewer, wie die zwo künigin geweylet wurden in dem kloster
Künigswal unnd wie es mit Lionell und Bohort ging.

179　Nu alls die küniginne
　　　ser waindt bey yenem Lack,
　　　so vert ain äbtissinne　　　　　　　　　　K 14,34. P 5,7.
　　　geweylet her, die diser dinng erschrack.
5　　sy fragt die jamers reichen von ir swäre.
　　　die künigin ir gannz verjach,
　　　was ir mit all bys dar bescheen wäre.

180　[157ᵛᵇ] Die küniginne klaren
　　　pat sy mit worten süessen

177,1 Herr *b*
180,1 künigin *b*

177,5 Mörlin: *Zur Gestalt Merlins vgl.* KARL OTTO BROGSITTER, *Artus-epik, Stuttgart 1965 (Sammlung Metzler 38), S. 36–40.*

mit ir von dann zu faren;
alls sys hiet stat, wolt sy ir kumer püessen.
5 die künigin jach: »Ich wais, wellicher ende
ich in der weiten wellt hin sol.
war ich hin ker, so bin et ich ellende.«

181 Yedoch sy mit ir fuerte
die frawen *tugent* vol,
der herz gross *jamer* ruerte.
sy jach: »Ich sich der werlde lon vil wol:
5 wer heut⟨e⟩ lebt in hohen frewden grossen,
so tuet der welt unstätigkeit
in morgen gar von all sein frewden stossen.

182 Darumb⟨e⟩ heut aufgeben
wil ich all werltlich eer
und klosterlichen leben
gar all mein zeit nu fürbas ymmermere.
5 durch got tuet mich in ewren orden nemen! K 16,2. P 5,17.
was ir durch gottes mynne thuet,
das sol auch mir durch recht vil wol gezemen.«

183 Sunst nam an sich den orden
das keusch und raine weib.
secht, was ist aus ir worden,
die krone trueg über maniges fürsten leib!
5 nu hört, wie es dem künig Bohort gienge,
der künig Bannes brueder was.
alls Claudas das urlewg von erst anvinge,

180,7 et ich] ich et *b*
181,2 tugent] iamers *Ab*   3 jamer] tugñt *Ab*   7 allñ *b*
182,4 ymmer mer *b*   7 durch] zu *b*
183,4 manges *b*

180,5 Ich wais: *Negation zu ergänzen.*

ir werd noch trewe grosse von mir inn!
5 für ir not setz ich et ain sawres sterben.
gar all mein mage und auch ich
wolten ee guet und leybes drumb verderben,

192 ee ich et wollte sehen,
das in zu ungemach
ycht laides sollt beschehen.«
die künigin waynend mit seuffzen sprach:
5 »O herr, die waislein lat et euch erparmen
durch ewren tugenthafften muet!«
sy umbevieng den hellden do mit armen.

193 [158rᵇ] Do wolt zu seinen füessen
die rain sich nider lan.
aufhueb er die vil süessen
und jach: »Fraw⟨e⟩, das wär ser missetan.
5 dem künig Artus wär zu vil solicher eren!
got hallt euch, edle fraw⟨e⟩ rain!
mit urlab mues ich haim zu hawse keren.

194 Gar aller sarge⟨n⟩ kaine
durft ir gen disen kinden.
so hellf mir got der raine:
sy sollen stete trew⟨e⟩ bey mir vinden.«
5 der keuschen zäher aus ir ewglein drungen,
und jach: »Auf ew⟨e⟩r trew⟨e⟩ gros
befilch ich euch hie dise herr⟨e⟩n jungen.«

195 Hiemit schied er sich dannen
mit disen herren payden
verholen vor alle seinen mannen

191,4 trewen grossen *b*
192,4 sewfftñ *b*   5 die] dise *b;* et *fehlt b*   7 vmfieng *b*
194,4 solltn *b*
195,3 all sein *b*

zu seinem haws. die frawen tet er beschaiden,
5 wer und von wannen dise jungen wären.
»ob du mich mynnest sälig weib,
so thue in kainen weis sy nicht vermären.«

196 Dem künig ward verraten
die fraw mit iren kinden.
pöss riballden das taten.
er jach: »Secht, ob ir die ycht möchtet vinden!
5 darumbe wil ich euch vil miete geben.
wer sy mit iren kinden pringt,
von mir hilftz in, dieweil er hat sein leben.«

197 Do ward sy hin und wider
gesuechet in dem walld,
yetz auf und darnach nider.
Phariens erfuer die märe auch vil palld.   K 18,31. P 6,1.
5 Lambegum seinen nefen er hin sannde
und jach, das er die künigin
verholen solte füeren aus dem lannde.

198 Lambegus all zu hannde
füert sy zu Künigswal.
da ir swester befannde
der frawen kunft, die annderen auch mit all
5 erzaigten ir vil wirden gros besunder.
die frawen fuertens an ir gemach.
do hort man pald von frag und antwurt wunder.

199 Die frawen von ir schwere
erklagten sich da vil,

195,4 pschaidñ *b*   5 wannen *fehlt b*
196,2 irn *b*   4 möchtet] möget *b*   5 darumb *b;* miet vil güte gebñ *b*

197,4 *Phariens ist der vertriebene Ritter. Die Namensnennung erfolgt hier unvermittelt.*

206   Ulrich, mich wundert sere
       ab deinen synnen grob,
       was ich dich allzeit lere,
       wie du erkennen solt der werden lob.
   5   wänstu, das ich mein mynn trag yedem vaile?
       fürwar nayn! wem ich mynne gan,
       der mag wol sein mit fräwden ymmer gayl⟨e⟩.

207   Claudas nie mynne gerte
       dann in riballden weis.
       des ist er mynn entwerte;
       er wirt auch noch wol ane mynne greys.
   5   darumb sag sunder krump füran die richte!
       mit deiner umbe rede vil
       verirrestu der awentewer schlichte.

208   Was ir mir, fraw, nu saget,
       so *wais* et ich vil wol:
       hiet Parzifal gefraget
       zu Mundtsalvatsch, er hiet so jamers vol
   5   die werden diet beym gral dort nicht gelassen.
       hiemit wil ich die rede lan,
       die awentewer allain nu füere vassen. –

209   Claudas verholen drewten   K 21,29. P 6,14.
       tet Pharienses weib;
       annders vor werden läwten

206,7 frawdn *b*
207,7 awentewr *b*
208,2 wais] was *Ab*   7 abentewr *b;* fuer *b*

207,5 darumb ... richte: *Vgl. das Bogengleichnis, Parzival 241,15f.; ähnlich Trojanerkrieg 1,6.*
208,5 *Bezugnahme auf die unterlassene Erlösungsfrage gegenüber Anfortas, Parzival 240,3ff., vgl. Gralepen Str. 979–986.*
209,3 annders: ›weitere Einzelheiten‹

(ob ichs joch wesste) gar verschwigen bleib;
5 die sagt dem künig gar von disen kinden.   K 23,7
die jach: »Doch füeget es, das mein herr
diser melld von mir müge nicht bevinden!«

210   Der künig dacht: ›Das pesste
wais ich von disen dingen!
ain ritter muetes vesste
wil ich all diser sachen innen pringen,
5 der hasset Phariens et sunst vil sere.‹   K 23,14. P 6,15.
zu dem er sanndte sunder bitt;
der kamm vil schnell dar zu dem künig here.

211   Claudas im nach der lennge
sagt anfang und auch ort.
do dacht der ritter strenge:
›Nu hab ich wol zu sprechen gen im vort.‹
5 ains tags, alls Phariens zum künig gienge,
der ritter auch herfür nu trat.
mit stollzer red sein word er sunst an vinge:

212   »Her künig reich, ir mynnet
ain mann gar eren frey,
an dem ir nicht ge[159ʳ]winnet
dan vallsch⟨e⟩ red, main und verräterey.
5 diss ist Phariens, der euch hie zugegen
stat und vor mengen werden.
ains tails hört, was ich euch des für wil legen.

209,4 wesst *b*   6 fugt *b*
210,7 da *b*
212,6 von menigñ *b*

209,7 melld: ›*Kunde*‹
211,4 vort: ›*weiterhin, ein Weiteres*‹

die jungen wolgetanen
namlich bey mir und in meiner huete seyen.
5 ich bin ir man und hab bey meinem leben
verlawgen nie zu herr⟨e⟩n ir;
ich hab mein manschaft in auch nie aufgeben.

218 Und solt ich suns verraten
die jungen künig herr⟨e⟩n,
alls ye die riballd taten
und diser wicht mirs tuet zu argem keren,
5 des herz nie tet nach hochen eren denken,
vor euch gib ich mein gwere des,
das ich morgen im kampfs nicht wil entwenken!«

219 [159ʳᵇ] Gen disem wig sy payde   K 25,14. P 6,18.
des tags sich teten richten.
nu morgens auf die hayde
kamens verwappent. yeder dacht, zu vernichten
5 des andern preys. sy payde manhait wielten.
yeder ain sper von ror⟨e⟩ fuert,
damit sy streitlich gen dem punder hielten.

220 Den walab machtens weyten
all durch ir payder zoren,
die ors auch zu den seitten
genumen wurden mit den scharfen sporen.
5 hurtigklich liessen sy zusammen streichen.
schillt, sper do solich krachen gab,
das man nie sach der thiost mer geleichen.

221 Schnell warf sich wider umbe
Pharïens der zornes reich:
»Lang her ain sper! ich frumme

218,4 argen *b*   6 gwere] gûte *b*

217,6 verlawgen *ist wohl Part. Prät.; ist* verlawgen⟨t⟩ *zu schreiben?*

          ain just, davon unnser ainer lässterleich
    5   hie ligen mues.« ain sper zer seyt er druckte.
          die thiost so hurtigklich er rait,
          das sein sper wol in hundert tail zerfluckte.

222   Hiemit er sein gestreiten
          mit solichen kreften stach,
          das er in gueten zeiten
          gehorte nicht noch worte mer gesprach.
    5   sunst lag er, alls ob er yetz wär erstorben.
          Phariens sprach: »Dein vertwalter muet
          hat mir zurecht den re an dir erworben.«

223   Alls dem krefften beraubet
          ains tail der paus vergieng
          von oren und von haubet,
          er sprang auf. seinen schilt er zu im ving,
    5   das swert zoch er mandlich von seiner schaiden,
          suss tet auch der hellt Phariens.
          ain starken streyt sach man erst von in payden.

224   Die swert genott erdussen
          den hellden in iren hannden.
          sy payd von pluete flussen.
          Phariens wolt sein zoren nu recht annden:
    5   er holt ain schlag aus armen allso swäre
          durch hiren schall ab durch den mundt,
          das er erstarb – beschaidet uns das märe.

225   »Dein valsch dich hat ervellet,
          des du pflagst mit untrewen!
          wer eren ist gesellet,
          den mag dein tod durch deinen valsch nicht rewen.«

222,4 gehort *b;* wort *b*
223,2 tails *b*
224,6 hirn schal *b*
225,2 ye *nach* du *Ab, ausradiert A*

5 do sprang er auf sein pfärd vil degenleiche.
der annder auch geholet wardt
von seinen magen, die waren jamers reiche.

226 [159ᵛᵃ] Entwappent an den stunden
ward Phariens der degen.
was er auch hett der wunden,
der ward mit arzeney auch wol gepflegen.
5 nach clainer zeit Claudas den helld besannde.   K 25,17
alls er dar zu dem künig kam,
der pot im hulld und lehen vil der lannde.

227 Er sprach zu dem getrewen:
»Ainer pet mich nicht entwer!
das mag dich nimmer rewen;
es frumet dich und sy auch ymmer mer.
5 des künig Bohorts kind soltu mir zaigen!
so sy werden bey mir zu man,
ir lanndt gib ich in wider gar für aigen.

228 Den aid du mir sollt staben,
den ich gerecht wil hallten
umb dise jungen knaben,
oder got sol meins hailes nymmer wallden!«
5 den aid er schwuer mit auferhaben vingern: P 6,22.
wo sy et ainicher not beswert,
das wolt er, alls ers möcht, in geren ringern.

229 Sunst Phariens die jungen   K 25,35
hin fuerte auf den sal.
ob da icht wurd gedrungen?
pey namen ja den herr⟨e⟩n überall.
5 die künig junng allda wurden geweyset.
er het gezieret sy allsus,
das man sy durch ir clarhait sere preyset.

226,4 ertzney *b*
227,2 ainr *b*

230 Claudas pat ir mit huete
her Phariens wol pflegen
und noch ain ritter fruete,
Lambegum, ainen küen und trewen degen.
5 er gab *sy* ein ain turen hoch und vesste.
darauf liess ers verschliessen wol;   K 26,1. P 6,24.
von kost und rat tet man in doch das pesste.

Awentewr, wie Lannzilet in dem Lack erzogen wardt und wie
Claudas petrogenlich an künig Artus hof kam zu erspehen sein
gelegenhait.

231 Der nu zu wissen gerte,   K 19,22. P 6,9.
wie Lanzilet im Lack
plib lebens unverserte:
wie sein mueter der geschicht vil ser erschrack,
5 der see et [159ᵛᵇ] nur mit zawber was gemachet.
wie vorchtig er zu sehen was,
so blaib menklich drum lebens ungeswachet.

232 Er wardt von frawen klaren
mit schönem fueg erzogen,
die allzeit bey im waren;
des ward an ritters fuer er unbetrogen.
5 er lert gefüege spil, auch vor den frawen
singen, sagen, auch saitten spil,
pirsen, jagen in wallden und in awen.

230,5 sy] in *Ab*
Überschrift: wardt] war *b;* künig *fehlt b*
231,1 Wer *b*   7 meniklich *b*
232,1 Ar *A*   7 in wallden] an welldñ *b*

230,5 sy: *bezogen auf die Jungen, daher Plural erforderlich;* ein *für* in:
vgl. 448,7.

233   Man lert in vechten, ringen
und auch die scharfen sper
die weyte von im swingen,
lauffen, springen und mange fuege mer.
5 nie mueter zu ir kind trueg solich mynne
alls dise fraw zu Lannzilet,
als irs hernach vil wol mügt werden inne.

234   Füran wil ich nu sagen
von Claudas dem vil reichen,
wie er zu manigen tagen
die lanndt regirte vil gewaltigkleichen.
5 durch hochen muet ains tags er sich bedachte,
wie er es bringen möcht darzu,
das er Artus im undertenig machte.   K 27,35. P 6,27.

235   ›Pey nam ich wil besehen,
ob ich es zu müg pringen.
was, ob das möcht beschehen?
füran all künig müessten mit mir dingen;
5 durch vorcht müesten sy vallten mir ir hennde.
ich enlass es nicht, ob ich drumb solt
all meiner lannde jo werden der ellennde.‹

236   Sunst er für sich besannde
fürsten und all boronen,
die waren in dem lannde,
sprach, das er wolt des lannds ain zeit sich anen.
5 zen heiligen ain walfart hiet er verhaissen
in rechter not, die wer et verr
und weyt ausserhalb seiner lannde kraissen.

233,5 truege *b*
235,7 meinr landt werden *b*

233,3 die weyte: ›*in die Weite*‹

237 Zu füeren er willen hette
     nicht wenn et ainen knecht,
     den er wesst trewen stäte.
     sunst wolt er weg vil still an lautes brecht.
   5 er jach: »Ir sollt mir des zen heiligen sweren,   K 28,17.
     ob mich got auf meiner lanngen rays
     gesundes oder lebens wollt beheren,

238 [160ᵐ] das ir Bohorten paren   K 28,10. P 6,34.
     mit rue ir läut und lannd
     wellet lan widerfaren.
     des aydes seid durch got vil hoch ermannt.
   5 auch lert mein sun frid, guet gerichte hallden,
     die armen hören umb ir not,
     so mögt ir und auch er mit eren allden.«

239 Suss schied er sich vor hannde
     mit klainer messeney.
     wohin sein rais er wande,
     des wissens warens gar mit alle frey.
   5 et nicht wann aim seim knecht tet er es kunde
     und jach: »Ich wil hin zu Brittan.
     wardt, das verswigen sey von deinem munde,

240 das du mir ninndert rüegest
     mein namen noch mein lannde,
     wann du mir kumer füegest.
     ich wil gar aller diet sein unbekande.
   5 an Artus hof ich wil ye da besehen,
     ob sein wird und macht sey so gros,
     alls mans inn lannden weyt tuet von im jehen.«

237,6 got *nachgetragen A, fehlt b*
239,1 vor *oder* von *?, auf Rasur A,* zū *b*   5 ain *b*
240,2 landt *b*   4 vnbekannt⁵ *b*

237,4 brecht = gebrehte
239,1 vor hannde *in ähnlicher Bedeutung wie* zu hande *(b)?*

241 Sunst kamen sy zu hawse
 dem, der vil ward gepreyset,
 dem edlen künig Artause,
 do man in hoher eren vil peweyset.
  5 Claudas zu hof auch ward do inngesinnde.
 was er von wirden ye gehort,
 das was bey disen zuchten gar ain winde.

242 Und was doch new bekronet
 künig Artus zu dem lanndt,
 dem lasster nie verhönet
 sein hohen preys. vil manchen widerstandt
  5 het er, ee das er es voll zu dem prachte,
 das sy zu herr⟨e⟩n jahen sein,
 vor des mang schillt und sper vil laut erkrachte.

243 Villeicht ain halbes jare
 was, das er het genumen
 fraw Ginoferen die clare,
 die weiblicher zucht was so gar volkummen.
  5 schön und weyshait lag an ir michel wunder.
 keusch, mild, getrew und tugenthaft,
 vor anndern frawen het sy den lob gar sunder.

244 Artuses eren vane
 was allso hoch gesteckt,
 nie künig unnder krone
 mer lebt, des eren don so verre reckt.
  5 Claudas merkt, künig unnde messeneye
 [160ʳᵇ] ir ordnumb, wesen und auch litzenz
 was züchten vol und *aller* schanden freye.

241,2 gepreist *b* 4 peweist *b*
242,4 manichñ *b* 5 das ers voll *b* 7 erkrachet *b*
244,7 aller] annder *A*

244,6 litzenz: *früher Beleg, vgl. 583,6; 1084,1; Bayer. Chronik 118,21;*
 Seifried de Ardemont 312,5; hier etwa ›freie Haltung‹.

245   Er sach, das er regiret
      alle seine lanndt vil wol;
      seinr frawen phallz gezieret
      mit keuschen, rainen junkfrawen eren vol.
   5 sein edle ritterschaft was hoch gepreyset.
      Claudas dacht, das er zu der welt
      nie diet sech so ze wunsch geparadeyset.

246   Sein will sich des verainet,
      das er den voll ain jar
      plib pey der diet gerainet,
      das er recht näm⟨e⟩ aller dinge war.
   5 künig, fürsten, die sach er in *so* eren,
      alls in got hiet gesenndet dar
      aus seraphin. sunst ward sein lob sich meren.

247   Alls Claudas wol erfaren
      het dises hofes sit,
      sein rais nicht lennger sparen
      zu lannd er wolt. sein knecht do sunder pitt
   5 hiess er sich zu der dannenfert beraitten.
      sunst schied er von Gamahaloth.   K 29,28. P 7,11.
      sy payde von Artus vil wunders sayten.

248   Claudas vol stollzes muetes
      sein her gesellen wesst.
      er sprach zu im: »Vil guetes
      vertraw ich dir; darumb rat mir das pesst!
   5 du hast den vollen von mir nicht vernumen,
      war durch ich in Britonier lannd
      zu Artus an seinen hof mit dir sey kumen.

246,4 er *nachgetragen A, fehlt b*   5 so] solichñ *auf Rasur A*

246,6 in: *König Artus*

249 Yetz wil ich dirs verjehen;
     nach dem rat mir mit trewen: K 30,7. P 7,18
     ich kam nicht wann zu erspehen
     sein glegenhait. ich hab muet sunder rewen,
   5 das ich in hergen well⟨e⟩ all zu hannde.
     ain her samm ich von meiner diet,
     mit dem ich treyb Artus aus seinem lande.

250 Ich mach in undertänig
     mir und noch künig mer.
     ob er des widerspenig
     mir wollte sein, das kosst [160ᵛᵃ] in leib und er.
   5 dein trewen rat lass mich auch darumb hören,
     wie ichs an fach, damit ich im
     sein gwalt unnd grosse herschaft müg erstören.«

251 Den knaben ser des wundert,
     do er vernam die wort.
     der kreuz er mer wann hundert   K 30,7. P 7,18.
     macht mit der hanndt und sprach: »Ich han gehort
   5 von euch, das mich ymmer wol nymbt unpillde.«
     wie nu der künig zu im jach:
     »Will du umb die geschicht hie werden willde?«,

252 der knab sprach: »Herr, gefraget
     habt ir mich rats in trewen.
     für war sey euch gesaget:
     ewr fürnemen wurd euch hernach gerewen!
   5 mit gmach und rue in ewrem lannd⟨e⟩ sitzet!
     ob ir mein rat et übergat,
     ich glob euch, das ir übel habt gewitzet.

253 Ir habt auch dick gehöret,
     wie menigem ist beschehen,
     des herz zu hoch sich pöret;

252,7 euch] ewr *b*

darzu habt ir mit augen wol gesehen:
5 wellch künig Artus zu unrecht ye hergen wollte,
der gewan nie kainer mer daran,
dann das er schad unnd lasster davon hollte.

254 Ich glaub, die gottes mynne
er gar den vollen hab.
was euch, herr, ist zu synne,
durch got und ew⟨e⟩r hail des tuet euch ab!
5 was wollt ir an dem tugenthafften rechen?
diss ist mein rat: ich wais doch wol,
das ir mit recht gen im nicht habt zu sprechen.«

255 Dem künig haimlich behagte
die rede von im wol,
wie er ims nit ensagte,
und sprach:»Ich kenn, das du pist valsches vol! K 31,3. P 7,25.
5 in rechter trew tet ich von haws dich füeren.
du mynnest Artus verr für mich,
kan ich an deiner valschen red wol spüren.«

256 Der knab sprach:»Wer mich zeyet
valsch und verräterey
(des ich doch bin gefreyet),
herr, an euch ain, sunst wellicher man das sey,
5 mit meiner handt tar ichs den wol gelucken.
er sey graf, ritter oder knecht,
den valsch [160ᵛᵇ] mues er selbs tragen auf seinem rugken.

253,5 wellich *b* 6 gwan *b* 7 schad] schandt *b*
254,2 volln *b*
255,2 red *b* 3 er es im nicht sagte *b*

256,1–7: ›*Wer mich der Falschheit und Untreue bezichtigt, von denen ich
frei bin, Herr, außer euch allein, welcher Mann es auch sonst sei, ich
traue mir zu, ihn in dieser Sache mit meiner Hand als Lügner zu er-
weisen.‹ gelucken* ist allerdings in der hier angenommenen Bedeutung
nicht belegt.

257 Ir habt mich hie gefraget
    ratz zu ewrẹn pessten eren.
    nu hab ich euch gesaget,
    das mir niemant gueter mag zu argem keren.«
   5 Claudas sprach: »Du redest all zu geväre
    mit dein⟨em⟩ aigen herr⟨e⟩n hie!
    dein valsch an diser stat ich auf dich gwäre.«

258 »Herr, so sey euch aufgeben   K 31,30. P 7,34
    mein manschaft und auch lehen
    und all mein dinst da neben.
    in ewrem hass sült ir mich füran sehen.
   5 wert euch manlich, ob ir et welt genesen!
    wills gott, ich mach mich untrew frey.
    wol hin! da sol annders durch ain nicht wesen.«

259 Zway scharfe schwert von schaiden   K 32,2. P 8,5.
    die küenen hellden zugen.
    do muest der winndt sich claiden
    von spänen, die von herten schilten flugen.
   5 auch ward aus helmen fewres vil geschwungen.
    Claudas ain wunden do enpfienng.
    er dacht: ›Erst kenn ich disen hellden jungen.‹

260 Claudas mer schadens vorchte.
    er sprach zum hellden küen,
    der michel manhait worchte:
    »Welcher von uns geligt auf diser grüen
   5 und toter wird von annndern hie gesehen,
    so wais niemant des streytes sach,
    und gicht menigklich, es sey mortlich bescheen.

257,4 niembt *b*   7 gewere *b*
260,4 wellich⁵ *b*   5 wir *b*   7 menklich *b*

257,7 gwären = *mhd.* bewæren: ›ich will hier (durch Kampf) deine
    Falschheit dir gegenüber beweisen.‹

261   Der kampf dir sey gesetzet
      von heut über zwo wochen.
      wer da wirt preys geletzet,
      da mag nicht üb⟨e⟩ls werden zugesprochen!
    5 in meinem hof lass wirs die werden sehen.«
      der knab sprach: »Diss wär mir zu gevär!
      vor Artus wil ich euch des kampf⟨e⟩s jehen.

262   Über fünfzehen tage   K 32,30. P 8,12.
      (hört, wie der rede sey),
      kumm ich auf kampfes schlage
      für Artus und sein edle messeney.
    5 da wil ich mich des valschs unschuldig machen!«
      do Claudas sein manhait ersach,
      mit annderm fueg pracht ers zu pesseren sachen.

263   [161ᵇ] Claudas der sprach: »Nu höre,
      getrewer fründt vil gueter!
      dein ungemuet zerstöre!
      ich kenn, das du wirst noch ain helld vil frueter.
    5 ich hab versuechet dich an disen dingen;
      so merk ich, das dein küenes herz
      durch vorcht nicht tuet denn et nach eren ringen.

264   Zu lanndt entsambt wir wellen.
      und glaub mir sicherleich:
      umb dein manlich⟨e⟩s ellen
      wil ich dich machen eren und guetes reich.«
    5 sunst wol versuenet zu land sy wider kumen.   K 33,21. P 8,18.
      wie es nu mit den kinden ginng,
      das wirt all hie mit rede kurz vernumen.

261,6 sprach] jach *b*
262,2 red *b*   5 valsch *b*   7 annd⁵n *A*
263,5 v⁵sücht *b*
264,4 und *fehlt b*   5 v⁵sünt *b*   7 red *b*

Awentewr, wie der künig Klaudas hof het, darauf sein sun Darius
von Lionell erschlagen ward und wie Lionell unnd Bohort mit
lissten zu dem Lack gefüert wurden etc.; auch, wie ain walld-
brueder mit der künigin von Bonebick redt etc.

265   Von Bonebick die rainen
       sach man an ainem tag
       vil herzigklichen wainen.
       durch rew sy sass all traurig bey dem Lack.
    5 do rait ain brueder her, fragt sy der märe   K 42,28. P 8,27
       von irer clag. sy sagt ims gar,
       wie ir mit all bis dar beschehen wäre.

266   Do jach der vallsch⟨e⟩ lere:
       »Von Lannzilet dem kind
       sag ich euch liebe märe:
       tage sex noch nicht vergangen sind,
    5 sagt mir ain magt, die sein stät pfligt mit huete,
       das nie kind schöner erzogen wurd,
       er lebt gesundt und wär des leibs auch fruete.«   K 44,9. P 8,32.

267   Die fraw sprach: »Herr, nu saget
       durch got, wo ich nu vind
       die selben rainen maget,
       das sy mich sehen lass mein liebes kind!«
    5 er sprach: »Darfür hab ich ain ayd geswaren.

265,2 an] zu *b*   3 hertzñlichñ *b*
266,2 Lannzilet] *die letzten beiden Silben auf Rasur, in der nächsten Zeile*
-let *ausradiert A*
267,1 frawe *b;* Herr *nachträglich eingefügt A, fehlt b*

Überschrift: *Beginn des Abenteuers 'Lancelots Kindheit' im 'Prosa-Lancelot' (K 34).*
266,1 vallsche: *Gen. Sing. eines Femininums, vgl. einen vereinzelten Beleg
DWb 3, Sp. 1294; es bleibt allerdings zu erwägen, ob nicht die übliche
mask. Form einzusetzen wäre:* vallsches.   4 tage: *aus metrischen Grün-
den ist zu erwägen* der tage.

ee ich maynaidig wurde so,
zer wellt wolt ich lieber sein ungeporen.«

268   [161ʳᵇ] Durch die sag von ir kinde
       ward do der künigin
       ir clag ains tail⟨e⟩s linde.
       der prueder sprach: »Got halt euch in seiner mynn!
     5 zu künig Artus wil ich in Britone,   K 45,31. P 9,1.
       verweysen im, von wellicher sach
       er euch verlassen hab hellf so gar ane.«

269   Sunst rait von dann zu hannde
       der vil getrewe man.
       do er den künig vannde,   K 46,36. P 9,4.
       gedurstigklich hueb er sein red⟨e⟩ an: K 47,12.
     5 »Mein grues zu euch, her künig, wer unvermitten,
       so hat durch ew⟨e⟩r eren schillt
       ain lasster stral ain wunden weyt geschniten.

270   Kain werder diser worte
       sol sich nicht nemen an!
       Gann, Bonebick zerstorte
       ist, darumb so hinket zwerhes ewr kron.
     5 ir habt helem noch schillt nie drumb durch hawen.
       die künig payd erstorben sind;
       nach dem in ellend seind die klaren frawen.

271   Sy hand doch payd mit vane
       von ew⟨e⟩r freyen hannd
       gehabt zeppter und krone.
       secht, wie hannd sy verloren ire lannd!

267,6 wurd *b*
270,4 darumbe *b*   5 helm *b*
271,4 ire] ir *b*

268,6 verweysen = *mhd.* verwîzen
270,4 Ähnlich Albrechts 'Jüngerer Titurel' Str. 1376,4b

5 diss mag all werden gan ymmer zu herzen.
  darumb möcht ich die red nit glan,
  wann es durch sy mir stät pringt newen smerzen.«

272 Nachdem auch seine sache
    er vor dem künig enndet,
    künig Artus sprach: »Die rache,
    ja ob in kürz mich nit got lebens pfenndet,
5   an Claudas wil ich sy und mich so rechen,   K 49,31. P 9,20
    das er unnd all sein affter künn
    davon mit clag wol ymmer hannd zu sprechen.

273 Die zeit in meinem lannde
    hab ich streyt nicht vermiten.
    mit raub und auch mit prannde
    ward ich zu allen örtern über riten.
5   des haben entgollten die künig und ir mage.
    mit got erzeug ich mein unschulld.
    wills got, ich glob gen Claudas raches tage.«

274 Urlabs zum künig gerte
    der brueder valsches lere.
    gen Künigs Wal er kerte
    und sagt den frawen mit alle dise mere.
5   Artus unschulld tet er zu endt [161ᵛᵃ] in sagen.
    nu hört füran, was künig Claudas
    imm lannd begieng under all disen tagen.

275 Nu het auch lan peschreyen
    Claudas ain hof vil grossen
    künig, fürsten, graven, freyen,

271,5 ymmˢ gan *b*   7 stete pirt *b*
274,2 ler *b*   4 all *b;* mer *b*   5 Atus *A*

272,3–5 *Konstruktionswechsel:* die rache (nemen) – rechen

ritter, edlen unnd aller der genossen.
5 sein sun Darius muest nu swerte laytten,
mit im menig knab von ritter art.
darzu die werden sich teten beraitten.

276   All durch des hofes ere
kam dar von frembder diet
mang fürst und frawe here,
sunder was höret unnder sein gepiet.
5 nu hört die fraw vomm Lack auch dise mere;   K 50,5. P 9,22.
durch Bohort unnd auch Lionell
dacht sy, das es ir wol bequemlich wäre.

277   Sy nam ir dick zu synne
und tet stät darnach ringen
durch Lannzilates mynne,
wie sy sein nefen zu im möchte pringen.
5 ain magt mit zauber sy zu hofe sannde,
pericht sy, wie sy wurbe mit,
das sy die herr⟨e⟩n zwen brächt aus dem lannde.

278   Nu sy zu hof hin kame   K 51,8. P 9,'8.
und hört freud maniger hanndt,
und man ir kunft vername,
der künig für sich die maget schnell besandt.
5 sy het erfraget vor, alls ir gepuerte.
für den künig sy hunde zwen
an keten silber weis sy mit ir fuerte.

275,4 ritt⁵ vnd edler aller *b*   6 meng⁵ *b*; ritters *bF*
276,1 hofs *b*   2 da *b*   3 ere *b*   5 mar *F*

275,4 *Der Text von hier bis 456,2 ist fragmentarisch auch in F überliefert.
Hier erscheinen nur die erhaltenen Varianten von F. Über die Lücken
von F orientiert der Abdruck in der Einleitung.*
278,6 *Das doppelte* sy *ist wohl als der Mündlichkeit nahestehend zu akzeptieren.*

279 Sy jach: »Her künig, grüessen
solt ich euch von meiner frawen,
mein wort vil schöne süessen.
man sagt ir, das an eren unverhawen
5 ewr wirde ste, das ich an nicht bevinde.
meiner potschaft ich gedagen wil.
got hallt euch und sunst ander ewr gesinnde.«

280 Claudas pat sy im sagen,
was ir zu synne wär,
durch vorcht gar nichts verdagen.
sy jach: »Es bringt meinem herzen jamers schwär
5 (diss lanndt von art euch ist unangeboren),   P 10,2.
das ir suss herscht durch ewren gwallt.
drumb merkt, was mir von schuld tue auf euch zoren.

281 Ersamlet aus dem lannde
habt ir fürsten, boronen,
mit den ir maniger hannde
kurzweyle pflegt; und die mües[161ᵛ]sen sich anen,
5 den all die landt von recht und erbe sollten
für euch dienen gewaltigklich.
pillich an eren ir seid drumb hoch bescholten.

282 Wollt irs den jungen herr⟨e⟩n
zu lieb nicht lan beschehen,
tetz euch doch selb ze eren,
umb das man euch nicht nach möcht lassters jehen!
5 ir frewdt euch all, und sy sind dort verschlossen.
pfuch, ewig ach des lassters prait!
sy möchten werder diet doch han genossen.

279,2 meinr *b*   6 meinr *b*
280,7 drumb *fehlt b*
281,3 mangˢ *b*   4 kurtzweil *b*   6 gwaltigklich *b*
282,5 sy *fehlt b*

283   Diss lassters nicht verdagen
       wil ich vor meiner frawen,
       zu endt irs alles sagen.«
       Claudas der jach: »Ich lass euch das an schawen,
   5 das ich in wil der eren vil erpieten.
       kan man zu hof ycht machen freudt,
       der sollen sy den voll sich mit mir nietten.«

284   Von ritterlicher arte
       zwen degen auserkoren
       der künig hiess gahen harte,
       das sy prächten die künig hochgeboren.
   5 zu Phariens sy kumen mit den meren,
       wie sy von Claudas zu im dar
       unnd nach den künigen zwayn gesenndet wären.

285   Zu hanndt Phariens sagte
       sein herr⟨e⟩n dise mär,
       des sy hart ser betragte
       und was in paiden in irem herzen schwär.
   5 Lionel sprach: »Sol ich zu hofe kumen,
       ich zaig Claudas solichen schimpf,
       das davon wirt über ettlich zeit vernumen.«

286   Lionel zu seiner seitten   K 55,33.
       do gurt ain scharfes swert.
       zum künig sunder peiten
       wolt er, wann et sein herz der rach⟨e⟩ gert.   K 54,30. P 10,9.
   5 wann das Phariens im *es* kaum erwerte:
       »Rach hat yetz weder zeit noch fueg!«
       was man im sagte, er was sein⟨s⟩ muetes herte.

283,1 lasst⁵ *b*
284,4 sy *nachträglich A, fehlt b*
285,2 seinen *b*   3 des] das *b*   4 ir *A*
286,4 gerte *A*   5 es *fehlt A*   7 sagt *b;* herrt *b*

287 Für Claudas man sy prachte,
    der sy payd wol enpfieng.
    durch sehen sy manger nachte.
    in dem das et vil nach zu herzen gieng,
  5 das sy waren gesst in ir aigen lannde,
    ettlich aug ward von trähern nas.   K 56,20. P 10,12.
    nu ging die magt vom Lack dar all zu hannde.

288 Sy umb⟨e⟩vieng die süessen,
    kusst in augen und mundt.
    sy sprach: »Mynnigklichs [162ʳᵃ] grüessen
    von meiner klaren frawen thuen ich euch kundt!
  5 wie ir augen ewr kainen nie gesahen,
    zway schapl reich und die fürspan
    durch rechte mynn sollt ir von ir enphahen.«

289 Zer prust sy yedem heffte
    diss fürspan kosste reich.
    der stain wielten vil kreffte.
    die schapel satzt in auf die mynnigkl⟨e⟩ich.
  5 davon ir herz wardt manhait vol gestossen.
    was man tet, so wardt Lionell
    zoren in herzen wachsen unde grossen.

290 Dem künig zer ainen seytten
    stuendt zeppter und auch kron,
    von der annderen unweyten
    ein schönes *schwert*. Lionell das plickte an.   K 57,14. P 10,19.
  5 der künig zu im sy payd nu hiesse sitzen,
    ain kopf pot er in weines vol.
    ain zoren gech wardt sich zuhanndt erhitzen.

287,3 manigˢ *b*   4 nachent *b*
289,1 yedñ *A*   2 diss] das *b*
290,3 annd⁵n *b*   4 schwer *Ab*

291   Lionell den kopf im zuckte,
       schlueg⟨e⟩n *im* so auf das haubt,
       das er mit all zerstuckte.
       hie lag der künig an witzen gar beraubt.   K 58,7. P 10,30.
     5 Lionel das swert palld vinng zu seiner hennde,
       Bohort das zeppter swär ergraif.
       mengklich dacht, das des küniges leben hiet ennde.

292   Des künigs sun zu hannde
       von seinem sed⟨e⟩l spranng.
       gen Lionel er wannde,
       der gegen im erholt ainen solichen swank,
     5 davon enpfieng Darius so ain wunden,
       das er dem hellden Lionel
       toter vor seinen füeessen ward gefunden.   K 58,25. P 10,35.

293   Do erhueb sich auf dem sale
       ain schall an massen gros;
       und in dem selben hale
       der künig auf sprang. do er des lebens plos
     5 Darium seinen sun sach vor im ligen,
       zettra schray er an Lionell:
       »Nu sol dir gnad und lebens sein verzigen!«

294   Die mag⟨e⟩t in den zeiten
       mit iren zauberlissten
       nicht lennger gunde peyten.
       nu hört, wie sy die herr⟨e⟩n zwen tet fristen!
     5 die keten lost sy paid von iren winden,
       gefüeglich disen herr⟨e⟩n *zwain*
       tet sis umb ir vil liechte kelen pinden.

291,2 im] in *Ab; das doppelt geschrieben b*   5 henndt *b*   7 kunigs *b*
292,2 satl *b*
293,2 massen grossen gros, grossen *unterpunktet A*   5 Darium] darjnn *b*
294,6 zwain] zü ain *A*

291,2 schluegen: *Wohl aus* schlueg in.

295 [162rb] Ir payder gestalt verwanndelt
        wardt vil geleich den hunden;
        mit den winden sy hanndelt,
        das sy in gstalt der herr⟨e⟩n vor in stuenden.
   5 mit disem list pracht sy die herr⟨e⟩n dannen.
        die winden, disen herrn geleich,
        liess sy dort stan vor frawen und auch mannen.

296 Claudas spranng auf in zoren,
        enport ain scharfes swert.
        die jungen wolgeporen
        wolt er damit des todes han gewert.
   5 die hundt in menschlich g⟨e⟩stallt gunden fliehen
        die richt gen ainem turen hoch.
        Claudas in grimm in tet vil schnell nach ziehen.

297 Die hundt payde hin sprungen
        ein zu ainer kemenaten.
        Claudas kam nach gedrungen,
        sein gehen zoren er wollt an in volstatten.
   5 sein swert mit armen tet er hoche zucken.
        vor gach er ainen palken traf,   K 59,11. P 11,7.
        davon sein swert im alles prach ze stucken.

298 Der künig got ser des lobet
        umb dise ungeschicht:
        »Ich wollte han getobet.
        ich tötz mit eren doch wol vor gericht.
   5 der wellde gar liess ichs doch nit geniessen.«
        mit huet liess ers bewaren wol,
        mit rigel unde schlos vil sere verschliessen.

295,5 disen *b*   6 gleich *b*
296,5 in *fehlt b;* gestallt do gundn *b*   7 schnelle *b*
297,1 paid *b*   2 ainr *b*   6 vor] gar *b*
298,3 wollt *b*   7 darzů mit *b;* vnd *b;* sere *A*

299   Claudas der künig here
       wider auffs palas ginng
       und beclagt sein not vil sere.   K 60,37.
       vor allen fürsten zu wainen er an vieng,
   5   vil dick saig er in unmacht vor in nyder.
       sy dachten dick, er wär auch tod,
       bis er zu seinen krefften kam hinwider.

300   Er sprach: »Ach got, mir armen!
       diss hab ich mir gemacht.
       got wells an mir erparmen,
       das ich nach disen lannden ye gedacht
   5   und das die künig ye von mir wurden vertriben!
       hiet ichs verlan bey frewd und kind,
       wär ich imm lanndt mit rue vil wol beliben.

301   Hiet ichs bey iren magen
       gelan und bey dem rechten,
       so dorft ich yetz nicht clagen.
       ich kenn, das got kan [162ᵛᵃ] gen dem unrecht vechten.«
   5   mit dem vor jamer wanndt er sein⟨e⟩ hennde,
       jach: »Hiet ich aller lanndt gewallt,
       so wär ich doch an frewden der ellennde.«

Awentewr, wie Phariens, Lambegus unnd ir helfer mit Klaudas
umb ir herrn striten und wie es vor Gann erginng.

302   Er pflag vil clainer wunne,
       das ock nit was ain wunder.

300,5 von mir ye *b*   6 fräud *b*
301,7 der] dort *b*
Überschrift: herren *b*

300,6 frewd: *Zu erwägen ist die Besserung* frawn *(aus* fraw̃) *oder* frewnd
   (aus frew̃d*)*

Phariens und seine kunne,
vil werder diet, die traten an ain sunder,
5 wurden zu rat, sy wolten nicht erwinden,   K 63,9. P 11,20.
Claudas gäb in ir herr⟨e⟩n schnell,
oder er wurd ir willen palld bevinden.

303 Dreytausent oder mere   K 64,4. P 11,19.
ir für den künig trat.
diss was ir aller gere:
er gäb ir herr⟨e⟩n in an diser stat,
5 er dörft auch lützel sich darumb p⟨e⟩sprechen.
Claudas der sprach: »G⟨e⟩lübt und trew
wellet ir und ewr manschaft an mir prechen.«

304 Phariens sprach: »Gefreyet
bin *ich* vor valsch untrewen;
wellicher man michs zeyet,
fürwar hernach möcht es in wol gerewen.
5 mein manschaft hab ich nie vor *im* versprochen.
davon ervollet unnser ger
oder sy werden durch uns an euch gerochen.«

305 Unnder dem was auch kumen
verwappent auf den sal
alls, die diss mär vernumen,

302,3 sein *b*   4 die] sy *b*   6 ir *nachträglich A*
303,6 vnde trewe *b*
304,2 ich *fehlt Ab*   5 in *A*   7 durch euch an vnns *b*
305,3 all *b*

302,3 kunne: *auch fem. (DWb 5, 2664)*
303,7 manschaft *hier* ›Lehenspflicht‹, *vgl.* 304,5.
305,2 sal: *Die Szenerie nicht ganz deutlich; ist* sal *hier ein offener Hof, in dem ein Reiterkampf stattfinden kann? Oder aus dem* sal *?*   3 alls die: *kollektiver Singular durch Plural fortgesetzt? Vielleicht aber ist* all *(b) richtig, das in A zur Konjunktion* als *umgedeutet sein könnte.*

ins Claudas hellf. mit dem hueb sich ain schall,
5   das purg unnd hof erdos von disem krachen.
do ward von swerten klinga kling;
dabey der sper auf schillten vil zerprachen.

306   Claudas der strait manleiche.
des nam Lambegus war.
ain thiost hurtigkleiche
traib er mit ainem starken spere dar
5   und traff den künig zu des helmes schnüeren.
er stach in aus dem satel sein,
wol speres lannk tet er vom ors in füeren.

307   Durch die achsel im stackte   K 65,25. P 11,38.
herr⟨e⟩n Lambegus schaft.
die pluemen er hie [162ᵛᵇ] dackte
sunder sprach und auch an⟨e⟩ alle kraft.
5   im wär zu layd noch mer von im beschehen,
wann das in schutzten hie die sein.
do liess er rach et suns vil an im sehen.

308   Alls Claudas wider nachte
sein craft, nicht lanng er paydt.
an Lambegum er gachte
mit ainer porten, die fraislich⟨en⟩ schnaid,
5   und schlueg im durch den helem so ain wunden,   K 66,3. P 12,4.
das er auch nach gestrecket vor
seinen füessen inn pluemen ward gefunden.

309   Ain ritter dar gesprungen
ins künig helfe kam.
des kam da her gedrungen

308,2 nicht] mich *b*   5 helm *b*
309,2 helff *b*

308,4 porte = barte

Phariens, wann sein⟨en⟩ willen er vernam,
5 das er Lambegum wolt gar han erschlagen.
er schlueg den helld durch helem und haubt,
das im das swert erwandt in seinem kragen.

310 Noch daucht sich nicht genuege
gerochen han der helld.
dem künig ain wundt er schluege,
damit er in auch zu der erden velldt.
5 von diser wundt der krefft er lag berawbet.
Lambegus dar mit zoren kam,
wollt im geschlagen haben ab das hawbet.

311 Phariens kaum erwerte
dem hellden disen schlag.
sunst er den künig ernerte.
er sprach zum künig: »Ewr genade mir das sag!
5 do ich die kind noch het in meiner huete,
schwuert ir nicht zu den heiligen mir,
das ir in tetet nicht wann alles guete?«

312 Lambegus zurnte sere
an seinen nefen des
und sprach im an sein ere.
Phariens sprach: »Du zeichst mich wais got wes!
5 hastu bei deinen tagen ye hören sagen,
das ain man wol mit eren müg   K 67,29. P 12,15.
sein aigen herrn umb solich schulld erschlagen?

313 Wer sein⟨e⟩s zorens gähe
an im mag sein ain maister,
den ich des sitens sehe,
ich sprich zu recht: ain küener helldt wol haist er.«
5 Claudas die rede von im het wol vernomen.

311,7 alls *b*
312,3 im an *doppelt geschrieben, erste Schreibung unterpunktet A*
313,5 red *b*

er sprach: »Phariens, deiner trew
und stät zu ennde niemant [162ʳᵃ] recht mag kumen.

314 Mein sicherhait dir geben
    wil ich hie in dein hendt,
    dawider nymer streben.
    schaff, das hie dise schlachte hab ain endt
  5 der herr⟨e⟩n dein. nach allem deinem geren
    wil ich dich und die mage dein
    nach ewrem willen sunder valsch geweren.«

315 Zu stund Phariens rueffte
    mit starker styme hel.
    gleich wie ain leo er wuefte.
    er sprach: »Hört her, ir küenen degen schnell!
  5 lat euch der rach und zorens hie zerynnen!«
    die maisten fragten umb die geschicht.
    er sagt, wie es ain ort nu sollt gewynnen.

316 Sunst diser streyt sich enndet,   K 68,9. P 12,18.
    wie kaum et das beschach.
    alls man zer herberg lenndet,
    nu merk⟨e⟩t, wie es seyder kam hernach!
  5 es was die maget zu dem Lack nu kumen
    mit disen herr⟨e⟩n, alls ich jach.
    des wardt dem künig freuden vil benumen.

317 Das zauber an den hunden   K 69,9. P 12,23.
    und auch dort an den kinden
    paydenthalb was verschwunden.
    yedes nach seiner art man gunde vinden.
  5 alls man der diet die herren sollte pringen,

314,2 hie geben in, geben *unterpunktet A*   4 schlacht *b*
315,5 zü rinnen *b*
316,5 es *fehlt b*
317,5 hrˢn *b*

do vannd man nicht wann hunde zwen!
des tet man aber mit newen nöten ringen.

318   Do man erforscht das märe,
      das man mit den zwayn hunden
      zu hof nu kumen wäre,
      ain newes geschell erst hueb sich zu den stunden:
   5 »Secht disen spot, den man uns hie erzaiget!
      kert an die wer! wart, das von uns
      sein hocher muet in lasster werdt genayget!«

319   Do Claudas diss geschraye
      erhort unnd das g⟨e⟩schelle
      und wueffen mangerleye,
      jach: »Was sol dewtten dis⟨e⟩s ungefelle?«
   5 ain poten schickt er zu der diet her nider,
      was solich ir clag vermainte,
      das er ims sagt zu hof vil schnel hin wider.

320   [163ʳᵇ] Alls sy den poten nur sahen,
      mit menngem erportem schwert
      sy teten zu im gachen,
      wolten des todes in do haben gewert
   5 durch Claudas. do gunnd er et schnelles fliehen.
      yedoch er ser verwundet ward
      von den, die in mit eyl mochten erziehen.

321   Claudas sich pat beraitten   K 70,10. P 12,34.
      die seinen all zu streyt.
      wann Phariens belaitten

317,6 hundes *b*
319,2 geschell *b*   3 manigerleye *b*   4 jach] vach *b;* vngefell *b*   7 schnell
   vnd hin wider *b*
320,4 han *b*
321,1 patñ *b*

sach er ain her über den annger weyt.
5 der pat die seinen: »Lat mich den künigk gsprechen!
nach dem wir hören seine wort,   K 71,11. P 12,38.
mug wir uns dann mit eren an im rechen.«

322   Der künig mit seinem here
was für die porten kumen,
richt sich gen streytes were.
alls er Phariens kunft dar het vernumen,
5 er sprach: »Was maint ir hie mit disen läuten?«
der hellt do jach: »Ir ungemüet
durch ewren spot wil ich euch hie bedäuten!

323   Den werden allen annde
tuet von euch diser spot,
das ir ewr hundt in sannde!«
Claudas sprach: »Phariens, so helf mir got,
5 und werd sein gnad mir ewig drumb enzogen,
wiss ich davon, dann das die magt
mich hat mit disen hunden zwain betrogen.   K 71,35. P 13,2.

324   Durch vorcht gar dein⟨e⟩s heres
acht ich nicht umb ein har,
ain durch dein lieb: ich schwer es
zu allen heiligen, das ich dir sag vil war.
5 ainicherlay wais ich nicht von deinen herr⟨e⟩n,
tod, fänknüss noch kain ungeschicht –
oder die hulld gotz müess mir ymmer verren.

321,5 seiñ *b;* pesprechen *b*
322,5 disn *b*
324,5 deiṁ *b*

322,5 läuten = lewten ›*Leuten*‹
323,6 wiss ... das: ›*wenn ich mehr davon wüßte, als daß*‹

325 Was sollt die red gelennget?
　　　ich habs auch kainen weys
　　　mit willen niembt verhenget.
　　　ich wolt auch haben des vil gueten vleys,
　　5　wo ich sy wesst, die werlde weyt zu vinden.
　　　hiet sy yemant verstolen mir,
　　　an den wolt ich der rach nymmer erwinden.«

326 Phariens sprach: »Für ware,
　　　die diet es nicht gelaubt;
　　　durch rach ist es so gare
　　　verherrt und aller güet mit all beraubt.
　　5　darumb die red [163ᵛᵃ] gen in zu nichte frumet,
　　　ir globt mir dann, so ichs euch man,
　　　das ir in mein gefänknüss selber kumet.

327 Da wider ich euch schweren
　　　auch wil mit rechten trewen,
　　　das ich euch wil erneren
　　　er und den leib unnd mein dinst sunder rewen
　　5　peleiben euch stät. ob ichs joch solt ersterben,
　　　durch pewaren ewr und mein er
　　　wil ichs doch ee zu all den maisten werben.«

328 Auf das Claudas im globte,
　　　ob ers zu suen möcht pringen.
　　　durch rach das volk alls tobte;
　　　Phariens kund ir zoren nichts geringen.
　　5　was er in sagt des künigs gross unschullde,

326,5 nicht *b*
327,1 ich wil auch, wil *gestrichen b*　2 auch] euch *b*　5 pleibñ *b*
328,1 ims *b*　4 nichts] nicht *b*　5 ine *b*

326,4 verherrt *zu* verhern ›besiegen, verwüsten‹
327,7 zu all den maisten: *modal:* ›nach allen meinen Kräften‹

er kund es nie gemachen so,
das sy in haben liessen et ir hullde.

329 Er sprach: »Dem künig gesworen
hab ichs zu sagen wider;
seyd mein red ist verloren,
so sol mein trew auch nicht erligen nyder.«
5 er rait zum künig und sagt gar diss mere. K 75,1. P 13,17.
sein⟨s⟩ gelübes er in sagte quitt,
auch das für sein tod wer das pesste were.

330 Lambegus fürbas gerte
nicht wann des küniges tod.
mit aller diet er kerte
schnell zu dem streyt. do hueb sich michel not:
5 durch das die nacht zu streit sy sehen künden,
schuef Claudas, das man umb das her
man⟨i⟩gen enden solt fewrs vil enzünden.

331 In ainem weg vil enge   K 75,35. P 13,19.
geschach diss grosse schlacht.
die rach was hart und strenge.
meng starkes sper auf schilten herrt erkracht.
5 do wardt ain schreyen, grymmen unnd ain rueffen,
das der wallt und die vellsen hoch
den widerhall galten mit lauten wueffen.

332 Mang ellenthafter ritter
der nam auf dise nacht
durch streyt sein ende pitter.
zu jüngst Claudas gewan die übermacht.

329,6 glübes er in gar sagte *b*
330,2 kunigs *b* 4 michl *b*
331,3 was] ward *b*

329,6 er: *Phariens; die Bedingung von 328,2 hat sich nicht erfüllt.*

5 Lambegus mit seiner schar zer stat ein keret
durch nicht, wann das der nachte trüeb
durch vinstre gros ir nachtrue sy all leret.

333 [163ᵛᵇ] Sy ruegten ungetrewen   K 77,7. P 13,23.
Pharienns den stollzen helld.
er sprach: »Wardt der nachrewen,
zu der mit ungemach ir wert verfelldt!
5 ewr trew hand ir den voll auch nicht gehallten,
ir mögts durch ain gelaugen nicht:
Claudas ewr henndt durch trew ir habt gevallden.

334 Drumb wär mit valschen tucken
mich ungetrew tuet haissen,
den wil ich es so lucken,
das er mit pluet von wunden mues erschwaissen.
5 ewr er habt ir zum pessten icht bewaret,
ewr manschafft widerredt auch nie.
nu merkt, mitt wellichen eren ir hie varet!

335 Auf mein sloss ich in pringen   K 78,17. P 13,27.
wil sunder ewrs undanks
vor euch mit leichten dingen.
wardt, was ir dann geniesset ewr⟨e⟩s wanks,
5 bis er sich und sein macht hat wol erkobert:
wardt das, was euch darnach ergat,
so er die stat und euch hat überobert.«

336 Sy bedachten do ir schullde,
gen Phariens dem helld

332,5 seinr *b*
333,2 stolltzn *b*
334,5 ewr ewr er zum̅ pestn̅ habt ir nicht pewaret *b*

334,1 wär: ›wer‹

wurbens nach seiner hullde,
sprachen: »Wir piten all, das ir noch wellt
5 versuechen, ob irs mügt noch darzu pringen,
des sich Claudas verwillg⟨e⟩t ee.
so belib diss alls noch bey gefüegen dingen.«

337 »Wol hin, mein halb verderben
wil ich es noch nicht lan,
mit vleis euch *suen* hie werben.«
hin zu dem künig rait der küene man.
5 Phariens kundigklich redt zu den dingen:
»Her künig, wolt ir noch volgen mir,
ich gedenk, ich woltz zu gueter suen noch pringen.

338 Globt mir noch her vianze
selb dritt in mein gewer.   K 79,22. P 13,35.
mit rechten trewen gannze
ich euch zu got und auch den heiligen swer,
5 das ich euch er, leib, guet wol wil pewaren
vor mänigklich, bis ob man müg
die geschicht umb die zwen herrn recht erfaren.

339 Doch der vianz erlassen
seyd, bis zu end ich han
versuend das neydlich hassen.
dann wann ich euch darnach vianz [164ʳᵃ] erman,
5 so kumet. ob euch diss nu wil pehagen,
das jecht doch mit der weysen rat,
das *ichs* dort auch der menig müg gesagen.«

336,3 seinr *b*   7 plib *b*
337,2 noch] nacht *b*   3 suen *fehlt Ab*   6 volgn *b*   7 denck *b*
339,7 ich *A*

337,3 suen *aus 337,7 konjiziert.*

340 Claudas tet do betrachten
mit seinen fürsten das;
wann et sy all gedachten,
das Phariens gar vol der tugent was.
5 darumb der künig jach: »Hör, zu gefallen
gib ich *hie* mein vianze dir,
wann ich dich mynn verr vor den anndern allen.«

341 Mit hullden rait er dannen
zu Ganne in die stat
unnd sagt diss all sein mannen
und sprach: »Seid es sich so gefueget hat,
5 so solt auch ir mir schweren sunder rewen,
was ich dem künig gelobet hab,
das irs wellt hallten stät all gar mitt trewen.«

342 Schnell kamens des in aine
und schwueren all geleich
ain aid, der sunder maine
solt sein, wie doch drey hellt betrogenleich
5 mit hinderlist sich aus dem gelübde namen.
Phariens wol vermerkte das,
doch dacht er das mit fueg wol under zu kumen.

343 Zum künig aus zu vellde
raitt wider der ellensreich,
wie ichs han vor gemellde.
yedoch bedacht wol der vil tugentleich,
5 das dise suen ains tails arkwänig wäre
von seinem nefen Lambego.
darumb zum künig jach der valsches lere:

340,6 hie *fehlt A*   7 anndern *b*
341,5 swern *b*
342,2 schwurn *b*   5 glübde *b*   7 vnd⁵kumen *b*
343,3 vor han *b*

344 »Herr, ir seid ser verhasset
     all dort von mengem mann.
     darumb, herr, mit mir lasset
     den herrn von Zirien und den von Tann.   K 80,24. P 14,7.
   5 aim anndern ewre wappen solt ir leyhen,
     ob sich unrat durch ycht erhüeb,
     das es zu ark euch dann nicht möcht erdeyhen.«

345 Der künig vil hoche schatzte
     von Phariens die trew.
     sein er er im drumb satzte,
     das im sein gnad unnd hilf wär allzeit new.
   5 *nu* wurden sich die herr⟨e⟩n zwen peraiten;
     aim jungen ritter ellenthaft
     des künigs wappen sy zu hannd an laiten.

346 [164ʳᵇ] Allsus zu payden seitten   K 81,7. P 14,10.
     het diser streit do endt.
     über den annger weyten
     Phariens zu der stat mit den dreyn wendt.
   5 in seinen turen an ir gemach ers fuerte.
     an stund Lambegus an sy lof
     mit ainem swert, das er in zoren purte.

347 Er wante vil gewisleichen
     den künig selb han funden.
     er schlueg dem ellensreichen
     ins künig wat zu verch ain tieffe wunden.
   5 Lambegus het geworben helf noch mere.
     Phariens ain swert von schaiden zoch,
     auch dise zwen; des ward gestriten sere.

344,5 ewr *b*
345,5 nu] und *A*   7 kuniges *b*
347,1 gwisleichē *b*   4 kunigs wat *b*

347,5 ›*Lambegus hatte sich noch Helfer besorgt*‹, vgl. K 82,1.

348 Phariens mit solichem grymme
     auf seinen nefen schlueg
     und sprach mit hocher stymme:
     »Du verräter öd! an dir disen unfueg
   5 rich ich, das man davon mag ymmer sagen.«
     ain helemaxt er hoch enpurt;
     damit Lambegus zer erden wardt geschlagen.

349 Er wolt in vol ertötten;
     sein fraw erwenndt den schaden.
     in disen grossen nöten
     ruefft sy zu irem herr⟨e⟩n nach genaden.   K 82,22. P 14,20.
   5 wie ir Lambegus dick übel het mit gefaren,
     des vergass sy im in diser not,
     als das wol zimbt an rainen frawen claren.

350 Phariens sprach: »Für ware,
     ich hett mirs nicht gedacht,
     das ich euch hiet so gare
     under verräter und solich mörder pracht!«
   5 do kamm ain newe tropel gangen sider
     mit axten, spiessen, swerten scharf,
     damit sy Phariens zer erden schluegen nyder.

351 Alls Lambegus zer *erde*
     sein nefen do sach ligen,
     in sein hellf sprang der werde,
     zuckt in auf, sprach: »Mein huld sey den verzigen,
   5 die zung oder hanndt gen meinem nefen rüeren.«
     do schrirens all: »Nu müg wir erst
     vil grosser untrew an euch payden spüren.«

348,6 hellm axt *b*, erpürt *b*
349,5 vbl *b*
350,4 solch *b* ⟨
351,1 erdñ *A*

348,6 helemaxt: axt *an einem* halm (›Stiel‹)

352 Die fünf erst für sich numen
     den povel von der stat.
     do sach man helem drumen,
     das von dem pluet ettlich⟨e⟩s planke wat
   5 ganz zenndel var nach röte wardt [164ᵛᵃ] gevärbet,
     kursit, wappen durch pluetig nas,
     die ee nach silber weis waren gegerbeth.

353 Aus zu dem turen weichen
     muestens von iren schlegen.
     die küenen muetes reichen,
     die fünf, den wal behueben. die küenen degen
   5 wurden entsambt mit huete wol besetzet.
     doch pflag man ir zu fleyse wol,
     das kainer eren ward noch leibs geletzet.

Awentewr, wie ain magt vom Lack sagt von den kinden und wie
Lambegus und Leonten zu dem Lack komen, auch wie alle dinng
mit Klaudas gesüend ward.

354 Ich hab euch vor gesag⟨e⟩t,
     wie Bohort, Lionel
     zum Lack hin pracht ain mag⟨e⟩t
     zu Lannzilet dem küenen degen schnell.
   5 nu pflag man ir mit vleis zum allerpessten.
     nu wurden sy betrüeb⟨e⟩t ser,
     das sy von ir zwayn maistern et nicht wessten. K 84,3. P 14,2.

355 Was man in fräwden machet
     mit schall und schönem schimpf,
     ir munnd des nie erlachet.
     doch taugen truegen sy das mit gelimpf.
   5 die fraw sy dicke fragt von irer schwäre,

352,2 pofl *b*
355,2 schönem *fehlt b*   5 frag *b*

was in so gar ir frewd penem.
zu jüngst ir Lionell gannz sagt das märe.

356 »Hört, fraw, was meinem herzen
thuet allzeit kumer pringen!
ich wais wol, das mit smerzen
mein maister paid in nöten sere ringen.
5 umb diss wais ich vor layde nicht geparen.«
sy jach: »So habt es auf mein er,
das ichs euch wil zu ende gar erfaren.«

357 Ain mag⟨e⟩t mynnigkleiche
hiess sy sich dar beraitten.   K 85,21. P 15,3.
des wurden fräudenreiche
die herr⟨e⟩n zwen. die fraw schuef der gemaiten,
5 das sy mit list und sunst auch des gedechte,
wie es umb anndre dinng gefüer,
das sy et die zwen ritter mit ir prächte

358 und das sy von den mären
der menig nit ensagt,
wellicher ennde wären
[164ᵛᵇ] die herr⟨e⟩n, dabey in doch nicht verdagt,
5 das sy des leibs gesundt mit frewden wielten,
das die diet gen ir maister zwayn
und auch gen in ir stät und trewe hielten.

359 Die magt schied schnell von danne,   K 86,1. P 15,6.
als es die frawe wollt.
alls sy hin kam zu Ganne,

356,4 ser *b*   5 laid *b;* geparen] pewaren *b*
357,3 das *A*
358,1 und *fehlt b*   5 leybes sunndt *b*   7 trew *b*

357,6 wie = *mhd.* swie

die schönen stat, sy pat, das man ir sollt
5 weysen ain man, der trewen wer vil stete.
dem wollt sy sagen solich mär,
davon ir herz mit fräuden wurdt durchsete.

360 Die mag⟨e⟩t man hin fuerte
zu ainem ritter kurteys,
an dem man trew ye spurte.
er was gar tugent vol, in räten weys.
5 Leontes von Boerne hiess der zuchtig.
die maget im do saget das,
davon ir aller trawren ward hin fluchtig.

361 Sy sprach: »Herr, poten miete
wil ich et von euch han.
euch und gemayn die diete
wil ich von ewren herr⟨e⟩n wissen lan.
5 doch sollt ir globen mir mit trewen stäten,
das ir die sach nit handlen wellt
mit melld, dann nur allain mit meinen räten.«

362 Diss ward mit starkem aide
verlobt. do sprach die rain:
»Ewr herrn gesundt noch payde
des leib⟨e⟩s sein und haben ang⟨e⟩st kain,
5 wann das ir maister sy vil geren sehen.
dapey pieten sy euch hulld und gnadt.«
Leontes sprach: »Noch tuet mir ains verjehen!

359,6 soliche *b*
361,2 ich *nachgetragen A, fehlt b* 5 doch so sollt *b*
362,1 starckn *b*

359,4 die: *Kasuswechsel, es ist wohl* in *mitzudenken.* 7 durchsete =
  mhd. durchsæjet
362,5 sehen *ist Konj. Prät.*

363   Dar ich dem volk nicht sagen
      die fräwdenreichen märe
      oder sol ichs verdagen?«
      sy jach: »Wann ich sein beleib sunder swäre
  5 und das man mich hernach zu ychte zwinge,
      sunst gan ich euch der sage wol.«
      er gienng, beruefft sy all zu ainem ringe.   K 87,8. P 15,20.

364   Er ruefft laut zu den stunden:
      »Freudt euch der lieben mär!
      unnser herrn die sind funden
      und leben paid mit frewden sunder schwär.
  5 der mir die lieben mär⟨e⟩ hat gesaget,
      die *wont* in stät und täglich pey.
      diss ist et die vil keusch unnd edel maget.«

365   [165ʳ] Vor freuden vil gewainet
      ward do an diser stund.
      sy wurden des verainet,
      das sys Phariens machen wolten kundt.
  5 die maget zu dem turen sy mit in fuerten.
      sy zaigt in dar ir gürtel zwo.
      »ach secht, damit die herren stet sich gurten!«

366   Die mag⟨e⟩t sprach: »Dar sennden
      sollt ir ir maister zwen,
      vil palld das selb vollennden,
      das sy der red und warhait mir gesteen.
  5 das sys sehen und auch darzu pesprechen,

363,2 mer *b*   4 pleibe *b;* schwer *b*
364,6 wannd *A;* im *b*   7 edl *b*
365,7 hrˢn *b*

363,1 dar = *mhd.* tar
364,4–5 der ... die: *masc. für die generelle Unbestimmtheit des Anfangs, fem. erst bei Konkretisierung der Vorstellung.*

ich füer sy dar in meym gelaitt,
das sy guetz, leib⟨e⟩s nyembt mag geschwechen.«

367   Sy wurden des zu rate,
        das Lambegus der helld
        sollt ziehen mit ir drate;
        dem sollte zu seiner rais sein zugesellt
    5 Leontes von Boerne, der vil weyse.
        Phariens muesst beleyben da,
        des was vor layd sein jugennt nach worden greyse.

368   Zu aller diet sy gerten
        urlabs hin zu ir vart.
        von dann⟨en⟩ sy do kerten
        bis an den Lack. do jach die maget zart:
    5 »Herr von Boerne, ir sollet hie erwinden!   K 88,23. P 15,25.
        ob ich euch fürbas füeren sol,
        mues ich an meiner frawen vor bevinden.«

369   Sunst sy Lambegum fuerte
        durch den Lack zu ir frawen,
        das in layd nie beruerte.
        do er sein herr⟨e⟩n sach, do ward verhawen
    5 im all sein layd. er ward alsus enpfangen
        von frawen und den herr⟨e⟩n zwayn,
        das in der zeit bey in nicht dorft verlangen.

370   Lionel alldo fraget,
        wo Phariens noch wär.
        zuhand die magt im saget,
        was sy erliten hieten durch in swär

370,4 in] ir *b*

366,7 *Der Vers legt* niemant *nahe.*
369,7 verlangen *im Sinn von mhd.* belangen ›*langweilig sein*‹ *mit Genitiv.*
370,4 swär: *Genitiv des Substantivs* (was swär); *durch* in: *weil Lionell Claudas' Sohn erschlagen hat.*

5 von streit und fänknüss anfank bys dar zu ennde.
sy sagt ir frawen, das vor dem Lack
Leontes hiellt verainet gar ellende.   K 90,29.

371 Sy hies zuhanndt beraitten
die maget, das sy dar
den ritter sollt gelaitten
mit klainer, doch wolgeflorierter schar.
5 Leontes auf der verrt sach michel wunder
von sat und pewmen manger hannt.
nicht zwey da was, es hiet ain frucht do sunder.

372 [165rb] Die fraw den küenen degen   K 91,18.
mit kurtosey enpfieng.
die herr⟨e⟩n auch do pflegen
sach man vil hocher frewden. manng jungling
5 entwappent in. darnach man wasser truege
(das teten maget mynnigklich),
das er den yser ram mit von im zwuege.

373 Sunst warens bey den frawen
den voll zu dreyen tagen.
man liess sy kurzweil schawen
mit payssen, pirsen, hetzen unnd auch jagen.
5 nach dem sy gerten urlabs zu dem lannde.
Lionell her Lambegum pat,
das er sein maister in kurz auch zu im sannde.

374 Sy riten hin zu Ganne.   K 96,12. P 16,1.
do man ir kunft vernam,
von frawen und⟨e⟩ manne
ain tropel gros zu in gedrungen kam.
5 den teten sy do alle dinng verjehen,

371,7 ›*Es gab nicht einen Zweig, der nicht eine besondere Frucht gehabt
hätte.*‹
372,7 *Der Reim* truege – zwuege *ist formelhaft, vgl.* 554,5-7 *und* 678,5-7.

wie sy ir herr⟨e⟩n wol gesundt
pesprochen hetten und auch mit augen gesehen.

375   Das ich sagt davon lannge,
       was frewden do geschach –
       über clar unnd liechte wange
       vil zacher auf die wat man fliessen sach,
   5   do sy erhorten die fräudenreichen mere.
       Phariens wardt do los gezelt.
       des ward sein herz erhebt von grosser swäre.

376   Phariens het menig getrechte
       und auch darzu verlangen,
       wie er von dannen prechte
       die drey, die durch in lagen da gefangen.
   5   bey ainer nacht dacht er sy dann ze füeren
       auf ain sein schlos. die von der stat   K 97,2. P 16,13.
       durch spech gundens die ding zuhannde spüren.

377   Ir lag auf strassen dreyen
       hetens besatzt mit huet
       mit zaichen und sunst kreyen.
       indem riten her die vier hellden guet.
   5   do sy vil sicher wonten sein vor lage,
       der stat volk kamm geriten zu,
       prachten zu not vor ain⟨e⟩s wallds gehage.

378   Do ward ain hart gemenge
       von sper und swerte clingen;
       das wert mit nöten strenge.

375,3 wange] augñ *b*
376,1 Hhariens *A*   4 da *fehlt b*   5 dañen *b*

375,1 *Der Hauptsatz fehlt und ist zu ergänzen:* ›*Es ist unnötig* . . .‹
376,4 *Bezug: Str. 344–346, 352 f.*
377,5 do sy: ›*Als sie schon*‹

die vier sach man [165ᵛᵇ] auch ser nach preyse ringen,
5 wie es doch wär die lennge unverfangen.
man fuerts zu dem turen wider.
hiemit was diser streit auch gar zergangen.

379 In der verganngen zeite
het Claudas der vil reich
zu samen pracht durch streyte
von mag und man ain her gar erschrockenleich.
5 er viel für Gann die stat an ainem morgen.
die purger sperten schlos und stat;
das kom et in hernach zu grossen sorgen.

380 Sy dachten: ›Wol verloren
hab wir des künigs hulld.
durch seinen gähen zoren
wird er rechen swärlichen unnser schulld.
5 möcht wir bey Phariens genad noch vinden!
wolt er umb unns sich nemen an,
er möcht von sorgen gros uns wol enpinden.

381 Sunst well wir unnser schullde,
wie ers gert, gen im püessen,
das er uns geb sein hullde,
mit venje pieten uns zu seinen füessen.‹
5 allsus zu Phariens mit fle sy kumen.
der sprach: »Ich wirbs zum künig so,
alls ichs vermag zum pessten ewrem frumen.

382 Ich wil yetz sunder peiten
zum künig mit vleyse werben,
an alls verziehen reiten.
hört: ob ich durch die potschafft muess ersterben,
5 so sollt ir glübt unnd aide mir des geben,

das ir hie den gefangen drein   K 98,19. P 16,23.
gar sunder pit auch nemet dann ir leben.«

383 Dem küenen aus zu vellde
     der vert was harte gach.
     er rait fürs künigs zellde.
     als in Claudas von ersten an⟨e⟩ sach,
   5 er spranng auf und ennpfieng in mit vil wunnen.
     er wollt auch in geküsset han.
     des Phariens durch ain im nicht wolt gunnen.

384 Er sprach: »Herr, ich wil geren
     zu ewr genaden vor
     euch selb und mir zu eren,
     dardurch ewr preys erhöchet sich enpor.
   5 nach genaden bin ich her zu euch gesennd⟨e⟩t.
     hat diss [165ᵛᵇ] volk gen euch schullde icht
     unnd sunder ich, mein trew sey euch verpfenn⟨de⟩t,

385 das wir das wellen püessen
     gen euch doch nach genaden,
     und pieten zu ewren füessen,
     das ir sy sorgen purde tuet entladen.«
   5 Claudas der jach: »Du hast wol gar mein hullde.
     diss mag et nyembt erwennden mich:
     schwerlich die andern entgellten ierer schullde!

386 Solt mir nicht wesen zoren
     (sy sindt doch all mein man,
     das hand sy vor gesworen),
     das sy mein stat vor mir versper⟨re⟩t han?«
   5 Phariens sprach: »Hört, was uns hat erschrecket:
     nicht wann ewr gäch kumende rais,

385,3 ewr *b*   7 schwerlichn *b*

dardurch uns *newer* kumer wurdt erwecket.

387 Darumb, herr, solt ir lassen
in gnad und ew⟨e⟩r hullde;
wann sollt irs füran hassen,
das käm et nicht wann ain von meiner schullde.«
5 der künig jach: »Dein red ist unverfangen!
sy müessen des ersterben all,
ettlich in poyen ligen mit peinen langen.«

388 »Sol diss nicht annders wesen,
so hab ich mag und man;
bey den sterben und genesen
wil ich, her künig! ir sollt von mir verstan,
5 das ir zer welt nicht grössern veindt sollt vinden
dann ich, wo ich das füegen mag.
paid schad und schand wil ich zurugk euch pinden.

389 Zu mir ir nymmer warten
solt manschaft oder trewen!   K 99,15. P 17,7.
mit all ewr widerparten
wil ich euch schaden füegen allzeit newen.«
5 vil manger man das geren hiet gerochen
an Phariens dem helllden küen.
das ward in von dem künig widersprochen.

390 In widermuet von dannen
zer stat er rait zu hannt;

386,7 newer] nur *A*
387,2 huld *b*   4 schuld *b*
388,6 dañ wo ich *A*

386,7 *Konjunktiv wegen des implizierten Begriffs der Sorge:* ›daß uns etwa
dadurch . . .‹
387,7 poyen: ›*Ketten, Fesseln*‹ – *eine leichte Abmilderung der voraus-
gehenden Drohung.*

wol vierzigk von Claudas mannen
kamen mit swert und speren nach im geranndt.
5 Phariens, der zu streyt nicht was der tumme,
[166ʳᵃ] alls er die nech im kumen sach,
schnell warf er sich zu weren gen in umbe,

391   mit seinem sper ain ritter
durch ranndt, das er zer erd   K 101,5. P 17,15.
do nam ain sterben pitter.
zu fliehen er ain acker nicht engert.
5 sein guetes schwert er zoch schnell von *der* schaiden.
wer im do nicht enpfliehen wolt,
die vellt er tod unnd wundt zu seitten paiden.

392   Claudas erhort den streyte;
zu dem er kam geranndt
auf aim schönem raveite.
ain stecken gros fuert er in seiner hannt.
5 damit schlueg er die seinen zu arem und hawbet.
er schray sy an: »Schelk ungetrew!
wer hat euch disen streyt all hie erlaub⟨e⟩t?«

393   Lambegus durch die porten
kamm manlich in den streyt.
die von der stat das horten,
sy saumten *sich* auch nicht. in kurzer zeit
5 ward sich zu vellde maniche thiost mengen.
von Claudas her und auch der stat
sach mans zusammen hurtigklich ersprengen.

394   Lambegus durch den punder
mit sein fraislichen schlegen

390,5 *Reklamant am unteren Blattrand:* als er die nech *A*
391,5 snell zoch *b;* der *fehlt Ab*
392,3 ainē schönen *b*   4 hannde *A*
393,4 sy] die *b;* sich] sy *A*   5 veld *b;* manche *b*

strebt, das man schätzt für wunder.
man sach zer erd in manchen toden legen.
5 sein swert vil heubter under helmen stuckte;
sein⟨r⟩ sper drunzun flugen enpor,
damit von ors er ettlichen do ruckte.

395 Er sach ritterlich werben
Claudas mit schlegen grossen.
er dacht: »Ich wil ersterben,
oder ich mach dich auch des lebens den plossen!«
5 er nam ain sper, stark, scharf an disen stunden,
stach Claudas durch den schilt, des er
vom orsch ab viel mit ainer starken wunden.

396 In stund er mit seim swerte
ab von dem orse spranng;
des künigs tod er gerte.
nach seinem halls tet er im ainen schwank.
5 hiet Phariens den schlag nicht understanden,
Claudas müest sein beliben tod;
nain er [166ᵛᵇ] zuckt im den künig schnell aus den hannden.

397 Des erzurnet ser der degen,
daucht in ain ungemach.
»zwar trewen ir nie tett pflegen
gen mir«, sunst er vil zornigklich⟨en⟩ sprach.
5 des küniges man ir herrn geren gerochen
hieten an disem manne hie.
da ward von im mang lichte brün durch stochen.

394,4 manichñ *b*
395,6 des] das *b*   7 ainem *b*
396,1 An *b;* seinē *b*
397,1 erzūrnt *b*

394,6 sein⟨r⟩ sper drunzun: ›*Speersplitter*‹

398   Sy teten in umbschliessen.
    mit hellemaxten, kewlen,
    mit schwerten und auch spiessen
    machtens im wunden vil und ettlich pewlen.
   5 nemlich müesst er sein endt do han genumen,
    wär nicht mit hellf her Phariens
    in disem streyt so schnelle zu im kumen.

399   Do in der helld gehewre
    in starken nöten sach,
    er schlueg, davon das fewre
    aus hellmen schain, darnach des pluetes pach
   5 durch kursit, kovetew⟨e⟩r tet aus rinnen.
    sunst kertens ein all in die stat,
    prachten auch Lambegum nu mit in hynnen.

400   Alls nu het endt genumen
    der streyt vor diser stat,
    die pessten sach man kumen
    zu Phariens, fragten in trewen rat,
   5 wie sy sich in dem werren solten hallten.
    er jach: »Yr wolt mir volgen nie;
    des mues auch ich mit euch in sorgen allten.«

401   In dem Claudas hin sannde
    zu Phariens dem getrewen.
    da in der garzun vannde,
    er sprach: »Herr, frid und gelaitt gar sunder rewen
   5 der künig euch gibt. ir sullt für in kumen.

398,2 helmaxtñ *b*   4 machtñ sy im *b*   7 snell *b*
399,1 gehew̆r *b*   3 fewr *b*   7 Lambegum auch *b*
400,5 dem] den *b*   6 Yr *aus* er *gebessert A,* er *b*
401,4 Herr *von anderer Hand nachgetragen A, fehlt b;* glaitt *b*

400,6 wolt ›*wolltet*‹

er wil pesprechen euch darvor.   K 103,2.
wer wais, es möcht zu guetem hail euch frumen.«

402   Phariens sunder were
       rait für den künig reich.
       alls er kamm in das here,
       Claudas entpfieng den ritter tugentleich.
    5 er fragt: »Wie stat es noch umb dein gefangen?«
       Phariens jach, es stüend noch so,
       »das sy pessers g⟨e⟩machs nicht darf verlanngen.

403   [166ᵛᵃ] Wellt ir aber das hassen
       gen uns durch nicht verlan,
       ich schicks euch in den massen,
       das ir vil lützel frewden secht daran.
    5 ir hewbter lass ich in an stund⟨e⟩ nemen,
       wirfs in ainr pleyden in ewr her.
       secht, wie das ewren wirden mög gezemen!

404   Mer merkt, künig und herr⟨e⟩!
       ewr künigklichen wort
       erman ich euch hart verre.
       ewr gelübd hat manger hoher fürst gehort,
    5 wann ichs euch man, das ir dann well⟨e⟩t keren
       in mein gefänknüss sunder wer.
       sunst man ich euch glübde und künigklicher eren.«

405   Claudas sprach: »Sunder laugen
       stan ich der rede dir
       off⟨e⟩nlich unnd nicht taugen.

402,5 stat *auf Rasur A,* fert *b*
403,4 fräwde *b*   7 wirden mög gezemen *auf Rasur A;* wirden] erñ *b*
404,1 mercket *b*   4 glübt *b;* meng *b*

401,6 darvor *örtlich?*
402,7 *Übergang von indirekter zu direkter Rede.*

dabey hastu auch so gelobet mir,
5 das du mir leib und ere wellest bewaren:
auf das, wann du et aischest mich,
so wil ich auf dein trew dann mit dir varen.«

406   Der kolben auf dem schillde
      lag Phariens dem degen;
      der ye was tugent millde,
      gund es yetz hin und danne wider wegen.
5   er west, sollt er den künig mit im füeren,
      das es im gullt das leben sein,
      ja ob sy im des tausent aid vor schwüeren.

407   Er kund des künigs zoren
      in kainen weis gestillen.
      do dacht der wolgeporen,
      er wolt in auch inn tod durch niemants willen
5   geben. sunst was der degen sorgen reiche.
      an endt rait er hin ein die stat,
      do er auch wol ennpfanngen wardt herrleiche.

408   Nu hetten sy gedingen
      nicht mer in kainen weis,
      das sy zu suen kund pringen.
      do sprachen gemain der tumb unnd auch der greis:
5   »Niembt gueter sol umb die geschicht verzagen.
      wills Claudas ye erwinden nicht,
      er möcht noch lassters mer dann preys bejagen.«

406,5 sol *b*
408,4 gmain *b*

405,6 auf das: ›*unter dieser Voraussetzung*‹
406,1 kolben auf dem schilde: *Vielleicht Anspielung auf einen Rechts-*
     brauch beim Gerichtszweikampf, vgl. Dt. Rechtswörterbuch 7, 1974-83,
     Sp. 1172.
408,3 ›*es*‹ *als elliptisches Objekt*

409 Wol het Claudas vernomen
ir stolz manlichen muet.
Leontes für sich kumen
hiess er, wann der was [166ᵛᵇ] auch des herzen fruet.
5 er fragt den künig, wes er sy wolte zeyen.
»Wil got selb sitzen zu gericht,
es möcht zu unhayl euch noch leycht gedeyen!

410 Wellt irs zu ark uns keren,
was wir all haben getan
umb unnser aigen herr⟨e⟩n,
die wir so wunderlich verloren han,
5 so kundt nach hohen eren ir nicht synnen.
wer dise sach wil recht verstan,
der mues von recht unns ymmer darumb mynnen.

411 Darumb von diser schullde
lasst uns genade han
und gebt uns ew⟨e⟩r hullde!«
der künig jach: »Das mag durch nicht ergan,
5 ob ir die pete tribt zu dreyssig jaren,
an ain sach, der ich ger zu euch,
sunst müesst ir die misstatt vil hoch eraren:

412 Wellt ir ain man mir geben,
den ich euch nennen wil,
so mügt ir ew⟨e⟩r leben
behallten wol. sunst wenig oder vil
5 durft ir nicht suen noch frids zu mir begeren.
diss ist Lambegus, den ich hass   K 104,15. P 18,19.
für alle man. des müesset ir mich weren.

409,5 wolt *b*
410,2 wir] -r *auf Rasur A*
411,2 genadñ *b*   5 pet tribet *b*   7 hoch *fehlt b*
412,7 all *b;* müsset] -et *für* -t *vom Korrektor A,* müst *b*

413 An dem wil ich mich rechen,
  erküelen meinen muet.«
  Leontes gunde sprechen:
  »Herr künig, wer wollte wesen so unguet,
5 der in sunst in den tod so wolt verkauffen?
  es müesst ee stat, läut unnd auch guet
  geschlagen und prochen werden gar zu hauffen.«

414 »Nu hin so wallt sein hayle«,
  der künig redt mit zoren,
  »und habt euch zu aim taile,
  das sey bey küniges wirden hoch gesworen.
5 nu habt nicht rede mer von disen dingen!«
  sunst rait Leontes ein die stat
  und tet aber mit newem kumer ringen.

415 Mang hocher man in fraget,
  was er dort het geschaft.
  die red er in gar saget.
  do sprach vil manig man gar ellenthaft:
5 »Vach, das er dar solichs zu uns gedenken
  der misstat und verräterey!
  das thuet [167ᵃ] in selb an hochen eren krenken.«

416 Lambegus hort die mere.
  er sprach zun fürsten allen:
  »Macht euchs Claudas gewere,
  das er sein zoren gannz gen euch lat vallen,
5 so ist es mir et ein vil süesses sterben,
  damit den läuten und der stat
  ich mit meim tod mag dise gnad erwerben.

413,3 gund *b*   4 wesn *b*
414,3 euchs *b*   4 kunigs *b*

415,5 vach = *mhd.* phiu; dar = tar, *so auch b*

417 Diss möcht nicht annders wesen:
    alls volks in diser stat,
    der kaines möcht genesen,
    die stat zerstort, des wär et gar kain rat.
  5 haist *es* den künig gewis mit aid euch machen,
    das ir der suene zweyfelt nicht,
    so wil ich dem ain kurzes ende machen.«

418 Des ward von jamer wunde
    vil manig süesses herz.
    Phariens tet mans kunde;
    des ward auch er erfüll⟨e⟩t gar mit schmerz.
  5 sein mandlich muet im wunder wol behagte,
    wie er doch seinen grymmen tod
    mit nöten und auch grossem layd beclagte.

419 Wie gar gemain die diete
    dem wunder küenen mann
    diss all⟨e⟩s wider riete,
    durch vorcht noch dro wolt er es nicht enlan.
  5 zu velld pot man dem künig dise märe.
    der gab auch geysel, das der frid
    hernach von im ewig bestattet wäre.

420 Zu hannd der helld gehewre
    zu wunsch sich do anlegt
    kursit und kovertewre,
    das durch not manigs mannes herz erwegt.
  5 ain ors zoch man im her auch wol verdecket;
    man spurt an seiner varbe nie,
    das in die grosse frays ye hiet erschrecket.

417,5 es] euch *A*
419,7 bestatt *b*
420,1 gehew̄r *b*   3 kouetewr *b*   7 in gross frays *b*

421   Sunst urlabt sich der degen
      von frawen und auch man.
      vil menig rainer segen
      ward im auf seiner rayse nach getan.
   5 do wainte in der stat gar junng und allte,   K 107,31.
      sprachen: »Herr, deiner messeney
      sein rainer geist sey ewig zugezalte.«

422   Allso rait er zu vellde,
      do er den künig wesst.
      er stuend ab vor des zellde
      [167ᵇ] und gieng für in. in wappen liecht und vesst
   5 was manig küener ritter dar bestellet
      von Claudas durch sein vorchte gros;
      er wesst, das im was mannes muet gesellet.

423   Vor Claudas sunder zitter
      stuend diser degen werdt.
      do erwaint manger küener ritter.
      helem und schillt legt er do an die erd,   K 108,4. P 18,35.
   5 wappen und alle seine koventewre.
      do was sein leib zu wunsch gestalt;
      das erbarmet mengen küenen man gehewre.

424   Er wollte nie ansehen
      den künig noch wort gesprechen.
      manig man gunde jehen:
      »Secht an disen gar küenen muetes frechen,
   5 wie der stat seiner varb so unerplichen!«
      Claudas enport ain swert gen im.
      der hellt dem schlach ain handt nicht wär entwichen.

421,4 rais *b*   7 geist] segen *b*
423,3 mang *b*   4 helm *b*   7 mengem *b*
424,1 wolt *b*   5 der] -r *vom Korrektor A*

425 Und do der künig vernome
    des manns manlichen muet,
    das er von trewen kame
    zu diser not, er jach: »Hört, ritter fruet!
   5 ob ir mein möcht allsus gewaltig wesen
    alls ich ewrs leibs an diser stat,
    ich wen wol, das vil clain wurd mein genesen.«

426 Er sprach: »Hiet mir got gunnet
    zer welt ain solich hail,
    das ich an euch erwunnet
    mein herz⟨e⟩ hiet, ja ob die welt wär vail
   5 und man mirs hiet zu aigen für euch geben,
    diss wär gewesen vil zu rinng
    und hietz genumen nicht für ewr leben.«

427 Claudas sprach: »Wie getüret
    ir sprüche sein so frey,
    und mein gewalt do spüret,
    auch das euch ist der tod so nahent bey?«
   5 »do hab ich sorg auf ew⟨e⟩r dro vil claine;
    ir entürt meins tods geren nicht,
    die weil Phariens zer welt lebt gar aine!«

428 Claudas für wunder hete
    des ritter strenges gemüet;
    fraw Suene ir samen säte
    ins künigs herz, das nicht wann mynne plüed.
   5 do muesst unmynn im gar von herzen schleiffen.
    sein swert warf er von seiner hanndt.
    dem hellden an [167ᵛᵃ] sein kynn begund er greyffen

426,3 verwunnet *b*   4 wär] *vom Korrektor aus* gar *verbessert A;* wellt gar
    vail wer *b*
427,3 gwalt doch *b*   7 lebt zerwelt *b*
428,2 strengs *b*

427,1 getüret = getürret

429   und sprach: »Her ritter, jehen
      wil ich auf all mein er,
      ich hab noch heut gesehen
      die stund, das all die kumen weren her,
    5 den got hat gebẹn natur, geschepf und wesen,
      der pet hiet et *verfangen* clain,
      das ich zer wellt ain stund euch hiet lan gẹnesen.

430   Yetz möcht mir nicht gezemen
      des Waruchs reichait gros,
      das ich euch wellte nemen
      ain lid oder machen gesundes plos.
    5 durch ewr trew, der ich vil an euch spüre
      für all mann, die ich ye gesach,
      ewr gẹsellschaft ich zu frewden mir erküre.

431   Mein starker zoren grymmer
      ist mir verswunden gar;
      sein wirt gedacht auch nymer
      gen euch, der stat und all der diet fürwar.
    5 diss habt et ir gar aine in gemachet.
      herr, nembt ewr manschaft hie von mir!
      des pleybt an eren ir der ungeschwachet.«

432   »Fürbas gen euch versprechen
      wil ich das nymmer tag.
      doch sollt ir es ee zechen,
      das sy vor von euch nemm mein herr und mag.

429,4 werdñ *b*   6 vergangñ *A*
430,2 der welde reichhait *bF*   3 wellte] wolt *b*   4 plos *vom Korrektor A*
431,7 ern *F*

429,4 das: ›*wenn*‹
431,5 in = der stat *und* der diet
432,1-7 *Es redet Lambegus.*

5 ob ir die dinng dann wellet kürzlich ennden,
nach meinem nefen Phariens
sollt ir umb dise sach schnelles besennden.«

433 Claudas bey seim garzune
her Phariens enpot
zwischen in dise suene
und das ain ende hiet ir aller not.
5 alls diser man erhort die lieben märe,
schnell rait er hin unnd wolt et selb
bey Claudas recht pesehen, wie dem wäre.

434 Ein gieng der ellens reiche.
er sach under dem zelld
sy sitzen mynigkleiche.
des nam in wunder gros von diser wellt.
5 do suend fraw Mynn ir aller neydlich hassen.
Phariens zu den füessen nyder
wolt sich drumb für den künig han gelassen.

435 Der künig im nicht gunde
des valles zu der erde.
auf hueb er in zu stunde.
[167ᵛᵇ] fle⟨he⟩lich er des zu dem ritter gerte,
5 das er et da sein manschaft wider neme.
er wolt sein herrn pesprechen ee;
es beschech dann, so er von in wider käme.

436 Sunst aller krieg verrichtet   K 110,16. P 19,29.
wardt da zu payder seytt,

432,5 wellt *b*, well *F*
434,5 aller] -r *vom Korrektor A*
435,2 erd *b*   4 gert *b*

435,6 sein herrn: *Plural*   7 *Phariens* (er 435,6) *will erst zum See zurückkehren und Rücksprache halten. Dort stirbt er plötzlich (440,6).*

vertuemet und verschlichtet.
das ward verkündet über all das landt weyt.
5 do wurden auch die drey dort ausgelassen,
die alle tag durch disen hass
ir leibes in vil swären sorgen sassen.

437   Gross frewd do wardt gesehen
in all der diet gemain.
Phariens gunde jehen,
er wolt des lassen nicht do überain,
5 er wolt zum Lack, die herr⟨e⟩n sein beschawen.
sein nefen und seinr sune zwen
nam er mit im und auch hiemit sein frawen.

438   Dise gesellschaft claine
tet er zum Lack hin füeren;
und do die frawe raine
zu ir die werden messeney gund spüren,
5 do ward erfrewet sy von disem mere.
der enpfank ward von ir so guet,
das es in nam mit alle gar ir schwäre.

439   Lionell der junng und fruetig
gen Phariens do was
ains tayles der unmuetig.
ye doch versuent fraw Mynne disen hass.
5 in daucht sein auswesen et vil zu lange;
do sagt man im diss mär gar alls,
wie das urleug het endt und anefange.

436,4 lande *b*
436,6 sun *F*
439,3 tails *bF*   5 dauch *b*

Awentewr, wie Lannzilet gewarb bey dem Lack, wie Phariens
starb und von der künigin von Gann *traym.*

440   Kurz weil maniger hannde
      in gemachet ward zu eren.
      alls wider haim zu lannde
      Phariens mit den seinen wollte keren,
    5 do kam ain sucht all gach in an gestossen,
      die in do machte lebens an.
      des hort man durch in klage die vil grossen.

441   Seine sun zwen beliben
      und auch die fraw peim Lack;   K 111,35. P 20,7.
      ir zeit sy da [168ᵐ] vertriben.
      Lambege was et seiner fräuden schlag.
    5 er tet sein nefen ane massen clagen;
      samm tet das lanndvolk alls gemain,
      da man in tet das mär zu rechte sagen.

442   *Nu* hört ain anders märe,
      wie dort zu Künigs Wal
      die künigin fräuden lere
      von senen durch ir kinder liten qual.
    5 der frawn von Gann zu ainer nacht entrawmbte,
      wie sy ain herr nämm bey ir hannde,
      mit dem sy schnelligklich das closter raumbte.

443   Sy daucht, wie sy gepflanzet
      ain garten vor ir säch,
      des lust in augen glanzet
      von pluemen, obs gezieret wunder späch,

Überschrift: trayb *A,* trawb *b,* traibe *F*
440,7 das *A;* clag *b*
442,1 Iu *A*   5 von] zū *b*   6 handt *b*
443,4 wunder] sunder *b*

Überschrift: traym = *mhd.* tröume

    5 darinn drey knaben, die sich bey den hennden viengen;
      in reicher wat zwen ritter stollz   K 113,5. P 20,10.
      mit in durch lust in diser grüene giengen.

444 Die künigin ir wol dachte,
      wie sy die ritter kanndt.
      zu in sy sich hin nachte.
      sy *sach,* das sy waren von irem lanndt:
    5 Phariens und Lambegus (was der annder)
      sy fragt von disen herr⟨e⟩n drein.
      der allt zuhand die herr⟨e⟩n junk die nannd er.

445 Sy daucht, von disen mären
      vor frewden ir geschwundt,
      das da ir kinder wären.
      nach dem ain gaches wachen ward ir kundt.
    5 do vandt sy in ir hanndt von gollt geschriben:
      ›Lannzilet, Bohort, Lionell.‹
      die namen drey guet zeit darinn beliben.

446 Ir swester sy diss zaigte
      und sagt ir die geschicht.
      gen got sy darumbe naigte.
      in paiden ir herzen sich gross freud auf richt.
    5 sy satzten all ir tuen in gottes mynne.
      in kürz darnach von Bonebick
      erstarb vil säligklich die küniginne.   K 113,25. P 20,19.

447 Got well ir geistes wallden,
      die anderen künigin
      in seinem schutz auch hallden.
      für an hört zu von herzigklicher mynn,
    5 die von dem Lack die edel [168ʳᵇ] raine truege

443,5 die sy bey henndñ *b*
444,4 sach] dacht *A;* jrm *F*
446,3 darūb *b*
447,5 edl *b*

dem jungen degen Lannzilet,   K 117,15. P 20,19.
den sy erzogen het mit schönem fuege.

448 Hört, wann der tugenthollde
zu walld mit seim geschutz
durch pirsen reiten wollte,
so was durch mynn die fraw nie des urtrutz,
5 wann er wider zu haws des abents quame,
mit mengen mynnigklich⟨en⟩ kus
und umbfank sy in ein ir arem name.

449 Ains tags die fraw⟨e⟩ raine
verdacht mit denken sass.
ir angst sy daucht nit claine.
des jungen schön, sterk, manhaitt sy do mas.
5 sy dacht: ›Vil mynn an nutz ich zu dir wennde.
so dir wirt kund recht ritterschaft,
so reytestu weg, lasst mich fräuden ellennde.

450 O got, das ich erkoren
dich hab mir zu aim trawt
unnd all mein mynn verloren
sol an dir sein. ich hab et auch gepawt
5 alls Tido mit Enea noch ir mere.
o we, fraw Mynn, ich mynnt euch ye.
ich sag, ich muess euch hassen noch vil sere.‹

451 Wainend zu pett sich legte   K 118,5. P 20,32.
die rain, keusch und gehewr.
ir herz gross jamer wegte.
in dem kam her vom walld der helld vil tewr.

448,4 des nie *b*
449,7 reitzt du *b*
450,2 ainĕ *b*

448,4 urtrutz = urdrutz ›überdrüssig‹   7 ein: vgl. 230,5.
450,5 noch ir mere: ›und noch mehr (Frauen mit ihren Liebhabern)‹

5   in wunndert ser, was dewtten dise märe,
    das die fraw nicht do zu im kam;
    das was et im in herzen gros ain swäre.

452   Der junge sprach: »Was wirret
      der liebsten frawen mein?
      hat sy yembt frewd verirret
      oder leydt sy von sucht icht sunder pein?
5   o got, was ist dem süessen weib bescheen?
      hat sy laid oder ungemach?«
      do gund ain clare mag⟨e⟩t zu im jehen:

453   »Herr, sy ist newes geganngen
      trawrig zer kem⟨e⟩nat.
      zäher auf liechten wangen
      aus augen wielen auf ir reiche wat.«
5   er jach: »Wer hat sy gemacht an freuden lere?«
      er eylt hin zu der frawen clar;
      die vand er wainend ser, so sagt das märe.

454   [168ᵛᵃ] Er sprach zu der vil rainen:
      »Sagt, keusche weybes frucht,
      was sol diss clagen hie maynen?
      durch ew⟨e⟩r weiplich er und raine zucht,
5   wer hat euch ycht getan solich⟨er⟩ layde?
      ewr clage all frewde mir benymbt.
      durch got sagt mirs, ee ich yetz von euch schaide!«

455   Hayss wainend sprach die zarte:
      »Was sol ich davon jehen?
      das mich trüebt also harte,

452,7 maget *bF*
453,1 news *bF*   7 wainde *bF*
454,3 clag *bF*   6 clag *bF*
455,3 das] des *A;* trübet so *bF*

das ist durch euch *mir* alles *gar* beschehen!«
5　ir clag mit rew sy annderwayd an vinge.
der jung ir wort an mass erschrack.
in disem muet er von der frawen ginge.

456　Er dacht: ›Was soll mein wesen
bey diser werden schar?
lieber ich ungenesen
wolt ymmer sein, ee sich mein frawe clar
5　durch mich an hochen freuden so verderbet.
solt ich zu unhail ir bleiben hie,
tausent meinr leib vil pesser weren ersterbet.‹

457　Allsus er sein gerayte,
paid pogen und auch swert
auf ain raveyte laytte.
urlabs er zu den werden alldo gert.
5　er wolt gar sunder bitt sich schayden dannen.
des ward betrüeb⟨e⟩t all der hof
umb in under den frawen und auch mannen.

458　Alls sich der ellens reiche
in seinen satel schwief,
sein fraw die tugentleiche
mit schnellem lauff den jungen anerief.
5　sy sprach: »Sag an, was ist dir nu zu synne?
willdu mich suss verwayset lan
und waist, das ich vor all der wellt dich mynne?«

459　Er sprach: »Durch ware mynne
wolt ich das haben getan

455,4 euch ain mir alles beschehen, ain *von anderer Hand nachgetra-*
gen A
456,6 peleibñ *b*
457,4 alldo] alld *b*　6 hof *auf Rasur A; fehlt b*
458,1 der] -r *vom Korrektor A*

456,4 *Mit diesem Vers bricht F endgültig ab.*

und mich schaiden von hinne,
das ich euch fürbas tet bey frewden lan.
5 solt ir sunst ungemach stät durch mich dullden,
lieber ain sper durch meinen leib
lidt ich, ee solichs kem von meinen schulden.«

460 Die fraw sprach traurigkl⟨e⟩ichen:
»Vil schönes küniges kindt!
durch got den genadenreichen
deiner rais und *auch* vert durch mich erwindt!
5 war woltestu, [168ᵛ] wann du mir ritzt von hawse?«
»Fraw, da wollt *ich* hin in Britann
zu hof reiten dem millten künig Artause.

461 Dem wolt ich auf genade
dienen mit willen geren.
ob mich geluckes rade
dar brächt, das er nach ritterlichen eren
5 durch seine wirde gros mich ritter machet,
so wär erfüllet all mein gird
und wär nicht, das an frewden mich dann swachet.«

462 »Mein ameys auserlesen,   K 119-124. P 21,14.
war senestu dich nach?
wer ritter recht wil wesen
(dem doch dein clare jugennt ist zu swach),
5 der darf wol, das er *sei* an wird volkummen,
keck, stark, manlich des leibes.
noch hastu ritters preys nicht wol vernumen.

463 Ain orden streng und herte
ist rechte ritterschaft
in payder handt geverte:

460,2 kunigs *b*   4 auch *fehlt A;* vert *auf Rasur A, fehlt b*   5 woltzt *b*
6 ich *fehlt Ab*
462,5 sei] sein *A*

in lieb, auch wer mit kumer ist pehafft,
5 dem sol sein hellf mit trewen sein verpunden.
das recht er hoch beschützen sol.
warhait in seinem mundt sol werden funden.

464   Ain lamp von keuschen siten,
senftmüetig, tugent vol,
dabey doch unnderschniten
ains leoen herz sein leib auch haben sol.
5 recht ritterschaft gar allen wirden obet
sunder all trug, stet und gerecht.«
sunst im die fraw die ritters fuere lobet.

465   »Wer ritterschaft tuet mynnen,
alls es zu recht sich pürt,
zer welt mag er gewynnen
vil preyses, das in auch dort nicht berüert
5 der helle weytz. ob er zu recht in halltet,
sunst hat er dort den engel lon
und das er hie auf erd mit eren alldet.«

466   »Fraw, ir habt mir gesag(e)t
von ritterlichen eren,
das er mir so behaget,
ich clag, das ich der wirden mues enperen.
5 nach disen eren mich ynnigklichen jamert.
[169ᵐ] weil ich der wird enperen mues,
so ist unfrewd in herzen mir verklamert.«

467   Sy sprach: »Seyd du dich senest
allsus nach hochen sachen,

464,7 lobte *b*
465,4 in auch *nachträglich A,* auch in *b*   6 engl *b*

465,5 in: *zu beziehen auf* preys.
466,3 er: *Wiederholung von* eren *im Singular? Oder ist noch immer das
masc.* ritters preys *(462,7; 465,4) in Erinnerung?*

damit du mir entwenest
der frewden vil unnd willd gross clag mir machen,
5 doch wil des willens ich dich nymmer wenden,
seyd das dein gird nach eren strebt,
wie du doch mich an frewden gros wirst pfennden.«

468 Noch het er nye vernumen
sein namen noch sein art,
auch wie er dar was kumen.
er sprach: »Hört, mynnigkliche fraw⟨e⟩ zart,
5 mein nam noch künn ward mir noch nie erkennet.
sagt mir durch ew⟨e⟩r raine güet,
wie man mich doch hat in dem tauff genennet!«

469 Sy sprach: »Zu anndern zeiten
hernach wirstu sein inn!
ain zeit vil clain du peyten
noch muesst, bys es et rechten fueg gewinn.
5 so schirist kumbt Sand Johanns sunewennden,   K 124,29.
so pring ich zu Pritony dich,   P 21,20.
da du dann magst den willen dein volennden.«

Awentewr, wie die fraw vom Lack Lannzilet aus rüsst unnd mit
im kam in Pritony zu dem künig Artaus.

470 Die clar und mynigkleiche
sich richt zu diser vart
mit ors und claidern reiche.   K 125,10. P 21,21.
an hocher kostumb sy et lützel spart,
5 wann sy den helld wollt füeren hin zu lannde
Artus dem künig von Britan,
das man ir vart mit reichait gros erkannde.

468,7 mich hat doch *b*

467,7 wie = *mhd.* swie

471 Alls nu die zeit hernachte,
das sy den helld wolt füeren
zum künig hoher achte,
ir milld und tugent liess sy aber spüeren.
5 sunst richt von haws sich aus die kewsch und raine
mit menger maget mynnigkliche,
das man ir rais an kost nicht achtet klaine.

472 [169ʳᵇ] Nu hort die fraw⟨e⟩ sagen,
zu Lagers in dem lannd
wollt Artus krone tragen
zu Gamaheloth der stat zu hannt.   K 125,34. P 21,25.
5 die fraw mit ir masseney dar tet keren.
nu fuegt sich, das durch panichen rait
zu velld Artus mit menichen fürsten, herr⟨e⟩n.

473 Kurzweil maniger hannde
zu velld sy ane vingen.
ir augen wardt erkannde
zway ors, die aus dem walld her gen im gingen,
5 ain par sy truegen, darinn ain ritter wunde.
alls Artus in suss kumen sach,
rayt er zu disem ritter all zu stunde.

474 Alls er erfuer diss märe,
er fragt, wie er zer not
und solichen kumen wäre.

471,6 myñiklich *b*
472,7 menchem *b*
474,1 erfuer] er- *auf Rasur A*

472,4 *Der Vers ist eine Silbe zu kurz; auftaktlos?*
473,3 augen *ist Dativ, der Singular* wardt *wohl so zu verstehen, daß die gesehene Gruppe zunächst als Einheit begriffen und dann erst in ihrer Zusammensetzung entfaltet wird.*
474,2–3 *Zeugma:* ›wie er in die Notlage geraten und auf solche Weise hergekommen sei.‹

der ritter des dem künig antwurt pot:
5 »Ain stuck ains schwerts mir in meim haubt noch stecket,
ains spers drunzun durch meinen leib,
davon mir smerz vil gros ist auferwecket.

475 Ob mich die not solt fliehen,
hört, edler künig her,
so mues ain ritter ziehen   K 126,34. P 21,34.
mir aus dem haubt das stuck und auch dises sper.«
5 der künig jach: »Des leibes ungesunde
sollt ir die lenng nicht wesen mer.«
des antwurt im wider *der* ritter wunde:

476 »Hört, edler künig und herre,
wie es hierumbe stat.
ich bin her kumen verre,
das menger ritter et hellfe mich erlat.
5 wer meiner gnist gert, der sol mir versprechen: K 127,2. P 22,2.
wer sprech, das er mich hass für den,
der mich ee wundt, das ers well an im rechen.«

477 »Mein trew so hoch versetzen
wil ich nicht gen den dingen.
kund ich euch sunst ergetzen,
davon sich ew⟨e⟩r swär ains tails tet ringen.
5 man sol an guet gemach euch hinnen füeren.
hie ist meng küener ritter stollz.
wais got, euch möcht noch hayles vil p⟨e⟩rüeren.«

478 Sunst in die stat man brachte
den schadenhafften man.

474,5 meinē *b*
475,1 sol *b*   4 diss *b*   5 vngesunde] vn- *vom Korrektor A*   7 im wider] im
wi- *auf Rasur A; der fehlt A*

476,4 das: ›weil‹

menigklich [169ᵛᵃ] das betrachte,
wie im wurd eren und guetes vil getan.
5 zu velld sy retten vil von disen dingen,
das er annders nicht hellfe gerte,
wann alls ich sprach, und sich solich not liess zwingen.

479 Under all disen zeiten,
alls ir yetz habt vernumen,
und alls der künig wollte reyten
zu hawse haim, so sicht man dort her kumen
5 die frawen vom Lack mit all ir messeneye.   K 128,1. P 22,10.
ir aller wat also erglenzt,
alls ritens aus der engel ieracheye.

480 Den künig michel wunder
ab irer raise nam.
er markte all besunder
ain frawen, der durch gros ir reichait zam,
5 das gar ir aigen dise diete wäre.
das es die fraw wär von dem Lack,
ain garzun sagt dem künig dise märe.

481 Artus tet do bewegen
fürsten unnd all die seinen,
mit den er rayt zugegen
der frawen clar. do sach gros zucht man scheinen.
5 Artus mit schoy enpfienng die mynnigkl⟨e⟩ichen;
suss tett auch Ginofer die rain,
nach dem ir masseneye auch des geleichen.

478,6 gert *b*
479,3 wolt *b*   5 frawn *b*
480,5 diet *b*
481,5 schoy] schon *b*

480,4 ir reichhait: *Genitiv, abhängig von* gros

482   Ir dank auch nicht verswigen
wardt von ir süessen mundt
und züchtigklich genigen.
Artus jach: »Fraw, tuet ew⟨e⟩r rais mir kundt!
5 in meinem reich hab ich lanng nicht vernumen
kain lieberen gast dann ir mir seydt.«
sy sprach: »Ich bin auf genad her zu euch kumen.

483   Ich hab von kindes paine
ain hellden junk erzogen,
von siten keusch und raine,
an aller fuere auch vil unbetrogen,
5 des gird stet strebt nach ritterleichen eren.
wie ichs gen euch gediente nye,
bitt ich euch, das ainer pet ir mich wellt weren

484   unnd in wellt ritter machen.   K 129,7. P 22,15.
so wil ich mit meim guet
in hie alsus besachen,
das er volstrecken mag [169ᵛᵇ] den seinen muet,
5 ja ob er sich mitt reichait wil lan schawen.
hiemit wil ich mich schaiden hinn.«
des antwurt Artus der vil claren frawen:

485   »Das beschicht fürwar, fraw, nymmer,
das ich euch suss lass reyten.
ich dien es umb euch ymmer,
das ir beleibt. ich wil in kurzen zeiten
5 durch euch orden der ritterschaft im geben.«
sy jach: »Herr, hiet es fueg und zeit,
ich tetz alls gern, alls ich zer wellt wollt leben!

482,7 zu euch kumē *auf Rasur A;* sy spᵃch hˢr ich bin auf gnad hˢ kumen *b*
483,7 gewerñ *b*
485,4 irs *b*

486   So mags zu disen zeiten
       nicht haben fueg noch stat,
       wann das ich hin mues reiten.«
       was sy der künig und annders yemant pat,
    5 das kundt vervahen nicht *in kainen* weise.
       sy jach: »Lat euch bevolhen sein
       den hellden junk durch ew⟨e⟩r er und preyse.«

Awentewr, wie Lannzilet zu ritter gemacht wardt unnd wie dem
wundten ritter geholfen wardt, das er genas.

487   Die fraw⟨e⟩ mynnigkleiche
       nam sunder an ain ort
       den jungen ellensreiche,
       mit im Lionel und darzu Bohort,
    5 die nefen sein. mit menger gueten lere
       sagt sy, wie er zu aller diet
       werben solt nach vil ritterlicher ere.

488   »Züchtig gen rainen weyben
       solltu dich allzeit hallten!
       sy künnen laid vertreiben.
       wirt dir ir hulld, du macht wol frolich allden.
    5 dein grues gen werder diet sey auch gemayne.
       wo du hörst clag⟨e⟩pare weib,
       in nöten soltu der verlassen kaine.

489   Pis senft, still, wol gezogen,
       trew, milld in rechten massen,
       mit rede unbetrogen.
       der sit solltu dich allzeit vinden lassen.
    5 nu hastu meinen rat vil wol vernumen.

486,5 in kainen] euch ainen *A*
Überschrift: wuntem *b*
488,5 diet *vom Korrektor A, fehlt b*
489,3 red *b*

hab got vor augen, das mag dir wol
an eren und an hoher sällde frumen.«

490 Sunst sy den jung⟨e⟩linge
　　suess kusst an seinen munde.　　　　　　K 130,35. P 22,26.
　　darzu sy in umb vinge
　　mit armen plank. – fraw Mynn, mir ward nie kunde,
5　ob ich wär zu Sand Jacob ausgerayset,
　　zu Rom oder hin zu Dolet:
　　[170ᵇ] solichs urlabs was et ich ye der verwayset.

491 Mein not genueg dick ich mellde,
　　wie es zu nicht verfacht:
　　nur spot mein widergellte
　　was noch ye herr. ir habt es darzu pracht,
5　fraw Mynn, das ich davon nicht mer tar jehen.
　　sy sprach: »Ich wen, du tobig seyst.
　　oder ist dir zu layd sunst icht beschehen?

492 Ich wen, der allp dich triegen
　　well alls die zauber weib,
　　die pilwis weys hin fliegen.
　　durch got aus dir selb solichen spot nicht treyb.
5　an geleicher mass lass du dich wol benüegen!
　　die mynn von allso werder frucht
　　tuet nicht wann hochgeporner frucht zufüegen.«

493 Sol ichs dann alles helen,
　　was mich zwingt solicher swär,

489,7 an² *fehlt b*
490,2 mund *b*　4 kund *b*
491,1 gnueg *b*
492,5 lasst *A*
493,1 ich *b*　2 swere *b*

492,1–3 ›*Ich glaube, der Alb will dich betrügen wie auch die Hexen, die in
　　Koboldsmanier fliegen.*‹

so wil ichs fort bevelen
Hannsen Peffenhawser und dem Pretschlaipfer.
5 die hannd solicher unmuess vor dick bestannden.
fraw Mynn, den krieg ich hie begib
und nymm mein werk mit sag wider zu hannden. -

494 Die fraw zu künig Artause
alldo nach urlab sprach,
wollt widerumb zu hause,
wie es alldo durch not vil kaum geschach.
5 sy bevalch dem künig ser den jungen frechen.
alls sy urlabs auch zu im gert,
do gunden vil zäher ir aus augen prechen.

493,4 Hanns *b*   5 solich *b*   7 werk mit *fehlt b*

493,4 Peffenhawser ... Pretschlaipfer: *Die Pfeffenhauser oder Peffenhauser (benannt nach Pfeffenhausen im Landkreis Landshut), eine seit 1425 landständische niederbayerische Familie, besaßen in München seit mindestens 1482 bis 1611 das Haus Residenzstraße 2 (Ecke Max-Joseph-Platz), an dessen Stelle im 18. Jahrhundert das Törring-Palais entstand, das Leo von Klenze 1836 zur sogenannten Hauptpost umbaute. Nur wenige Schritte entfernt wohnte Ulrich Fuetrer als Hauseigentümer von Residenzstraße 15 in den letzten beiden Jahrzehnten des 15. Jahrhunderts. Der Ritter und Hofmeister Hans von Pfeffenhausen zu Reichersbeuern wird in 6 Urkunden des Stadtarchivs aus dem Jahr 1502 im Zusammenhang mit der Organisation einer großen Spendenaktion zum Ankauf von Getreide für arme Leute erwähnt. 1511 läßt Kaiser Maximilian durch ihn der Stadt München einen Brief zustellen. Die Pretschlaipfer (benannt nach Brettschleipfen in der Gemeinde Tuntenhausen des Landkreises Rosenheim) waren eine seit 1374 landständische oberbayerische Familie. Ein Ulrich saß 1341 im Münchener Rat, 1402 erscheint die Familie als Gläubiger der bayerischen Herzöge. 1486-1489 wird in den Urkunden des Stadtarchivs München dreimal die Witwe Martha des Starnberger Pflegers Balthasar Pretschlaipfer von Tuntenhausen erwähnt, die der berühmten Münchener Familie Ridler entstammt. - Ich danke Herrn Dr. Morenz vom Stadtarchiv München für diese Hinweise.*

495   Ir liecht unnd reich gewannde
      ward von ir waynen nas.
      vil dick auch ir geswannde.   K 131,1.
      Bohort unnd Lionel beschach auch das.
    5 sunst schieden sy sich do mit nöten grossen.
      Artus nu hin zu hofe rait
      und fuert mit im den jungen schanden plossen.

496   Her Yban im ward geben,
      der in solt fuege *leren,*
      auch wie er sollte leben,
      wann er nu kem zu ritterlichen eren.
    5 mit frewden er sich unnderwandt des jungen,
      der durch sein *zird* und klares vel
      gelobet ward von maniger werden zungen.

497   [170ʳᵇ] Der jung do an der stunde
      hin für den künig trat.
      aus rot und süessem munde
      er in mit fle des innigklichen pat,
    5 das er zem nagsten suntag im wollt geben
      den orden edler ritterschaft;
      das dient er umb in, weil er hiet sein leben.

498   Der künig jach: »Vil geren
      so wil ich diser pett
      mit willen euch geweren.«
      reichlich russt man in darzu an der stet.
    5 zu her Yban sannd do die küniginne,   K 132,19. P 22,35.
      das er in pracht auf das palas,
      wenn sy im durch sein clarhait trueg vil mynne.

496,2 lerneñ *A*   6 zird] gird *Ab;* vel *oder* vol *A,* vol *b*
497,6 den] der *b*

496,6 gird *vermutlich aus* czird *verlesen.*

499 Nur alls her Yban brachte
    aufs palas disen fiess,
    zuhannd fraw Mynn dar gachte;
    der mynne flam sy im zu herzen stiess.
    5 nie mynn durch mynn erleschen mocht das prynnen.
    Amor, Cupido schurten zu,
    das dise mynn nie mynn mocht überklimmen.

500 Vor allen frawen geschonet
    so was die künigin;
    in engels weis gekronet
    sass sy in reicher wat. ir was zu synn,
    5 das sy nie mensch so claren sech mit augen.
    samm jahen die frawen all geleich.
    des trueg sy im in herzen mynne taugen. –

501 Sagt mir, fraw Mynn, wie hanndelt
    ir hie mit disen dingen?
    secht, wie der helld verwannd⟨e⟩lt
    sein varb so dick! der mynne purd im ringen
    5 solt ir, wann sy im ist ains tails zu swäre!
    nu höret mich auch hie, fraw Er,
    mich dunkt ir mynn ains tails sein zu gefere. –

502 Wol merkt die küniginne,
    das im sein herz⟨e⟩ pran
    strenng nach ir süessen mynne.
    umb das sy es nit merken wollte lan,
    5 ging sy zu kem⟨e⟩naten schnelles wider.   K 133,20. P 23,5.
    yedoch ir mynn und *süessen* plick
    er mynnte ane wank mit stät ye sider.

499,7 klimen] kli- *auf Rasur A*
500,3 engls *b*   7 des] das *b*
502,6 süsser *Ab*

499,1 Nur: nu *mit* -r *als Hiattrenner*

503   Nu was der tag auch kumen,
    das er swert solt⟨e⟩ laitten,
    alls irs ee habt vernumen.
    reichlich tet man sich zu der vesst beraitten.
  5 alls her Iban in zum thuem wollte füeren,
    do kumen sy auf ain palas.
    ain smack aislich der junge [170ᵛᵃ] helld tet spüren.

504   Von dem smack seiner krefte
    vil nach er was gesigen.
    so sicht er gar notheffte
    den ritter wundt an ainem pett dort ligen,
  5 den Artus auf der ors par vand zu wallde.
    der junge fragt in seiner swär.
    die sagt er im. er jach: »Ich hillf euch pallde.

505   So ich nach rechtem orden
    hab schiltes ambt enpfangen
    und ich bin ritter worden
    – bys der zeit habet nicht zu ser verlangen –
  5 so kumm ich und zeuch euch aus ewrem leibe
    das swertes stuck und das drunzun,
    oder ich sey in acht aller rainer weibe.«

506   Mit fürsten unnd baronen
    der künig zu münster ging.   K 134,36. P 23,12.
    vil junger wolgetanen
    hie waren, der yeder des tags enpfieng
  5 ir ritters recht. nach des fron ambtes segen
    Artus in umbe gurte swert.
    diss het versaumbt der junng und stollz⟨e⟩ degen.

503,5 zum thuem in *b*
504,2 pesigñ *b*   4 an *nachgetragen Ab*

503,4 zu der vesst: ›*in der Burg*‹

507 Nu alls er het enpfangen
    der ritterschefte schlag,
    an stund er kam gegangen,
    do jener ritter vil unkreftig lag,
  5 und zoch im aus der wunden swert und spere.
    doch schwuer er zu den heiligen im,
    das er in räch, alls im stüende sein gere.

508 Diss ward zu tisch gesaget
    vor menigem küenen mann.
    der künig ser das claget.
    der dinng er schulget do den helld Yban.
  5 der jach, er hett der dinng et gar kain schullde.
    »ich verlos in, ich enwest wie,
    do er diss tet, so geste mir gottes hullde!«

509 Wie all den dingen wäre –
    erzt pracht man dar zu hanndt,
    machten, davon alle swäre
    dem ritter in vil kurzer zeit verswandt.
  5 do er genesen was wol seiner wunden,
    er gnadt dem künig, das er alldo
    seins leib⟨e⟩s not het losung bey im funden.

Awentewr, wie ain ritter an Artus hof kam, den die fraw von
Noaus dar umb hillf gesanndt hete.

510 [170ᵛᵇ] Als man vol het gesungen
    und was zu tisch gesessen –
    wer sein zeit het gerungen

507,1 Nur *b*   7 stunde, -e *vom Korrektor A,* stund *b;* seinr *b*
508,2 mengem *b*   5 schulgde *b*
509,2 prächt *A*   3 alle *A*
510,2 gesessn *b*

nach eren, des ward do durch nicht vergessen –,
5   in dem ain ritter kumbt dort her geganngen.   K 136,30. P 23,22.
vom künig und der messeney
ward er durch zucht vil wirdigklich enpfangen.

511   »Got sol den künig hallten,«
so redt der valsches frey,
»die küniginne allden
mit frewden sol, und all die messeney
5   mües got mit seinen genaden gros besachen.
ich dinng, das ewr beruembter preys
gen meiner frawen clag helflich well wachen.

512   Nu hört, was sey ir clage,
vil edler künig Artaus,
die sy zwingt alle tage,
die claren künigin her von Noaus.
5   die behergt der künig von Norchumerlannde.
zu unrecht spricht er ir an den leib;
umb diss umb hellf sy mich her zu euch sannde.

513   Zwischen in ist gedinget,
das er wochen vier peytt,
ob sy ain ritter pringet,
der ir beste ain ritter küen durch streyt.
5   zwen oder drey, was sy der mag gelaisten,
alls mengen ritter hat auch er.
umb den werr sollen gesigen doch die maisten.«

510,4 do *fehlt b*   7 zuch *b*
511,5 seiñ *b*
512,5 behergt *zum Teil auf Rasur A*   6 sprichet *b*   7 zu *nachträglich A*
513,7 den werr *vom Korrektor A*

513,7 ›Doch muß dann (im Fall von mehreren Kämpfern) die Mehrzahl im
Kampf siegen.‹ Die Seite gewinnt, die die meisten Einzelsieger hat.

514 Do sein red het ain ende,
    der junge helld do auf sprang;
    für den künig behennde
    nach diser awentewer er do dranng
  5 und jach: »Wellt ir unfräwden mich berauben,
    ich pit euch, herr, das ir die vart   K 137,16. P 23,32.
    durch ew⟨e⟩r er mir wellet hie erlauben.«

515 Dem künig er so twannge
    an hielt mit disem pet.
    wie ers im werte lannge,
    zum jungsten ers doch durch sein girde tet.
  5 zu stund ain garzun junk er do besannde.
    er sprach, das er zu walde hinn
    im füerte sper, schilt und sein streytgewannde.

516 Mit dem er urlabs gerte
    zum künig valsches frey.
    sein schaiden trawren [171ra] lerte
    meng clares weib, mit all die masseney.
  5 er kam ins palas zu der küniginne,   K 138,33. P 23,35
    der urlab er gar sunder gert,
    wann gen ir in ser panndt die strennge mynne.

517 Der küniginne augen,
    alls er urlab⟨e⟩s gerte,
    ir über wielen taugen;
    (meinen herren solich trinkvas weren unwerdt,
  5 die also stätigklichen vor im runen
    alls *ir* vil zarte äuglin clar,
    die gleich teten dem quelennden keck prunnen).

514,1 Do] Ee *b;* ain *vom Korrektor A,* vol *b*   2 do *nachträglich A*   4 awˢ
A, awentewr *b*
517,2 gert *b*   4 meinē hrˢn solich *vom Korrektor A;* mein *b;* trunckvas *b;*
enwerdt *b*   6 er *A*

515,1 twannge *Akk. Pl.?*

518 »Nu hör, mein trawt ameyse«,
     die künigin gunnd jehen,
     »wo du ain wirbst nach preyse,
     das lass et gar in meinem dinst beschehen
   5 und bys mein ritter, wa du der lannd tuest keren.«
     fraw Mynne aldo ir herz enzundt,
     die tet mit stät bys an ir ende weren.

519 Fraw Mynn, ir habt verstricket
     zway herz in ainen pundt.
     die künigin er an plicket,
     davon sein küenes herz wardt mynne wundt.
   5 er sprach: »Got halt ewr er, auch disen frawen,
     die wonen hie in disem sal,
     der aller wird an eren ist unverhawen.«

520 Sunst wolt er sich zu hannde
     vom hof yetz schaiden dann.
     her Iban der weygannde
     sprach: »Herr, ir sollt den vollen euch vor lan
   5 das ritterliche swert zer seitten spannen,   K 139,33. P 24,7.
     das ir versaumbte hewte frue.
     so vart darnach ir wol mit eren dannen.«

521 Er sprach: »Mir füert zu wallde
     ain knab mein streitlich gwanndt;
     nach dem reit ich vil pallde.
     nu wisst, ich kum her wider all zuhanndt.«
   5 sunst rait von im der junge helld vil fruete.
     das er sollt kumen wider dar,
     das was dem degen kainen weys zu muete.

522 Er dacht: ›Mich mues besachen
     fürwar ain anndere hanndt   K 140,3. P 24,10.

518,1 trawt] schön *b*   3 ain] noch *b*
522,2 andre *b*

520,6 *Bezug: Str. 506*

und mich vol ritter machen.‹
zu seiner gesellschaft rait er da, alls ers vandt.
5 den raw, das ers zumm künig ye het geworben.
er dacht, das seiner frawen not
mit hellf an disem ritter wär verdorben.

523 [171ᵛᵇ] Sy sagten maniger hannde
des tags vil frömbder mär.
do fragt der jung weygannde,
war durch die fraw zu nöten kumen wär.
5 der ritter sagt, warumb sy wär besessen,
wie ir der künig spräch an den leib,
auch wie er sich drumb da kampfs hiet vermessen.

524 Er wollt durch nicht auch haben
noch ritterlichen namen,
sunder nannt sich ain knaben.
ains tags zu walld an ainem weg sy kamen;
5 der ritter maid die strass, rait aus zer seitten.
der knab in fragt, warumb er nicht
die richt der strassen für sich wollte reyten.

Awentewr, wie Lannzilet ain magd in ainem lack erlost unnd
aine unnder ainem gezellt, die er der küniginn von Pritony
schickt, unnd wie im die künigin sein ritterlich schwert nach
schickt.

525 Er sprach: »Ain abentew⟨e⟩r
ist hie auf disem weg,

522,4 alls *fehlt b*
523,7 sich da kampfs hiet drumb *b*

522,5 den: *der Ritter der Königin von Noaus*
Überschrift: *Beginn des Abenteuers 'Die Dolorose Garde' im 'Prosa-Lancelot' (K 140).*

zerholen ungehew⟨e⟩r:
ain ritter stolz ain magt hat in seiner pfleg.
5 die lat er kainen man durch nichte schawen.
wer dar kumbt, der erholt nicht mer,
dann das er wirt an preyse der verhawen.«

526 Der knab sprach: »Diser frayse
kan ich darumb nit achten;
zu im get hin mein raise.
wer wil nach ritterlichen eren trachten,
5 der dorf nicht solicher not durch vorcht scheyhen.
ich sturb, ee ich nicht rite dar.
solt man der vorcht vor werder diet mich zeyhen?«

527 »Wellt irs dann nicht enperen
so thue ichs euch enpunnen;
doch wil ich mit euch keren.«
riten entsam, sahen ain claren prunnen.   K 141,10. P 24,17.
5 der ritter jach: »Nicht forter wil ich reyten.
secht ir, herr, dort das schöne zellt?
ob irs begert, da vindt ir wol zu streiten.«

528 Seim orse pas er gurte;
manlich er darauf sass.
ain sper gros stark er fuerte;
hin zu dem zellt so rayt der valsches las.
5 er vand ain ritter da von stolzem muete.
ain fraw was in dem pavilum.
[171ᵛᵃ] durch seinen preys pflag er ir da mit huete.

529 Zu hanndt der lob⟨e⟩päre
den ritter alldo fragt,

525,7 preys *b*
526,5 vorchte *b*
528,4 der *auf Rasur A*

528,5 *Der Name des Ritters, Manndragois, wird erst 578,1 genannt.*

wer in dem zellde wäre.
er jach: »Das ist ain wunnigliche magt.«
5 der knab⟨e⟩ jach: »Herr, lasst mich sy gesehen!«
der ritter sprach: »In kainen weis
mag es zu disen zeiten nicht beschehen.

530 Gemachs sy yetzunt pfliget
durch rue an ainem pett.
ain zeit vil clain sy liget«,
allsus zu disem knaben stolz er redt.
5 »nach clainer zeit mügt ir her wider kumen.
gert ir meiner frawen zu sehen dann,
so wirt ewr will von mir euch nicht benumen.«

531 Durch das er fürbas kerte;
da tet er vor im schawen
ain zellt reichait geherte.
darpey sach er vier mynnigklich junkfrawen.
5 aine die sprach: »Für war mag ich wol jehen,
ich hab bey meiner zeit nicht mer
ain man so schön alls disen hie gesehen.

532 Wer er des muets der massen
alls clar im ist der leib,
so hiet ers nicht gelassen,
er hiet beschawet das mynigkliche weib
5 dort underm zellt. durch pleykait sein⟨e⟩s muetes
muesst er vermeyden disen preys.
wers sicht, bey nam mues sein et etwas fruetes.«

533 Der wort sich schamte sere
der junng und stolz⟨e⟩ man.

529,5 sy *nachträglich A, fehlt b*
531,7 disn *b*
532,5 vnd⁵ *b;* plodigkait *b*

532,5 pleykait = *mhd.* blûcheit, bliukeit ›*Schüchternheit*‹

wider er nam sein kere,   K 142,21. P 24,32.
wollt unnderm zellt die frawen gesehen han.
5 do was der ritter mit der magt verloren.
er enwesste, war yedes kam.
des ward von schulden im an massen zoren.

534 Nu wollt er nicht erwinden,
er wolt zu jenen magten,
die er noch wandt dort vinden,
die von seiner schön und seim unpreyse sagten.
5 ir zellt vand er auch aller diet gar läre.
was er sy suechte dort und hie,
so vand er nicht. diss was seim herzen swäre.

535 [171ᵛᵇ] Der jung und vil gehewre
schätzt im zu ungeluck
diss frembde abentewre.
zu jenem ritter widerumb zu rugk
5 rait er und jach: »Meinr frawen solt ir sagen
mein dinst mit ganzen trewen
und das ich nach euch kumm in kurzen tagen.

536 Die awentew⟨e⟩r ennden
wil ich, wie es drumb stat,
das mag mich niembt erwenden,
das mich der ritter so betrogen hat.
5 die awentewr von mir noch wirt gesuechet,
ich setz zu puess im der geschicht
oder mein höchster preys der sey verfluechet.«

537 Sunst ritens von einannder.
Lannzilet rait zu walld;

533,6 war ir yedes *b*
534,4 seinr schöne *b*
536,3 des *b*   5 abenter *A*   7 hochtˢ *A*

ain ritter darinn vand er,
der fragt von seiner rais. der ellens pald
5 sprach: »Herr, ich ger ain abentewr zu holen:
ain magt ich vand under ainem zelld,
die hat ain ritter mir newes daraus verstolen.«

538 Do sprach der vil gehewre:
»Kumbt dann, ich weis euch schier
ain frembde awentewre.
ob ir durch ritters preys wolt helfen mir,
5 ich liess euch ain vil clare heynat schawen.
zwen ritter füerens aus aim lack,   K 143,25. P 25,4.
wer sy gewindt, der mues vor hellme hawen.

539 Die keusche ligt gefangen
in ainer poyen starken,
des mich ser tuet verlanngen.
zu abent her an lanndt in ainer barken
5 füeren sy die vil rainen mynigkl⟨e⟩ichen.
ob ir den ainen wolt bestan,
dem andern kampfes wolt ich nicht entweichen.

540 All durch ewr selbers ere
globt mir des mit vianz,
das ir die keusch und here
mir lasst füran mit stäten trewen gannz!
5 glob ich euch, das ich euch wil weysen moren,
das ir sehet ritter und magt,
die ir in jenem zelld dort habt verloren.«

537,7 news *b*
538,7 helm *b*
539,1 keusch *b*
540,7 verlorn *b*

538,5 heynat = *mhd.* hînaht

541   »Mein dinst euch sey gesellet,
      ob das et mag beschehen;
      und füert mich, [172ᵛᵃ] war ir wellet,
      das ich nur müg die claren magt gesehen.«
    5 sunst ritens zu dem werd und Lack zuhannde.
      sy harten vil unlange do,
      so fueren die ritter zwen die magt zu lannde.

542   Dise zwen degen millde
      rüssten sich mit ir speren;
      Lannzillet sunder schillde
      den sein gestreiten der thiost wollte weren.
    5 die ors mit sporen zen seitten sy do namen.
      Lannzilet wardt der achsel wundt;
      so lag sein gadt unwissent auf dem samen.

543   Samm tet auch sein geselle,
      das ors und man zer erd
      lagen paid mit gevelle.
      Lannzilet jach: »Herr, lanngt her ew⟨e⟩r swert!
    5 die ritter payd wil ich et ain bestreiten.«
      alls im das swerdt zer hennde wardt,
      manlich zwanng er die helld in kurzen zeiten.

544   Lannzilet sprach: »Schnell, pringet
      mir dise maget her!
      darwider nicht enringet!«
      ainer jach: »Seid euch ist der ding so ger,
    5 so sol sy ew⟨e⟩r hie des wol geniessen.

542,6 der] zer *b*

541,7 fueren: *Früher Beleg für transitives* varn? *Oder ist* füeren *als praesens historicum oder* fuerten *zu schreiben?*
542,7 gadt: ›Genosse‹, *hier:* ›Gegner‹

nembt die schlüssel, sprecht, das sy selb   K 144,24. P 25,20.
sich aus den panden thue damit entschliessen!«

545 Da die awentewr errungen
do von dem hellden ward,
zu haws fuert er den jungen,
mit im die mynigklichen junkfrawen zart.
5 nu morgens, alls die sunn erst gunde her glitzen,
fuert er den hellden für den walld.
do sach er vor dem zelld den ritter sitzen.

546 Den helem schnell zu haubet
der junge helld do panndt.
an manhait der unbetaubet
rait zu dem pavilun. er sprach: »Ermannt   K 145,18. P 25,24
5 seyd noch der wort, alls ir necht tet verjehen,
ir wollt mir weysen dise magt.«
jenr sprach: »Das mag nicht sunder streyt beschehen!«

547 »So wappent euch enzeiten,
diss mag nicht annders wesen,
soll ichs [172ᵇ] ab euch erstreiten.«
der ritter sprach: »Noch mynner dann ain vesen
5 geb ich durch euch, ob ir zürn⟨e⟩t all vasste.«
sunder wappen, nur schilt und sper
wolt er mit streyt kumen gen disem gasste.

548 Sein sper der ritter seygen
liess gen dem stollzen jungen,
der seins auch dar tet neigen.

546, 1 hellm *b*
548, 3 seines *b*

545, 7 den ritter: *Manndragois.*
547, 6 schilt und sper, *nur scheinbar absoluter Akkusativ, ist eher Ellipse:
die negative Präposition* sunder *steht zugleich für die positive Präposition* mit.

von rabine ir ors mit hurte sprungen.
5 do wurden sper in drunzun klain verswendet,
mit den der ritter flügelinng
zer erden mit der thiost wardt gesenndet.

549   Gar sunder witz *gestrecket*
lag er auf disem plan.
durch sein achsel im recket
ain drunzun lank. do erpaist der junge man
5 und zwang den held alls, des er selber wollte.
sunst gieng er zu der maget clar.
der wat erglenzt von stain und liechtem gollde.

550   Er sprach zu seim geferten:
»Herr, welt ir ewren preys
an euch und mir volherten,
so nembt die keuschen maget vil kurteys,
5 und füert sy in Pritonn der küniginne;   K 146,17. P 26,2.
sagt, das ich ir senndt dise gab,
es sey meins ersten ritters streyts gewinne.

551   Sagt ir mein dinst mit trewen!
mein herz des zu ir gert,
das sy mir frewd well newen
und mir her sendt zer ritterschaft ain swert
5 und mich von ir genaden welle ritter machen.
ob das beschicht, so mag mein herz
gen ir allzeit in hochen eren wachen.«

552   »Was ir mir, herr⟨e⟩, saget,
wirb ich zu vleyse gar.«
hie mit er nam die maget,

549,1 gestercket *A*   7 liechtem] edlm̄ *b*
550,3 mir vnd euch *b*
551,5 gnaden *b;* well *b*

548,4 rabine: *das Anrennen des Streitrosses.*

pracht sy mit eręn der küniginne clar.
5   die sanndt ain swert im scharf, stark, darzu vesste;
golld und g⟨e⟩stains vil daran lag.
was er ir sach, so was diss gar das pesste.

553   Erst sich ain ritter nande
der degen unverzagt.
zu Noaus in das lannde
[172ʳᵃ] rait er. der künigin das mer man sagt,
5   der ward von seiner kunft trawrens vil zerstöret.
wie er die magt mit streyt gewan,
het sy zu end⟨e⟩ alles gar gehöret.

554   Die künigin geganngen
kam gen ir lieben gast.
von *ir* er wardt enpfangen.   K 147,9. P 26,9.
frawen und magt do hetten lützel rast.
5   sumlich schillt, swert und wappen von im truegen,
ettlich im wasser langten her,
damit den eyser ram sy von im zwuegen.

555   Aller erst die frawęn wunder
von seiner schöne sahen;
ettlich von mynne zunder
ain flamme irem herzen trueg vil nahen.
5   er sprach: »Fraw küniginne, was euch wirret,
das lasset ennden mich mit streit,
wann ir seydt helf von mir die unverirret.«

556   Sy sprach: »Zu annderęn stunden
so clag ich euch mein not.

552,4 kunigin *b*   5 im *nachträglich A,* starck scharf *b*
554,3 irer er *A*   7 den eyser ram sy damit *b*
555,7 die *fehlt b*

552,7 ›*Was er je an Schwertern gesehen hatte*‹

ir tragt von streyt noch wunden,
die ich noch spür von frischem bluet all rot.
5 so die sind hail, dann brinng ichs euch wol innen.
bis dar der kampf verporen wirt;
got well, das ir sig unnd preys füeret hinnen!«

Awentewr, wie her Lannzilet unnd Kay den sig zu Noaus erstriten und die künigin ritterlich erledigten.

557   Sunst ward zu vierzehen tagen
der kampf alldo vermiten.
vor Artus tet mans sagen,
es wär zu Noaus et noch gar ungestriten.
5 Kay jach: »Wellt der frawen not ir wennden,
so secht, das ir mich in das lanndt
zu trost der küniginn zu hellf wellt sennden.«

558   Der künig do wol gunde
her Kayen diser vart.
verwappent an der stunde
vil ritterleich zu seiner vert er ward.
5 zu Noaus ward das mär auch schnel vernumen,
wie das der frawen durch ir not
ain kempf ab Artus hof dar wäre kumen.

559   [172vb] Lannzilet sich schambte vil sere,
das er sunst lanng het piten.

556,7 fürt *b*
Überschrift: ritterliche *b*
557,4 gar noch *b*   7 küniginne *b*   7 *Ende von Cod. vindob. 3037. Am rechten unteren Blattrand Reklamant: Der künig b. Mit 558,1 beginnt Cod. vind. 3038.*
558,7 wer *b*
559,1 schambt *b*

557,5 Kay *hier wie öfter zweisilbig, daneben (z.B. 572.1) auch einsilbig gebraucht.*

es daucht in ain unere,
das er den kampf vor lanng nicht het gestriten.
5 er kam zu Kayen, sagt im dise märe,
das er an not her von Briton
in das lanndt dar durch streiten kumen wäre.

560 Unnd jach: »Ich bin der frawen
durch helf ins lanndt vor kumen.
auch hab ichs guet getrawen,
mir werdt der streyt so leicht auch nicht benumen.
5 was mich des wiges hat bys her gehindert,
das wais mein fraw zu massen wol.
ich dinng, mein preys damit nicht sey gemynndert.«

561 Kay der ellens reiche
redt do ains tails aus zoren:
»Herr, wiss⟨e⟩t sicherleiche,
ich hab zu hilf der küniginn geschworen.
5 des willens mich auch nymmer man erwend⟨e⟩t.«
Lannzilet jach: »Ich vicht den streyt,   K 148,15. P 26,19.
oder all mein hail sey got darumb verpfenndet.«

562 Sunst kriegten dise payd⟨e⟩
zu erwennden dise not.
die fraw sprach in ir layde:
»Hört, was der künig mir ye her enpot!
5 alls mengen ritter, als ich gelaisten möchte,
alls vil wil auch er kempfen lan.
nicht füeglicher es euch auch payden töchte.«

563 Poten die fraw tet sennden
zu velld dem künig reich,

560,3 ich *b*   4 leich *b*   5 byshˢ hat *b*   7 gemynnert *Ab*
561,4 geschorñ *b*
562,6 lan] han *b*

das er den streyt tät enden.
zwen ritter sy aus senden wolt, dem geleich
5 solt er auch ritter zwen zu vellde bringen.
der mär sich frewt der künig ser.
in daucht gewis, im sollte da gelingen.

564   Alls er von dem garzune
hort, das ir waren zwen,
er jach: »Nu wallts Fortunne!
den ain zu velld mit kampf wil ich besten.«
5 er wellte zu im ain ritter vil not vesste,
den er so kannt, das er zer not
manigen endt getan het ye das pesste.

565   In zimierd wunderreiche
sich russten aus die zieren,
schillt, helem den geleiche
sunst sach man reichait scheinen. knaben kreyeren
5 hort man, yeder sunder [173ʳ] mit seiner kreye:
»Wara, wart! hallt aus dem rinng!
das der walab mit weyt gerawmet seye!«

566   Her weysser dann kain swanne
kam Lannzilet gefaren;
vor an seim sper ain vane
was, damit er thiost et nicht kunde sparen.
5 sunst hiellt auch dort der künig nach engels pillde.
in payden golld, gestaines vil
erglenzte ab ir helem und auch schillde.

563,4 gleich *b*   7 solt *b*
564,5 wellt *b*
565,3 helm *b;* geleichen *A*   5 seine *b*
566,4 et *nachgetragen A, fehlt b*   7 helm *b*

566,5 der künig: *der König von Norchumberland*

567 Nach augen mass den punder   K 149,24. P 26,22.
     sy hurtigklichen triben.
     davon die liechten zunder
     in den herten hellem nicht beliben.
   5 in stucke clain zway sper wurden verschwenndet.
     hiemit der künig wol speres lank
     aus dem satel hinders ors do ward gesenndet.

568 Zerquetsch⟨e⟩t hart und sere
     er in den pluemen lag.
     das was im sellten mere
     beschehen, wann sein manhait ye ellens pflag.
   5 auf spranng er schnell, wann er noch streytes gerte.
     Lannzilet auch vom ors erpaist.
     von schaid er zoch auch licht ain scharfes swerte.

569 Hie vor den klaren frawen
     die helld nach preyse rungen.
     ir schillt wurden zerhawen;
     ir hellem liecht von schlegen laut erklungen.
   5 sunst gieng der streyt entwere auf dem annger;
     ein wundt der künig do enpfinng,
     das er gestreyten mochte do nicht langer.

570 Zer erd der küene degen
     anmechtiglichen viel.
     sein preys hie was gelegen,
     das pluet im ser aus seinen wunden wiel.
   5 bezwung⟨e⟩nlich muest er vianze geben
     dem jungen degen ellenthaft;
     damit er im selb kauffet wider sein leben.

571 Er muest der küniginne
     auch sicherhait des schweren,

567,4 nich *b*
569,7 mocht *b*
570,7 kauffet wider] widerkauft *b*

das ers durch kain unmynne
nu hinnen für nicht mere wolt peheren.
5 er solt auch püessen ir des lanndes schaden,
wie des die künigin zu im gert,
sollt er setzen mit all zu iren genaden.

572 [173ᵛᵃ] Nu het auch Kay gewunnen
manlich die oberen hanndt,
vianze ab erzwungen
dem gestreiten sein. hie mit fraw und das lanndt
5 erledigt was; des frewdte sich vil sere
manig mynnigkliche frawe clar,
darzu im lanndt vil ritter stolz und here.

573 Do diser preys errungen
was von den hellden payden,
die stollzen degen jungen
wolten auch nu mit hullden dannen schaiden.
5 der frawen grosser dank nicht wardt verswigen;
darzu von all ir messeney
ward in durch iren preys vil dick genigen.

574 Hell⟨e⟩m, wappen die pessten
den hellden dar ward pracht,
zwen schilt für not die vessten,
alls es die küniginn ir het erdacht:
5 in weys sy Lannzilet do von ir sannde.
wo er seyt strayt manig ein ende,
so ward er ye der ritter weys genannde.

575 Her Kay sich schied mit hullden
hin von der küniginn.

571,4 mere] mˢ *b*   7 iren] ir *b*
572,6 mang *b*
574,6 manigē end *b*

574,5 weys *hier wie 574,7* ›weiß‹

sy jach, sein tat verschullden
wollt sy gen im allzeitt mit sunder mynn.
5 sunst Lannzilet sich auch da schaiden wollte.
des wurden liechte augen nas,
da nicht beleyben wollt der eren hollde.

576 Alls er ain weg unferre
von Noaus was geriten,
dͦ kam zu im der herre,
dem er die maget zwo vor het erstriten.
5 der sprach: »Herr, all⟨er⟩ erst wil ich verjehen
von disem ritter, *den* vor dem zelt
ir bey der magt zu ersten habt gesehen.

577 Do man sagt von ewr rayse
all her in dise lanndt,
der zaghait gar ain wayse
sich diser abentew⟨e⟩r underwanndt,
5 der trueg meiner frawen ye vil hollder mynne.
ob er euch hiet gesiget an,
so hiet erworben er die küniginne.

578 Manndragois hiess der küene,   K 150,23. P 26,'4.
der das vil reich gezellt
schlueg auf den annger grüene.
in daucht, das er nicht lebte zu der wellt,
5 der im mit streit solt preyses an gesigen
an den künig [173ᵛᵃ] von Norchumerlandt.
umb das gen im meiner frawen wardt helf verzigen.

576,6 der *A*
577,5 meinr *b*
578,4 er] dˢ *b;* lebt *b*   7 meinr *b*

576,3 *Vgl. 527 ff.*   4 *Da Lannzilet nur die eine der beiden Jungfrauen für
diesen Ritter erkämpft hat, ist die Konjektur* zuvor *(geschrieben vielleicht* zwe vor*) zu erwägen.*

579   Die ritter, die unns kamen
      dort bey des sees stat,
      durch *euch* sy sich an namen,
      das sy euch machen wollten preyses mat.
    5 sunst seyd von disen dreyn ir wol versuechet,
      davon ewr nam gen höhe staig
      unnd ir preys ist mit lasster wol beruechet.

580   Ob ich euch sollt⟨e⟩ geben
      gesell⟨e⟩schaft und conponey,
      darfür ich kaum wolt leben!«
      des antwurt im der ritter schannden frey:
    5 »Seyd irs dann sunder var zu mir begeret,
      so sag ich euch pey ritter trew,
      das ir ewr ger des von mir seydt geweret.«

Awentewr, wie Artus bey der Küniginn Furt mit syben künigen
strayt unnd aus was ursach er hies ›der Küniginn Furt‹; auch wie
Lannzilet Alibors dapey bezwanng.

581   Mit mynne die zwen degen
      sich schieden hie zu stundt.
      nu het auch sich bewegen
      her Lannzilet, im müeste werden kundt,
    5 war durch der ritters nam getewret wurde.
      das seyn preys auch erhöchet sich,
      lued er von streyt auf sich mannng swäre purde.

582   Gar aller messeneye
      wolt er nu reyten sunder.
      der küen und zaghait freye

579,3 euch] *fehlt A*   4 preyses] *letzte Silbe vom Schreiber A*
580,5 pegert *b*   6 ritters *b*

580,4 der ritter: *Lannzilet*

aus hellmen hawen mues nu fewres zunder.
5 nu hört! an ainem tag im kam ain maget,
der wanng und wat von zähern nas.
sunst wainendt sy mit grossen nöten klaget.

583   Er fragt die keuschen claren,
was sy zwung solicher not,
das sy sunst tät geparen.
do jach sy aus ir süessem munndt vil rot:
5 »Herr, da ist mir mein ameys tod erschlagen
vor ainer purg durch ir litzenz.
das wil ich gott und euch vil tew⟨e⟩r klagen.«

584   [173ᵛᵇ] Er hiess sich dare weysen
die clageparen frawen.
»Das kundt ich lützel preysen«,
sprach sy, »mein ameys wolt et preys auch da erhawen.
5 o got! das ich der rays im ye gehenget!
des ist zer welt mein frewde hin.
trawren mein hohen muet hat understrenget.«

585   Sunst schiedens von einannder.
hin rait der ritter weys.
bey ainem flumm dort vannd er
verwappent ainen ritter gar zu vleis.
5 alls er dar kam, der ritter zu im ginnge.
er sprach: »Ir wandelt ew⟨e⟩r rays!«
das orsch er bey dem zaum dem jungen vinnge.

586   Er jach: »Erpaisset pallde
von orsch ab zu der erd,

585,2 ritt˙s *A*
586,2 vō *Ab*   2 orsse zū *b*

583,6 litzenz: *vgl. 244,6; 1084,1; hier ›Frechheit‹ (das, was man sich er-
laubt)? Oder im Sinne der costume des Artusromans ›die Regel oder
Gewohnheit, nach der an einem Ort verfahren wird‹?*

ee ichs euch mit g⟨e⟩walde
erzwunge! ab! des orsches mich schnell werdt!«
5 der ritter weys sprach: »Sagt mir doch, warumbe
ich euch die strasse zollen sol,
die mengklich reytt, der weys und auch der tumbe?«

587 Des antwurt mit unmynne
der übermüetig man:
»Ich hüet der küninne   K 151,24. P 27,25.
des furtes hie, ich main: der von Pritan.«
5 der weyse jach: »Die wil ich zolles weren,
seid er ir hört. ich sag euch das,
das sein zer wellt sunst nyembt sol zu mir geren.«

588 Und alls der tugent hollde
yetzund ab zu der erde
vom ross erpaissen wollte,
do sprach der annder ritter mit unwerd:
5 »Nu hört, ich hab der frawen nie erkennet,
der künigin her von Pritan,
die ich euch hab mit worten hie genennet.«

589 Ain stegraif er gerawmet
vor diser rede het
und jach: »Zolles versaumet
seid ir von mir!« der ritter an der stet
5 g⟨e⟩schwindt zu seinem orse hin tet lauffen;
darauf sass der vil grymme man,
der im et da wolt newen kumer kauffen.

586, 6 strass *b*
587, 3 hiet *b*   7 nyembt] niemāt *b*
588, 2 erd *b*   3 ors *b*
589, 5 hin *auf Rasur A*, den er *b*

586, 5 weys: *hier und 587,5* ›weiß‹, *dagegen 586,7* ›weise‹

590 Ain stark und newes spere
    er gen der thiost sankt.
    diss was [174ⁿ] des anndern gere,
    der durch zaghait im hares prayt nie wankt.
   5 ir payder sper in stücke clain verschwunden.
    des ward der ritter Alibors
    vom ors gestrecket auf der grüene funden.

591 Alls in der weysse ritter
    sunst sach gestrackten ligen –
    er wanndt, sein end⟨e⟩ pitter
    ergangen wär; sein kraft im gar verzigen
   5 was von dem vall; vertumelt was er sere –,
    sein ors der weisse ritter vinge
    und fuerts im dar, der tugentreich unnd here.

592 Des leibes der geswachet
    unlanng zer erden lag.
    alls er sich do auf machet,
    er sprach: »Für war, bys heut auf disen tag,
   5 so wardt mir tewrer ritter nie erkennet.
    durch ewren ritterlichen preys
    pit ich, das ir mit nam euch mir hie nennet!«

593 Do sprach der junge degen:
    »So mir mein zesme handt,
    so sol unhail mein pflegen,
    ob mir mein art und nam selb sey bekanndt:
   5 ir mügts erfaren nicht zu disen zeiten.«

590,4 wanck *b*   6 Olibers *b*   7 gestreckter *b*
591,3 ende] endt *A*, hendt *b*   6 viñg *b*   7 herre *b*
592,5 tewr *b*
593,3 so *nachträglich vom Korrektor A, fehlt b*

591,5 vertumelt *steht für* vertaumelt ›betäubt‹

Alibers jach: »Seyd irs verhellt,
so wil et ich hin zu Pritony reiten.

594   Ich traw es doch erfaren
       zu hofe dort vil wol,
       darumb mein rais nicht sparen
       wil ich zu Artus, dem künig eren vol.«
    5 sunst rait er dar und sagt mit all das märe,
       anfanng, mittel und auch das endt,
       wie es im pey dem furt ergangen wär⟨e⟩.

595   Die Humber hiess der wage,
       dabey die hellden striten.
       nu merket, was ich sage!
       die awentewr euch *hie* nicht wirt vermiten,
    5 warumb der Künigin Furt die diet in nennet: K 152,24. P 27,8.
       alls Artus erst bekronet wardt,
       mit urleug gros im lanndt man raubt und prennet.

596   Die das zum maisten triben
       im landt mit starker wer,
       das waren künig siben,
       die lagen bey der Humber mit ir her.
    5 sunst lag auch Artus her [174ʳᵇ] bey disem wage.
       selb sext und auch die küniginn
       über die Humber kamen an ainem tage.

597   Nu waren durch kurzweyle
       die künigk zu veld auch kumen,

593,6 Alibors *b*
594,2 hof *b*   6 das *fehlt b*
595,3 merckt *b*   4 hie] hiemit *A;* wirt] ist *b*
596,7 ainem] ainē *b*
597,2 kunigin *b*

596,6 selb sext: *Artus, fünf Ritter (vgl. Str. 605) und die Königin.*

sahen bey ainem zeyle
Artusen und die seinen. zu hannd sy numen
5   die ors zun seitten mit ir scharfen sporen.
diss sach all pald die künigin,
schray: »Waffen, wir sein hie et die verloren!«

598   Zuhanndt ain schnelles gahen
sich hueb und auch ein fliehen.
alls jene das ersachen,
do teten sy schnell eylend nach in ziehen.
5   ain fuert all new die künigin erkennet,
den vor des nie gerait kain man.
drumb seyd der Künigin Furt ist er genennet.

599   Herr Kay aus zornes grymme
rüefft an die ritter her
mit ainer lauten stymme:
»Nu keret umb durch all ewr manlich er!   K 153,5. P 27,17.
5   sagt, welliche vorcht tuet diser flucht euch zwingen?
ir ist et aines mer dann wir!
wills got, des sigs uns mag hie nicht misslingen.

600   Jeder der hellden ainen
mit streyt leicht mag besteen,
mit vorchten harte klainen
wil ich ervellen wol die anndern zwen.«
5   gen der thiost die sex naigten ir spere;
so teten auch die siben dort.
mit zoren zamen was ir aller gere.

601   Do hort man spere krachen
und drunzun hoch auf springen.

597,4 Artuse *b;* sein *b;* zu hannd *fehlt b*
598,5 aiṁ *A*   6 vor] var *A*

598,5 fuert = furt

ir zoren sy do rachen,
hie stossen, wenken, hurtigklichen dringen.
5 her Kayen swert erschallt menng hellen done:
er het mit seiner thiost vor
gemachet ainen künig lebens ane.

602 Artus alldo liess scheinen,
das er vil ellens trueg;
so teten auch die seinen.
her Kay do aber ainen künig schlueg.
5 hiet der nachrichter mengen also troffen,
alls ich dick sach, im weren mit hor
die knaben mit wurfen so ser nicht nach geloffen. –

603 [174ᵛᵃ] Ulrich, wes tuestu zeyen
den stolzen helld gehewr
vor zaghait gar den freyen,
so redt zu mir fraw Mynn und Awentewr,
5 das du in geleichest zu der schergen pflichte?
ob ichs für an erfüer von dir,
mit worten annders ich dich drumb aus richte.

604 Fraw, sigs wil ich euch jehen,
kenn wol meinen unfueg!
hiet aber irs gesehen,
wie er haubt, helem im von dem körpel schlueg,
5 das er nicht mer rüert hannd, glid oder vinger:
fürwar, fraw, ew⟨e⟩r ungenad
zu mir villeicht ains tailes wurde ringer. –

605 Was sol mein lannges sagen?
die siben künig reich

602,5 nachritt⁵ *b*
603,5 gleichest *b*

602,6 mit hor: ›*mit Schmutz*‹

wurden gar all erschlagen.
nu hört, wer wären die helden lobeleich,
5 die künig Artus in diser not gestunden!
Lot, Gaban, Iban, Uriens,
her Kay, *des* nam ir vor her wol habt funden.

606 Durch Kay manliches ellen
die schumpfentewr geschach.
Gaban, auch sein gesellen,
künig Artus ime drumb vil preyses jach.
5 er globt durch sein vil ritterliche ere,
das er ir payder endes tag
sein seneschallt sollt wesen ymmer mere.

Awentewr, wie Lannzilet zu Dolorose Garde kam unnd wie ain
magd vom Lack zu im kam, auch, wie er vor der porten strayt.

607 Nur das ir nicht durft fragen,
ob es hernach sich purt,
muest ich den anfank sagen,
durch was der wag genennt was ›Künigin Furrt‹.
5 nu sag ich euch, wie Lannzilet gefüere,
alls er Alibors gesiget an
und im bezwungenlich vianze schwüere.

608 Auch habt ir wol vernumen,
wie dem helld unverzagt
ain waynde fraw was kumen,   K 154,25. P 28,?

605,3 wurdn *b*   7 des *fehlt A*
606,4 im *b*
607,7 viantz *b*

606,3-5 Gaban, gesellen *und* Artus *sind Subjekte zu* jach; *Singular des
Verbums, weil sich der Blick dann auf Artus verengt;* ime: Kay.
607,6-7: *In 607,6 ist* Lannzilet, *in 607,7* Alibors *Subjekt.*

die ir ameyses tod vil sere clagt.
5 vor ainer purk und stat das was beschehen.
dar weist sy in durch seine pett;
er wolt et ye die awentewr auch da sehen.

609 [174ᵛᵇ] Sunst rait er sunder grawen;
da er die purk an sach
zu allem vleis erpawen,
hin zu der porten was dem hellden gach.
5 er sach, das sy verschlossen was all vasste.
er dacht zu reiten in die stat.
alls er nicht vollen kam ain halbe rasste,

610 so reyt dort her ain maget,
die im ir grüessen bot.
den ritter sy des fraget,
was er vor der port suechte so genot.
5 er jach: »Ich wolt darauf han heindt benachtet,
so ist beschlossen mir die port.«
sy jach: »Ich rat, zu pesser rue heint trachtet!

611 Die purk in annder weyse
mues werden auf entspart.
wem beschert ist diser preyse,
fürwar, den hat fraw Sellde wol bewart:
5 zu porten zwayn mues ers vor ee bestreiten;   K 155,22. P 28,'14.
yede port zehen ritter hat,
die ir manlich pflegen zu allen zeiten.

612 Von zawberey besunder
ist vil auf diser vesst.
merk⟨e⟩ts, ich sag euch wunder!
secht auf dem turen den grossen man, der glesst
5 mit seiner axt von ere licht gegossen;

610,5 heind han *b*
611,6 yedo *b*

der vellt zu tal, ja wann der kumbt,
der mit streit hat die port der purk entschlossen.«

613   Und under disen zeiten
      ain horen der portner pliess;   K 156,19. 28,'22.
      ain ritter her durch streiten
      verwappent sich zu vellde schawen lies.
    5 alls Lannzilet bevand des ritters gere,
      umb gen dem punder er sich warf.
      nach augen mass sy sankten paid die spere.

614   Ir thiost hurtigcl⟨e⟩ichen
      paidenthalb ward geriten.
      der weys den ellensreichen
      durch ranndt, davon sein leben im ward verschniten.
    5 gestracket lag er hie tod auf jenem annger.
      sein ors hin zu der porten lieff.
      do wolt auch er verziehen do nicht langer.

615   Mit grymm er blies sein horen,
      des kam ain ritter palld,
      dem was [175ᵐ] an massen zoren,
      das sein gesell mit streit dort lag ervalldt.
    5 sein sper mannlich zu seiner seitten er druckte.
      der weiss ritter sich warnt auch des,
      das er nicht seinen preyss⟨e⟩ im enzuckte.

616   Er stach den ritter küene,
      das er auch flügelinng
      von orsch viel in die grüene.
      der weyss ritter zer erden spranng gerinng.
    5 zway swert all scharf gundens von schaiden ziehen.

614,5 gestrackter *b*   7 leng⁵ *A*

614,3 weys: ›*weiß*‹

　　　damit yeder nach preyse warb,
　　　wann do engert et kainer nicht zu fliehen.

617　　Der ritter weys auf dicke
　　　das swert warrf in den hennden;
　　　aus helmen few⟨e⟩rs plicke
　　　tet er menn⟨i⟩gen gen den lüfften sennden.
　　5　er schlueg dem ritter von der purk ain wunden.
　　　davon der degen ellenthaft
　　　zer erden in den pluemen ward hie funden.

618　　Hiemit er wardt bezwungen,
　　　das er da muesst⟨e⟩ jehen
　　　sicherhait disem jungen.
　　　do nu der portner das wol het gesehen
　　5　vil wol sein ungefelle do erkannd er.
　　　er pliess aber ain horen laut:
　　　zuhand aus für die porten kamm ain ander,

619　　den er auch degenleichen
　　　vil snelles do betwank.
　　　sunst dem gar muetes reichen
　　　den abent an ir fünfen wol gelanngk.
　　5　hiemit der tag nach vinster sich wardt trüeben.
　　　die magt jach: »Herr, es ist so spat,
　　　das ir ritterschaft müget nymmer üeben.«

620　　Er sprach: »Fraw, lat mich reiten,
　　　was ich heint zwingen mag.
　　　morgen, wann ich sol streyten,
　　　so hab ich ir desst mynnder bey dem tag.«　K 158,29. P 28,'30.
　　5　sy jach: »Es hilft euch nicht alls umb ain hare!
　　　wellt ir die purk gewinnen hie,
　　　ir müesst bezwingen sy ains tags all gare.«

618,5 do erkannd er *doppelt geschrieben, das zweitemal gestrichen A*
　　　7 ander⁵ *A*
619,7 mugt *b*

621 Do sy die mär im saget,
   do rayt er dann zuhandt.
   nu was die clare maget
   pewunden, das er ir doch nicht [175ᵗᵇ] erkanndt.
 5 alls aber sy das penndt zoch von ir munde,
   do was ain maget von dem Lack!
   er enpfieng sy mynigklich von herzen grunde.

622 Von seiner frawen mcre
   fragt sy der küen weygannt,
   ob sy lebt sunder swäre.
   sy sprach: »Ja wol von ir zu euch gesanndt
 5 bin ich all her. ich thue auch euch verjehen:
   ir gewinnt die purk unnd dise stat.
   das wirt morgen ee vesper zeit beschehen.«

623 Hin in ein kemenate
   fuert in die mynigkleich.
   »zu ew⟨e⟩r ritters tate«,
   sprach sy, »send euch mein fraw die trewen reich
 5 drey schilldt, davon ir preys *vil* mügt behalten,
   so ir den ersten füert zu streyt,
   von dem ir zwayer manns krefft⟨e⟩ mügt wallden.«

624 Nach silber liecht gegerbet
   die schillt mit glanze waren,
   jubell darinn gefärbet,
   rubinen var parren mit varben claren.
 5 im ersten was ain par zu vleis gesmelzet,
   im anndern zwo, alls sy im jach,
   im dritten drey maisterlich wol vervellzet.

621,4 doch] do *b*
623,4 euch hin mein *b*   5 vil *fehlt A*   7 krefte wol mügt *b*
624,4 parren *fehlt, Platz für Eintragung gelassen b*   5 erst *b;* pare *b*

621,6 was = was sy
622,1 mere = märe

625   »Wellichen schillt ir füeret
      morgen zu ewrem streyt,
      alls vil mans kreft euch rüeret
      so vil parren auf ainem schillde leit.
   5 wann ir dann diss abentewr überwindet,
      so wisst, das ew⟨e⟩r aigen nam   K 159,23. P 29,10.
      ir geschriben hie in diser purge vindet.«

626   Pys dar er vor nie horte
      sein purd noch seinen namen.
      das im dick fräwde storte.
      mer hör⟨e⟩t von dem helden lobesamen!
   5 nur alls die morgen sunn erst gunnd her prehen,
      verwappent sich der ritter küen
      und liess zu streit sich vor der purge sehen.

627   Des tet der portner mellde   K 160,28. P 29,17.
      zuhannt mit ainem horen.
      ain ritter kam zu vellde.
      der sprach zu disem hellden [175ᵛᵃ] do mitt zoren:
   5 »Ewr abentewr ist et hie unergangen,
      ir gebt uns wider die ritter vier,
      die ir necht zwungt und noch sind ewr gefangen.«

628   Er sprach: »*Herr,* ir vianze
      sag ich sy quitt und los.«
      zu handt yeder ain lanze
      zer thiost naigt. do beschach ain solicher stos,
   5 davon der ritter von der purk hin fluckte
      von ors und satel speres lank,
      des weissen sper in flügelingen zuckte,

628,1 Herr *fehlt A;* ir *fehlt b*

627,6 *Konditionalsatz:* ›*wenn ihr uns nicht wiedergebt . . .*‹
628,4 thiost *zweisilbig*

629   das er an kraft und synne
      lag auf der pluemen samen.
      die der purg waren inne,
      mit alle für die phort zu vellde kamen.
   5 ainer aus in ain sper stark nam zer hennde.
      er jach zu seinen genossen: »Secht,
      wie ich den törschen hie an preyse pfende!«

630   Weyt rannten do den punder
      die hellden unverzait.
      von irer thiost zunder
      von hellem stuben. hiemit lag auf der hayd
   5 der ritter von der purk nach leng gestrecket.
      Lannzilet von seim orse spranng;
      do ward jem newe kraft und muet erwecket

631   und sprang auf all zuhande
      und gwan ain scharfes swert.   K 161,23. P 29,29.
      Lannzilet der weygannde
      in ains vil herten streytes do gewert.
   5 sein swert hort man im in den hennden klingen.
      ain ritter jach: »Hiet er mein helf,
      ir wurdt in nicht sunst nach ewrem muete zwingen.«

632   »Der streit sey euch erlaubet«,
      sprach Lannzilet der degen.
      sein hellem jenr panndt zu haubet.
      sein ors nam er mit scharfer sporen schlegen.
   5 der weiss sein ors auch het palld überschriten.
      ir thiost ward geriten so,
      ja das des ainen val nicht ward vermiten.

629,4 all fürt *b*   6 sein *b*
630,7 ienem *b*
631,2 gewan *b*
632,3 helm *b*

633   Der weys do annder weyde
      von seinem orse spranng
      und lof an jene payde;
      dem ainen gab er ainen swertes schwannk,
   5 davon das leben in begund zu fliehen.
      [175ᵛᵇ] der annder mit vil wunden tief
      fluchtig hin gen der purg begunde ziehen.

634   Sunst er vor mitten morgen
      die zehen ritter zwanng.
      erst nahent es vil sorgen:
      ain povel gros her aus zer porten dranng.
   5 mit grymmem muet gunden sy in an lauffen.
      wie müed der helld von streyte wär,
      doch schlueg er vier zu tod aus jenem hauffen.

635   Die maget palld den schillde
      mit den zwain parren bracht
      zu hillf im aufs gevillde;
      davon gewan er rue und newe macht.   K 162,28. P 29,35.
   5 all erst sein swert er nam in payde hennde.
      wer im mit flucht do nicht entran,
      des leben het mit schlegen schier ein ennde.

Awentewr, wie Dolorose Garde gewunnen ward und wie der
weyss ritter seines kunes unnd namen innen wardt.

636   Zer porten ein er keret,
      alls ers vand offen stan,
      mit diser magt geheret.
      zu hannt vom turen viel der zawbers man,
   5 den im die maget an dem abent zaiget.
      ain ritter er zer erden schlueg,
      davon er lebens alldo wardt gevayget.

637   Ain gschray vil laut er horte,
      als viel der Valands man;
      er sach zer annderen porte

ritter auch neyn gar wol verwappent stan.
5 der zehent was von zawber tod gefellet.   K 164,5. P 30,2.
sy sprungen schnell her in den streyt;
do ward von swerten ain dos vil laut erschellet.

638 Die magt im schnell dar prachte
von parren drein den schillt,
davon gros craft im nachte.
all erst des todes schanz er mit in spilt:
5 was ir nicht tod nu ward vor im hie funden,
die daucht das doch ain hail vil gros,
das sy entrunnen dann mit tieffen wunden.

639 Sy schriren all: »Viannze
nembt von uns, werder helld!
mit stäten [176ᵃ] trewen gannze
sey wir euch dinstlich ymmer zugesellet.«
5 der stat volk alls mit scharen darzu lieffen:
junng, allt, payd frawen unde man
mit dank zu got all der genaden rieffen.

640 Die fräwdenreichen sich liessen
nyder zu seinen füessen,
gross wilkumen sy in hiessen.
das wert er, alls er mocht, der schar vil süessen.
5 sy jahen: »Wir hieten genade gros nu funden,
ja ob gelück wolt greiffen zu,
das ir den wirt hiet streyts auch überwunden.«

641 Ain knab des gunde jehen:
»Den wirt den perg zu tal

639,1 Sy] Ny, s *braun vorgeschrieben*, N *rot ausgemalt A*   3 ganntzñ *A*
4 tzu geselld *b*   6 vnd *b*

641,2 *Die Flucht des Burgherren ist Anlaß für die weiteren Kämpfe, für
Gabans Aufbruch zur Dolorose Garde (Str. 654) und seine spätere Ge-
fangennahme (Str. 681 f.).*

hab ich ab reiten sehen;
mit wainn und clag treybt er kleglich⟨e⟩n schal.
5 so jämerklich er part in seinen nöten:
trenkt er sich nicht in ainem wag,
so wirt er sich sunst mit aim swert ertötten.« K 165,4. P 30,'5.

642 Auf ainen palas reichen
fuert in die werde schar.
von reichait der geleichen
het er genumen nie mit augen war.
5 nach dem auf ainen kirchhof sy in fuerten,
da sy von grebde maniger hanndt
schilt und helem mit grosser reichait spürten.

643 Sunder ain grebd gezier⟨e⟩t
sahens verr von den anndern,
vil gestains daraus lieret:
karfunken, jochannt, rubin mit varben glandern.
5 auf den stain was von maister henden graben
das epitaf von golld, saphir.
nu hört, was sagten forte die puechstaben:

644 »Wer dise purk gewinnen
sol, des nam und sein art
von geschlecht vind ir darinnen
geschriben, wann der stain wirt umb gekart.«
5 da diss gelas der junng und küene degen
er dacht: › *Was*, ob ich hie den stain
mit meiner kraft enpor möcht aufgewegen?‹

641,4 mit *doppelt geschrieben, zweite Schreibung unterpunktet A*
642,5 nach den *b*
643,5 von] vil *b;* hend ergrabñ *b*
644,3 gschlecht *b*   5 glas *b*   6 Was] Wais *A*

642,6–7: *Vgl. Str. 658,1–659,7*

645 An den stain er sich stalte
zum grösserm orte vor;
er hueb in [176ʳᵇ] mit gewalte
all sunder not die richte hoch enpor.
5 er las die geschrift, die mit laut allsus sagte:
»Die purk mit manhait gewinnen sol
vom Lack her Lannzilet der unverzagte.   K 165,35. P 30,'20.

646 Von Bonebick geporen
aus künigklicher frucht,
von Bann dem auserkoren,
der durch not gen künigk Artus nam die flucht
5 und starb umb flust seiner diet von grosser rewen;
samm tet sein muetter Elonie,
die all ir zeit ye pflag weiblicher trewen.«

647 Alls er was worden inne
seins namens und seiner art,
die magt er pat durch mynne,
er jach: »Hört, mynnigkliche frawe zart!
5 mein nam an chainer stat et nyndert nennet,
bis das es hat fueg oder zeit.
sunst wolt ich sein vil geren unerkennet.«

Awentewr, wie ain knab dise awentewr an Artus hof pracht unnd
wie Gabon mit x gesellen die awentewr zu der Dolorose Garde
erfaren wollt.

648 Die maget jach: »In stille
kan ich das wol verdagen,
seyd es ist ewr wille.«
nu wil ich euch diss mere fürbas sagen.
5 nu was ain junger knab da vil gehewre,
dem wardt zu synn, er wolte ye
an Artus hof bringen die awentewre.

645,2 grossern *b*

649   Ain ors zuhanndt er brachte,
      der stollz und junge man,
      zu Logers er hin gachte.
      alls er zer Küniginn Furt kam auf den plan,
   5 Alibors fragt, war hin sein rayse wäre.   K 166,34. P 30,'27.
      wie es zu Dolorose Gard
      ergangen was, sagt er im gar das märe.

650   Alls er das mär im sagte,
      vil ser er des erschrack.
      an massen ser er es clagte,
      wann es et was gar seiner frewden schlack.
   5 der knab enruecht, ob er hie clagte ymmer,
      sein rais zum künig von Priton
      wolt er durch in oder nyembt gelassen nymmer.

651   [176ᵛᵃ] Zu hof hin er die märe
      für all die werden pracht,
      wie es gar kumen wäre.
      ettlicher durch sein schimpf des honlich lacht,
   5 jahen: »Er sagts et durch sein gampel siten!«
      der knab het ainen prueder da,
      ain ritter küen, an preyse unverschniten.

652   Aglians was genennet
      der helldt. zum künig der jach:
      »Wer meinen brueder ye kennet,
      der kainer untrew von im nie gesach.
   5 ich wais auch, das er nye gelerte liegen.   K 167,23. P 31,4.
      her künig, mein haubt sey ewr pfannde,
      ob er euch tuet mit disem mär betriegen.«

653   Artus jach: »Sunder peiten
      wil ich die mär besehen,
      hin zu der Garde reyten.«

650,1 Alls das mãre er im sagte *b*   3 ers *b*
652,7 thue *b*

des gunnde do her Gabon zu im jehen:
5 »Lat mich die awentew⟨e⟩r vor beschawen!
zuhandt enpewt ich euch diss mär,
auch sunst der messeney und meiner frawen.«

654 »Her ochaim, seyt irs geredt,
so solt auch irs erfaren.«
doch ward sein schar gemeret:
ir zehen auch die rays nicht wolten sparen.
5 sunst sy sich schieden von künig und messeneye;
zu Dolorose was in gach.
nu hort, alls sy der stat nu kumen beye,

655 die purger gen in giengen,
do sy ir kunft vernumen.
mit frewden sis enpfingen.
sy dachten, Artus wär auch selb mit kumen.
5 her Gaban jach: »Verhart ain weil vil claine!
ob die pfort noch verschlossen sey,
das wil et ich besehen yetz gar aine.«

656 Hin zu der pfort er drabte
der held gar unverdrossen.
darvor er stille habte,
do was et sy vil vesste im verschlossen.   K 169,2. P 31,14.
5 der pfortner jach: »Reit ab den perg hin nyder!
morgen, wann ir den tage spürt,
so kumpt mit ewr gesellschaft dann herwider.«

657 Sunst in der stat beliben
die hellden dise nacht.
da sy die gar vertriben,

655,3 sy *b*   5 weil *nachgetragen A*
656,5 ab] hein *b*   6 tag *b*

654,1 ochaim: *hier* ›Neffe‹

her Gaban mit seiner ge[176ʳᵇ]sellschaft sich auf macht.
5 die vand verspart er gleich der vodern massen,
doch hiellt er vil unlanng darvor.
zu ainem türlin sy wurden ein gelassen.

658   Die purk sy do durch gingen
die stollzen hellden küen.
ain weg sy do geviengen,
der trueg sy auf ain kirchhof, der was grüen.
5 do fundens menge grebde reichlich gezieret.
sy lasen, schawten mengen helem,
wie die mit kowertewr waren zimmier⟨e⟩t.

659   Den maisten sy der kannden,
der helem und schillt sy sahen.
die pessten aus manigen lannden
sy waren. diss gienng in zu herzen nahen.
5 die schrift sagt, das sy all heten geworben
nach diser awentew⟨e⟩r da,
des weren sy et all darummb erstorben.

660   Zer grebd sy teten nahen
mit dem vil reichen stain;
das epitaf sy sahen,
die laut allsus: »Hie ligt der degen rain,
5 der dise awentew⟨e⟩r hat erstriten.
vach, schad ist es, das in der tod
durch sein manhait vil gros nicht hat vermiten.«

661   Wer die schrift las und horte,
dem pracht es laid und smerz.

658,5 grebd *b*   6 hellm *b*
659,3 mangñ *b*
661,2 schmertzñ *b*

659,1 Den maisten: *Singular mit Pluralbedeutung,* der *Gen. Pl.*
660,6 vach = pfach, *Interjektion.*

      all frewdt es in zerstorte,
      und stiess et in vil seufzen in ir herz.
5   sy gingen auf ain pallas, da sy funden
      ein magt, die clage gros erschaindt
      mit zähern hais und mit hennden gewunden.

662   Her Gaban kamm mit frage
      an das vil süesse weyb,
      was sy maindt mit ir clage.
      sy sprach: »O gott, das ich gewan ye leib
5   zu diser welt, seyd das hie ist verloren
      der küenest ritter, der nu lebt,
      oder leicht füran nymmer wirt geboren.«

663   Artus man pot diss märe,
      wie das durch seinen preys
      der helld erschlagen wäre,
      den man allzeit nennet den ritter weys.
5   da ward zu hof umb in vil gros die clage.   K 170,19. P 31,26.
      diss als was nicht wann zauber gros:
      kirchhof und grebd und wes man da ye pflage.

[177ᵐ] Awentewr, wie sich Artus zu Dolorose Garde richt und wie
es im ging bei der Künigin Furt etc. und wie Gabon und sein
gesellschaft gefangen wurden.

664   Artus der clagt vil sere
      umb den ritter kurtois,
      die künigin noch mere,
      mit in maniger Pritann und Frannzois;

661,4 hertzñ *b*
663,6–7: *wegen fehlenden Platzes am Seitenende besonders eng geschrie-*
     ben A
Überschrift *am linken oberen Blattrand eingetragen A;* zw der dolorose *b;*
    etc *fehlt b*
664,4 mangˢ *b*

5   wie den er wolt der Garde claus beschawen,
    er sprach zer künigin, das sy
    mit ir nem zu der vert vil clare frawen.

665   Mit schöner masseneye
      russt sich der künig von haws.
      an ainem tag sy beye
      aim wasser zugen. dem edlen künig Artaus
5   von hitz der sunn der tagrais gunde müeden.
      er sprach: »Fürwar, das daucht mich guet,
      das wir von unns die hitz von küel entlüeden.«

666   Durch das man da leg stille,
      do schlueg man auf das velld
      (das was der künigin wille)
      von sameyt ein gar wunigklich gezelld.
5   der künig sich enploste do durch küele.
      in ainem hembd ginng er zum wag
      und satzt die füess entplosset in den prüele.

667   Ain ritter kamm geriten
      die Humber her zu tal,
      dem was sein frewdt verschniten,
      do er an jenem lannd vernam den schal.
5   alls er von Artus nicht was all zu verre,
      er fragt seins nams. der künig jach:
      »Ich pins, Artaus, der Pritoneyser herre.«

668   Alls er das het vernumen,
      das Artus selb da was,
      von seinen synnen kumen

664,5 dē *Ab*
666,1 da *fehlt b*

664,5 wie den: ›*ebenso wie diesen‹ (d. h. wie Lannzilet)?*
667,1 Ain ritter: *laut 670,5 Gahanndes.*

wer er des nach. durch sein mördlichen has
5 hiet er sich an dem künigk geren errochen.
ins wag er sprangte zu im schnell;
mit der glevy wolt er in han erstochen.

669 Vier ritter bey im hielten,
der yeder trewen pflag,
und grosser manhait wielten.
ainer zum ritter spranng auch in den wag.
5 mit zoren er sich so an den hellden henket:
hiet Artus nicht erwerret im,
er hiet et in da in dem wag ertrenket.

670 Von Dolorose Klause
was jener frewden ellend.
er dacht, der [177ᵇ] künig Artause
den ritter im zu layd hiet dar gesendt.
5 Gahanndes rait von dann vil traurigkleichen.
morgens Artus auch do auf prach
mit frawen und auch rittern ellensreichen.

671 Alls er der purge nachte,
da schlueg er auf das velld
(alls mans zum pessten dachte)
vil manig hoch und wunnigklich gezellt.
5 er hiess sein masseneye all dar im peiten.
er wollt nur mit der künigin
sunder gesellschaft für die porten reiten.

672 Sunst ritens zu der porte,
die was et vasst versperrt.

669,6 hietz *b*
670,5 trawrigkleiche *b*
671,5 hiess all sein, all *wegradiert A;* masseney *b*

670,5 Gahanndes *wohl Fehler für* Behandies, *den geflohenen Herrn von Dolorose Garde und Herrn von Dolorose Klause.*

der künig ensach noch horte.
alls sy payd kerten auf ir widerfert,
5 ain man vil allt begunde ser nach schreyen: K 171,32. P 32,5.
»Umb terz oder umb none kumbt
morgen all her mit ew⟨e⟩r schön ameyen!«

673   Noch was in alls verporgen
her Lannzilet der küen.
nu hört! an ainem morgen
wolt sich erpanichen her Gaban in der grüen
5 mit seiner gesellschaft für lange stunde
mit valken die Humber ab zu tal,
ob er von paisse kurzweil ycht da funde.

674   Alls nach was ennndt dem tage,
in kam ain man, was allt,
der sy vand bey dem wage.
von perd und wandel was er wol gestalt.   K 172,25. P 32,′2.
5 er pat die hellden all bei im benachten,
er wolt in pieten eren vil.
»War wollt ir disen abent fürbas trachten?

675   Ich sag euch solich mere,
der ir werdt frewdenreich
und euch benemen swäre.
ir wend verloren han vil sicherleich
5 ewr gesellen, alls der grebd schrift euch beweyset.
ir sacht sy froers muetes nye.«
unmuet durch fräwdt in gar von herzen reyset.

676   »Kumbt dann, bey disem tage
sollt ir die warhait sehen,

672,5 pegund *b*
673,5 seinr *b*
675,1 soliche *b*   5 geselln *b*

672,3 *Ergänze* nichts.

das ich vil recht euch sage
und ir mir selb der volge müesset jehen.«
5 her Gaban jach do zu dem selben allten:
»Umb die wird, die ir unns beweyst,
lass euch got ymmer [177ᵛᵃ] vil eren und preys behallten.«

677 Hin auf sein wolgetrawen
riten die küenen gesst
(sy heten lützel grawen)
zu ainer purk für not die aller pesst.
5 zu hand sy all ab von ir pfärden stunden.
alls sy kumen auf den palast,
sy wannden nach unrue gemach han funden.

678 Gleichsend der wirt sich hielte,
macht in vil fräwden gros;
wie doch sein herze wielte
untrewen, wann er was et eren plos.
5 wappen und schillt zuhanndt man von in truege.
wasser man pracht, damit sy all
yeder den eyser ram do von im zwuege.

679 Leinwat linde, schne var weysse
man in all frische pracht.
der wirt warb gar mit vleise,
wie er seinr untrew voll ain ennde macht.
5 er fuert sy in ain garten wunnigkl⟨e⟩iche.
man gab in wirtschaft vollen rat.
des warens all vil gail und frewdenreiche.

680 Nu het der wicht seiner gnossen
verwappent in ain hallt

677,2 die] sy *b*
678,4 vntrewe *b*   7 im] in *b*
679,1 lind *b*
680,1 seinr *b*

woll vierzigk, der schälk verstossen. K 173,25. P 32,'10.
mit kewlen, axten, swerten kumens palld.
5 »Haha, ir dieb!« sy an die hellden schriren;
mit stüelen, schüsseln, penken lank
stalten zu wer sich do die ritter zieren.

681 Ir wer schnell was zergangen.
menigklich über sy lieff.
die helld wurden gefangen,
darnach gelegt in ain⟨e⟩n kä⟨r⟩cher tief. K 174,20. P 32,'12.
5 do sy ir gesellen vil in poyen funden;
sy daucht, das sy mer lebten noch,
ir ungemach wär et in nach halb verswunden.

Awentewr, wie Lannzilett nu gefüer, wie Artus in die purk kam
unnd wie Gabon unnd sein gesellschaft aus ir gefänknüss ledig
wurden.

682 Nu hett sich alls enthallten
Lannzilet in der vesst
von jungen unnd auch allten,
das seinen namm noch art gar niemant wesst.
5 ains tags zu imnys sass er mit seiner maget.
ain knab ein gangen [177ᵛᵇ] kam zer tür,
der mit wainden augen vil sere claget.

683 Lannzilet in fragt der märe,
was dise clage mayndt.
er jach: »Meins herzen swäre

680,3 wollt *Ab*
681,1 was schnell *b* 2 mengklich *b;* sy vber stiess *b* 3 die *fehlt b*

680,3 verstossen ›*verdammt*‹
682,5 imnys = *mhd.* inbîz 5 maget: *Die Botin der Frau vom Lack, vgl.*
auch 689.

ist, das mir kam ain magt, die sere waindt.
5 ich fragt, was sy prächt zu solichen smerzen.
sy jach, Gaban und ritter näwn
gefangen wären, der not ir ginng zu herzen.

684 Ir not auch ich bewaine!«
do sprach her Lannzilet:
»Das sind nicht sache claine!«
sein wappen hiess er pringen im zu stet.
5 er wolt die dinng durch ain et auch besehen,
war durch, wie oder von wem
den hellden küen die not da wär beschehen.

685 Verwappent an aim ennde
er sich zer pfort aus stal.
nach jener magt behennde
rait er den perg geswinde ab zu tal.
5 er sach die magt; nach ir er schnell tet jagen;
alls er die näche zu ir kam,
do hort et er sy für sich alles clagen.

686 An pfärt und auch an gewannde
er dise maget phier
vil schnelligklich erkannde.
er jach: »O willigkumen seydt got und mir!«
5 auch kande sy den hellden an der stunde.
er vinng sy in sein arem plank;
er kust ir wanng, kün unnd auch süessen munde.

684,2 do] so *b*
685,1 ain *b*   4 geschinde *b*
686,1 an *fehlt b*   4 willigkumen] *davor* got *wegradiert A;* got] *vom Schreiber nachgetragen A*

684,6 *Eine Silbe zu wenig,* dur⟨i⟩ch *?*
686,2 phier = fier ›*stattlich, schön*‹   7 kün = kinne

687   Er fragt sy manicher mere
      unnd von seiner frawen gesund.
      sy jach: »Gar sunder swere
      mein fraw⟨e⟩ lebt. noch mer thue ich euch kundt!
  5   ew⟨e⟩r nefen pieten euch dinst und mynne.
      wie ir gefart und was ir schaft,
      sol ich zum Lack sy alle pringen inne.«

688   Darnach klagt sy ir swäre
      und Gabons ungemach,
      das der gefangen wäre.
      her Lannzilet in zuchten zu ir sprach:
  5   »Wisst ir ycht, war man dise hellden füeret?«   K 175,32. P 32,'23.
      sy sprach: »Herr secht, *in jener* purk
      sind sy, durch die mein herz gross jamer rüeret.«

689   [178ᵐ] Hin fuert er auf die vesste
      die magt an guet gemach.
      zwen lieb und werde gesste
      het er entsam. do ain die anndern an sach,
  5   wann sy payd vom Lack dar gesenndet waren,
      mit mynigklichem umbevank
      kund aine zu der anndern lieplich paren.

690   Er sprach: »Durch ew⟨e⟩r ere
      entsamen hie p⟨e⟩leibt,
      bis ich die widerkere

687,2 seinr *b*   5 vnd ir myñe *b*
688,6 in jener] ir iene *Ab*   7 sind] said *b*
689,4 an] ane *b*

690,1-7: *Lannzilet trägt den Frauen vom See auf, die Burg erst dann zu
verlassen, wenn er von der Suche nach Gaban zurückgekehrt sei. Später
muß Lannzilet die Stadt überstürzt verlassen, ohne den Auftrag zu widerrufen. Er sendet den befreiten Gaban zu Artus auf der Dolorose
Garde (Str. 732); Artus und Gaban hören die Klage der verlassenen
Frauen vom See (735) und beschließen, den weißen Ritter zu suchen.*

nymm, wann gross angste mich nu hinnen treibt.
5 ich hilf von not Gabon und sein gesellen,
die durch mich leyden ungemach,
oder ain sper muess tod darumb mich vellen.«

691 Allso er urlabs gerte
der wunderküene degen.
do er den perg abkerte,
die maget zwo gaben im mengen segen.
5 nach der Humber ain ghag was dick gepuschet,
darein legt er sich in ain lag   K 176,11. P 32,'25.
und was den abent gar darinn vertuschet.

692 Alls sich die nacht an tunk⟨e⟩lt,
ain zeit vil clain darnach
der man mit schein her funk⟨e⟩lt.
ir zwainzigk in ain schif er sitzen sach,
5 fueren über jens wasser her an lannde.
sy wolten lagen Artuses her:
des kert her Lannzilet an sy zuhannde.

693 Vil hurrtigklichen ersprengen
der degen tet mit ellen,
und under den gemengen
mit sper unnd swert. dem tod ir sex gesellen
5 sich muessten. er gund ir tropel so durch drucken,
sein swert prünn und ir hellem durch dranng,
das bluet und fewr tet auf gen höhe flucken.

694 Ir vil mit tieffen wunden
entrunnen von dem streyt;
umb das genad sy funden

690,5 seinen *b*
691,4 in manigñ *b*   5 dicke *b*
692,6 legñ *b*
693,2 elln *b*   7 *b hat die Reihenfolge Str. 693, 705–712, 694–704, Überschrift vor 705, Platz für zwei Strophen, 713 ff.*

putens vianz. hört, was der ritter seid
5 pegan, alls im gelobt ward dinst und mynne!
er rayt für Artus her und sach
mit frawen rain die claren küniginne.

695 [178ᵛ] Er kunde kaum geparen,
do er die rainen sach.
zu der vil keuschen claren
aus gannzer mynn er mynnigklichen sprach:
5 »Ob ir begert die purk all hie zu schawen, K 177,17. P 33,11.
so kumet dann: ich reitt euch vor.
nembt *mit* euch auch hie dise claren frawen.«

696 Die frawen sunder payten
hiessen ir pfärd in pringen,
zer fert sy sich beraitten. –
Fraw Mynn, was sagt ir hie zu disen dingen?
5 wie hat er seiner dinst gen euch genossen? –
verdacht er zu der pfort ein rayt,
die ward auch nach im vesst und wol verschlossen. –

697 Secht, wie ir seine synne
sunst groblich habt gehondt! –
umb das die küniginne
er sach zu velld so mynnigklich geschont,
5 durch das im wardt synn und gedenk enzucket.
er sass auf seinem ors, als ob
er in aim süessen twalem wär entrucket.

698 Alls nu die frawen kumen
auf für das pürge tor
und die einfart penumen
in was, das sy verspart waren darvor,
5 her Kay honlich hie lachet diser märe.

695,7 mich *A*
696,2 ire *b*
697,7 süssem *b*
698,5 hanlich *b*

der ritter weis sich erst versan
und jach in zoren hin zu dem portenere:

699 »Sag, wer hiess dich verschliessen
nach mir die porten wider?
du solzt nymmer geniessen!«
die künigin an stund den perk rait nyder.
5 die diet der stat sprach zu dem künig *heren,*
das er sunder verziehen
mit all der schar tet zu der purk auf keren.

700 Artus gar sunder peyten
und auch die künigein
zer purk hin gunden reyten;
zu türlein clain wurdens gelassen ein.
5 ain garzunn sprach zu Artus dem vil reichen:
»Ins slos ir kumbt nach tagen dreyn,
und auch nicht ee, das wisset sicherleichen!«

701 [178ᵛᵇ] An ainem endt sy sahen
vor in manng reiche grebd;
des gunnd frewd von in gahen.
ir aller herz nicht wann in jamer schwept.
5 das epitaf sagt, wie da leg erstorben   K 178,20. P 33,24.
her Gabon und sein gesellen gar;
von sper und swert werens all da verdorben.

702 Der kumer gros zu herzen
den werden allen ginng.
mang zäher von dem schmerzen
vil rosen roter wenglein über vinng.
5 do ward die clag gros von den zarten frawen:
»Waffen, das ye *der* tag erschain!«
sunst ward ir freud mit jamer in verhawen.

699,3 soltz *b*   5 her⁵n *Ab*
701,7 werns *b*
702,4 rosn *b*   6 den *Ab*

703 Alls Artus het vernumen,
     das er zum purgetor
     nicht fürbas ein möcht kumen,
     do rait er mit seiner masseney das spor,
   5 das in vom velld het zu der purk getragen.
     nu hört auch von dem ritter weis!
     die gefenknüss Gabones gund er in herzen clagen.

704 Verholen man aus lassen
     muesst den helld unverzait.
     nach der Humer die strassen
     verwappent er vil degenlichen rait.
   5 vil manger hannde er im alls gedachte,
     wie er nu lisstigklichen sich
     zer nacht aber in aine lag sich machte.

Awenntewr, wie Artus mit der künigin vollen in das schlos kumen; wie Gabon mit seiner gesellschaft zu dem künig kumen
unnd wie in fürbas gelanng.

705 Ain weg von im unweyten
     er von der purge sach
     ain heremitten reiten.   K 179,23. P 33,32.
     zu dem herr Lanzilet mit züchten sprach:
   5 »Vil lieber herr, prächt es et euch nicht swäre,
     – ir kummet von ainer purge her –
     was die diet worcht, wesst ich geren die märe!«

706 [178ᵛᵇ] Der brueder jach: »Ich wollte,
     das Artus der Priton

703,2 zum] ze *b*   4 seinr *b;* das selbig *Ab,* selbig *unterpunktet A*   5 in]
     zw *b*
704,1 Nerholñ *A, Initiale* v *vorgeschrieben A*   3 Humber *b*
Str. 705–712 *folgt in b auf Str. 693, vgl. dort.*
705,6 ainr *b*

ir lag recht wissen sollte!
er wirt et heindt zer nacht geriten an;   K 180,12. P 33,35.
5 verholen wellen sy sich dar verstelen.
kundt ichs den werden pringen inn,
der lag tet ich in kainen weis verhelen.«

707 »Gross dank und auch genade
habt des, vil lieber herr!
villeicht gelückes rade
im lauffet so, das unhail im wirt verr!«
5 so redt her Lannzilet der küene degen.
mit urlaub schieden sich die zwen;
zer huet tet aber er sich wider legen.

708 Alls nu der tag het ennde,
die nacht mit vinster kam,
Behandies all behennde
seiner pessten gar ain schar er mit im nam:
5 annderhalb hundert der was oder mere.
sy riten still und ane bracht.
den hengt auch nach der helld mit ainem spere.

709 Do sy begunden nahen
künig Artus und den seinen
und ir gezellt ersahen,
Lannzilet liess do manhait gros erscheinen:
5 sein ors liess er geswinde zu in lauffen.
mit seinem sper er in sy ranndt,
das ir ettwo vil meniger viel zu hauffen.

706,7 in] im *b*
708,4 seinr *b* 6 vn *b*
709,1 Do] Alls *b* 4 do *nachträglich A,* sein *b* 6 er *fehlt b* 7 meng^s *b*

708,3 Behandies: *Das ist der Herr von Dolorose-Garde und Dolorose-Klause, vgl. K 176,23f.*

710   Sein swert er zoch von schaiden,
      damit er manigen swank
      tet zu seinen seitten payden.
      durch helem, hirenschal es tief einsank,
  5   davon menng hawbet wardt in zway gespalten.
      ee sy der wer *versunnen* sich,
      waren wol dreissigk zem tode die gezalten.

711   Sunst prach er durch den punder
      yetz durch und denne wider,
      davon den orsen unnder
      gestrewet wardt manng man zer erden nider.
  5   do sach man jenen herten, disen vliehen.
      er jagt sy in dem velld all umb
      und macht sy an ir were die vil schiehen.

712   [179ʳ] Hert an sy gunde schreyen
      der degen küen und zier:
      »Kain lebens sollt ir freyen!
      lass sprengen dar, jojose tschevalier!«
  5   sy dachten, man hiet gelaget in mit lissten.
      wellicher nicht von dann entran,
      den daucht, er möcht mit wer sich nicht mer frissten.

713   Das schreyen und das wueffen
      hort man in Artus her;
      ainr gund dem anndern rueffen:
      »Wol auf! und keret schnell zu ew⟨e⟩r wer!   K 181,25. P 34,7.
  5   wir sein et hie verlaget und verraten.«
      in kurzer weil sach man, das sy
      sich zu vil starker wer beraittet haten.

710,1 Mein, *Initiale* s *vorgeschrieben A*   4 hirnschal *b*   6 versumeñ *Ab*
712,3 freyen] freẅen *b*

712,3 freyen = frewen

714 Her Lannzilet sach pallde,
  das Behandies hin floch
  gen ainem grüenen wallde,
  davor er in vil snelligklich erzoch.
  5 der pot viannz, das er in liess(e) leben,
  darzu wollt er im her Gaban
  mit annder seiner gesellschaft wider geben.

715 »Doch auf disen gedingen,
  das ichs mag sicher wesen,
  das ir mich nicht wellt bringen
  dem künig Artaus; dann ich wär ungenesen.«
  5 der weisse ritter sprach: »Ob ir das halltet,
  als ir mir *lobet* von Gaban,
  an sorg von künig Artus ir wol alltet.«

716 Zu ains ainsidels klause   K 182,29. P 34,15.
  woltens entsamen reiten.
  von dem her künig Artause
  vert Kay dort her, der nicht gert wann zu streiten.
  5 den ritter weis er kannte all zuhande.
  er sprach: »Hört, küener degen werd,
  den ritter gebet mir all hie zu pfannde!«

717 Des ritters zaum gevinge
  her Kay do in sein henndt.
  »dem künig ich euch bringe
  gefangen, oder es muess sein ewr endt.«
  5 her Lannzilet jach: »Des habt kainen willen!
  er vert in mein gelaitt all hie.
  darumb mügt ir wol ewren zoren stillen.«

714,7 seinr *b*
715,1 disn *b*   6 lobte *Ab*
717,1 zaum *auf Rasur A*, zwaum *b*   6 meim *b*

718   [179rb] »Ich ẹnruech, herr, was ir saget,«
      sprach Kay der zoren var,
      »ob es euch nicht behaget,
      des kan et ich nicht achten umb ain har.«
  5   der ritter weys ab disen worten lachet.
      »Herr, lasst mir disen ritter frey,
      oder ir werz an preyse drumb geschwachet.«

719   Des wardt zu der thioste
      herr Kaye sich beraitten,
      die ẹrginn mit reicher kosste.
      ir payder sper in drunzun sich zerspraitten.
  5   her Kay ward hinders ors unsanft gesetzet,
      das er lag auf dem annger grüen
      gar sunder macht, seinr kreffte ser geletzet.

720   Sunst Kay lag sunder kreffte   K 183,32. P 34,22.
      gequetsch⟨e⟩t auf dem lanndt;
      Lannzịlet sein orsch im heffte
      zu ainem pawm und rayt von dann zuhandt
  5   mit Behandies zu ains ainsidels klause.
      nach Gaban und den rittern gar
      schickt er nu schnelligklichen haim zu hawse.

721   Orsch, harnasch man in gabe,
      schilt, hell⟨e⟩m und ir sper
      und annders all ir habe.
      zum prueder hof sy namen gar die ker,
  5   do sy mit frewden wurden hoch enpfangen.
      noch wessten sy des namen nicht,
      durch den in dise losumb was erganngen.

722   Sy paten in ze sagen
      sein namen und sein art;

718,1 eruch *Ab*
719,4 spere *b*
721,4 die] ir *b*

er jach: »Zu anderen tagen
wert irs gewar!« hie mit der zucht gelart
5 sein orsch berait. er wollte von in reiten.
er jach: »Ir wartet mein all hie.   K 184,31. P 34,27.
ich kumm zer nacht oder morgen gar enzeiten.«

723 Der gefänknüss ledig sagte
    er den hellt Behandies.
    hin rait der unverzagte
    zu Artus *her*. den künig er do hiess,
5   obs im behagt, nach im ze purge kumen,
    darzu sein werde ritterschaft.
    hiemit ain urlab ward alldo genumen.

724 [179ᵛᵃ] Den perk auf zu der phorte
    so rait der ritter clar;
    mit manichem schönen worte
    ward er enpfangen von mündlein rosenvar.
5   an stund er schickte nach dem portenere,
    sprach, wann der künig zer porten kem,
    das er beraitt das tor zu offen were.

725 Artus gar sunder beiten
    und auch die künigein
    zer purk begunden reiten.
    do ward er all zu hand gelassen ein;   K 186,1. P 34,33.
5   do ward entpfangen er mit grossen eren.
    die von der stat, payd frawen und man,
    teten mit fräwden zu der vesste keren.

722,3 andern *b*
723,4 herr *A*   5 in behagt *b*
724,3 manichñ *b*
725,4 gelassn *b*   7 vesst auch keren *b*

722,4 der zucht gelart: ›er, *der zucht gelernt hatte*‹
723,1 gefänknüss: *die* vianz *714,5 als Einschränkung der Bewegungsfrei-*
     heit.

726 Wann manigklich fräwden wielte
all umbe in der vesst,
der ritter weis enthielte
sich alles, das sein art et niemant wesst.
5 der künigk in dicke pat, sich im zu nennen.
er jach, diss hiet et nicht sein zeit,
er möcht hernach et in vil wol erkennen.

727 Do sprach die küniginne:
»Zwar diser awentewr
wundernt gar all mein synne,
und ist bey nam zerholen ungeheur.
5 der mir die nach ir werd berichten kunde,
wo der nach mynne dinte hin,
wunscht ich, das er genaden lon dar funde.«

728 Do sprach der ritter clare:
»Das ich euch nicht sol sagen
zu endt die geschicht vil gare,
für war das tuet et mich von fräuden jagen!«
5 hiemit wolt zu der purk aus der vil raine.
»herr künig, lasst in nicht reiten fort!«
so schray von der stat all die diet gemaine.

729 Künig Artus sprach: »Nu höret
den ruef von diser diet,
was fräuden ir in störet,
ob ew⟨e⟩r rays allsus von hinn geriet!«
5 er sprach: »Ich dinte doch, her, nie ewr hassen!
ich bewars auch, wo ich ymmer sol:
[179ᵛᵇ] drumb mügt ir mich wol hinnen reiten lassen.«

726,1 mengklich *b*
728,1 Der weisse ritt⁵ klare *b*   3 geschickt *A*
729,3 ir] er *b*   5 dint *b*   6 sol] mag *b*

727,4 erholen: ›(erinnernd) wiederholen‹

730   Sunst Artus nicht enwollte
     den ritter fürbas hallten.
     hin rait der tugent hollde.
     des ward ir freud mit jamers keyl gespalten.
   5 noch wesst Artus nicht annders von den mären,
     dann das Gaban und ritter vil
     durch dise awentewr erstorben wären.

731   Der ritter all behennde   K 187,2. P 35,4.
     rait, do er Gaban lie;
     der wollt sein ungenennde,
     sprach zu Gaban: »Herr, hört, ich wil euch sagen, wie
   5 zer purk sullt ir gar an verziehen reiten.
     durch euch der künig hat clag gros;
     mit all den werden kumet dar bey zeiten.«

732   Nu wolt der künig verziehen
     sein rais von dann nicht lennger;
     drumb das durch clag tet fliehen
     frewd aus ir herz, drinn plaib jamer vil strenger.
   5 alls man sich russt von dannen sunder peyten,
     so sehens, das ir ritterschafft
     mit her Gaban zer purk ein gunden reiten.   K 188,14.

733   Wer ye zu diser wellte
     von frewden horte sagen,
     da frewd des laydes gellte
     gewesen ist, der darf nicht füro fragen.
   5 da was et fräuden vil und ane massen.
     sy wurden von frawen mynnigklich
     entpfangen wol ains taills mit augen nassen.

731,4 herr hört *unterpunktet A;* hrˢ hort ich sag euch wie *b*   6 klage *b*

731,4 *Der Vers ist zu lang, hat aber vermutlich so in der Vorlage gestanden;*
    A und b versuchen, ihn auf verschiedene Weise zu heilen.

734　Gaban gar sagt die märe,
　　　wie sy gefangen waren
　　　in kärcher, poyen sweren.
　　　»wir sein erlost von ainem ritter claren,
　5　der euch enpewt vil dinst und hollder mynne!
　　　wie sein nam sey und auch sein art,
　　　kundt wir durch ain von im nicht werden inne.«

735　Nu hort man von den magten,
　　　die horten hin zum Lack,
　　　das sy das [180ʳᵃ] auch ser clagten
　　　und jahen, das es wär ir fräwden schlack,
　5　das sy sus zwungen muessten dar beleyben.
　　　»uns löst niembt wann der ritter weis!　　　K 189,2. P 35,15.
　　　got well sein hail im zu dem pessten scheiben!«

736　Der künig sprach: »Für ware,
　　　vleys wolt ich darzu keren,
　　　gar all mein zeit und jare,
　　　wie ich euch möchte fräwde vil gemeren.
　5　wesst ich den ritter ainicher enndt zu suechen,
　　　was mir das müe und kosste nem,
　　　des alls wolt mich et durch in lützel ruechen.«

737　Die ain magt jach: »Zu hannde
　　　ir werdt vil von im innen
　　　zu Logers in dem lannde,
　　　so man urlewgs zum nägsten wirt beginnen;
　5　zum annderen und zum dritten noch vil mere,

736,6 und kosste] vnkoste *b*

735,6 *Vgl. Str. 690.*　7 *Artus hört die Klage der beiden Frauen vom See,
daß nur der weiße Ritter imstande sei, sie zu befreien. Daraufhin will
Artus nach diesem suchen (Str. 736). Zur Situation der beiden Frauen
vgl. Str. 690 mit dem Verbot Lannzilets, die Burg zu verlassen, ehe er
von der Suche nach Gaban zurückgekehrt sei.*

da wirt offen sein manlich tat,
dar durch er gewinnt preys, darzu hoche ere.«

738 »Nu höret, künig vil here«,
her Gaban alldo sprach,
»euch herget stät und sere
und tuet dem lannd⟨e⟩ dick gross ungemach
5 der künig von der Über Tennemarke.
piett im, das ir in suechen wellt
auch in seim lanndt mit ainem her vil starke.«

739 Wie sy es heten gesprochen,
allsus es auch beschach.
er wolte nach vier wochen
urleugen ser. her Gabon darzu sprach:
5 »Nu wil auch ich ainer verte nicht erwinden:
ich wil nach jenem ritter weys,
sehen, ob ich im lanndt den möchte vinden!«

740 Nach disem ungenennden
wolt auch Artus ain magt
aus in die lannde sennden.
nu wirt euch fürbas von dem helld gesagt,
5 weil sich der rays her Gaban under vinge
und er von Artus hof sich schied,
wie es dem ritter weis die zeit erginnge.

738,1 hort *b*   3 hergt *b*   7 in] im *b*
739,5 ainr *b*

738,7-740: *Zum König von Über-Tennemarke s. u. Str. 783 f. und K 29,15.*
Gabans Rat zielt auch darauf, bei dem Heerzug etwas von dem weißen
Ritter zu hören, vgl. K 189,14 f.
740,5 weil ›*während*‹

[180ʳᵇ] Awentewr, wie Lannzilet ain gefanngen ritter erlost unnd
wie er ainen ritter tod schlueg von des gewunten ritters willen,
dem er an Artus hof geschworen het, in zu rechen.

741   Alls von dem heremiten
       Lannzilet urlabs gert,
       gen ainem walld geriten
       ains tags er kam. der degen küen und werd
   5   sach ainen ritter mit seiner messeneye,   K 190,19. P 35,27.
       des leib nach was in risen lenng;
       er fuert ain ritter gefangen frewden freye.

742   Dem was von ainer maget
       zu seinem halls gehanngen
       (alls die histori saget)
       ain haubet mit ir liechten zöpfen lanngen.
   5   Lannzilet fragt, wie disen dingen wäre.
       »was sol diss haub⟨e⟩t an dem mann?
       durch got beschaydet mich hie diser märe!«

743   Der gross jach: »Zwar gesworen
       hab ich des manichen aid:
       sein leib ist gar verloren.
       er hat betrüebet mich, darzu der mayd
   5   hat er verrätlich ir leben auch genumen.«
       der ritter sein unschuld hie pot
       und jach: »An schulld bin ich zu nöten kumen!

744   Der zaigt mir sein unmynne;
       das dient ich umb in nie –

Überschrift: ritter erlost vnd wie er ainen ritter erlost tod schlueg *b*
741,7 aiṁ *b*
743,1 sprach *b*   2 manichen] ainen *b*   3 sein] dein *b*   4 betrübt *b*

742,4 *Vgl. Str. 749.*

ich dien ainr küniginne
her aus Briton –, do mich der wicht heut vie.
5 vor und noch ist mir sein nam noch lützel künde.
ich erzeugts vor all den werden wol,
ja ob von seim gewalt mich yembt enpünde.«

745 Lannzilet zu dem grossen
sprach: »Lieber herr! nu secht,
er zellt sich valsch den plossen;
darfür pewtt er et euch sein ritter recht.«
5 des pot im antwurt jener aus grossem zoren:
»Sprecht ir fürbas ycht wort darzu,
so seydt des leibes ir gar der verloren.«

746 »Wellt ir von im ycht nemmen
gewett für sein unschuldt
(alls sich das [180ᵛᵃ] tuet gezemen),
so widersag ich euch durch in mein hulld!«
5 hiemit den helld rais er im aus sein hannden;
er entstrickt im riemen und die sail,
damit in jener fuert in starken pannden.

747 Ain starkes sper genayget
ward gen dem ritter weis.
des wird nie wardt gevayget,
der het auch seiner thiost gueten vleis.
5 der just gab hellen don mit lautem krache.
hiemit der ungefüeg dort lag
durch stochen auf der grüen mit ungemache.

744,5 sein nam mir lutzl *b* 7 gwalt *b*
745,7 leibs *b*
747,5 krachen *A* 7 gruene *b*

744,5 vor und noch: ›*nach wie vor*‹
745,3 ›*Er bezeichnet sich als einen ohne Falsch.*‹

748   An Lannzilet ain schallen
        gros hueb sich do zu stund;
        doch was kainr bey in allen,
        der *im* mit seinem willen schadens gundt.
    5   sy liessen durch die schulld in leicht genesen.
        durch ir vianz muesstens dem wicht
        betwungen und gar undertänig wesen.

749   Auf vienng der ellensreiche
        des valannds kasstelan;
        die frawen mynnigcl⟨e⟩iche
        satzt er darauf; hiemit sy riten dann.
    5   die fraw sprach aus ir süessen munnd geröset:
        »War hin füeren wir euch vianz,
        durch das ir ritterlich uns habt erlöset?«

750   Er jach: »Hin zu Britone
        der landes künigein,
        die tregt der tugent krone
        der und dem künig saget die dinst mein.«
    5   der ritter fragt, wie er mit namen hiesse;   K 191,37. P 36,9.
        »sagt ir nur zaichen mein⟨e⟩s schillts!
        sagt, ich sey, der sy zu der Gardę ein liesse!«

751   Sunst riten sy entsamen
        sprechend den lanngen tag.
        zu ainer purk sy kamen,
        da man ir et mit reicher wirtschaft pflag.

748,4 in *Ab*   7 betwingen *b*
749,3 myñigclichñ *A*, myñigkleichñ *b*   5 sussn *b*
750,4 die] den *b;* dinest *b*

748,3 allen: *d.h. die* messeneye *des besiegten Ritters.*   6 muessten:
    ›hatten müssen‹
749,3 *Die* frawe *als Mitgefangene des Ritters war vorher nicht erwähnt
    worden. Oder stellt sich Fuetrer vor, daß die* maget, *deren Zöpfe um den
    Hals des Ritters geschlungen waren (Str. 742), noch lebte?*

5 nu morgens, alls die sunn leucht gen dem tage,
  Lannzilet urlaubs von in gert;
  des ward nach im unmassen gros die clage.

752 Hin rayt der helld gehewre
    bis an den abent gar.
    er sach ain ritter tewre,
    des orsch und wappen das was alls silber var. K 193,4. P 36,18.
  5 der fragte Lannzilet gar diser märe,
    war hin sein raise solte
    oder von wann er sunst des land⟨e⟩s wäre.

753 [180ᵛᵇ] Er sprach: »Herr, ob ir spehen
    kundt ainen ritter ycht,
    so möcht ir selb wol sehen,
    das ich zu ritters fuere hab die pflicht.
  5 fragt ir, wem ich mein dinst gar laist zu hawse?
    das thue ich dem künig von Pritann,
    ich main den eren *gerenden* künig Artause.«

754 Jener sprach: »Herr, für ware
    ir seidt dem undertenig,
    dem ich zeit unnd mein jare
    dinstes ymmer bin der widerspenig
  5 umb das: es kam an seinen hof ser wunder
    ain ritter, der mit sper unnd swert
    des leib⟨e⟩s kraft gemacht ward ungesundter.

755 Umb das sein gross qual pitter,
    die sewche möchten fliechen,
    drumb tet ain annder ritter

753,7 gerñ *danach Lücke durch Rasur A*
754,7 gemacht gar ward *b*

754,7 *Vgl. Str. 473–478, 507*
755,3 *Vgl.: Str. 507. Dieser Ritter war Lannzilet.*

zway stuck im aus sein tieffen wunden ziehen.
5 er schwuer auch, wer das ymmer vor im spräche:
wer jenen mynnte, der in schlueg,
für in, das er das ymmer an im reche.

756 Der selben bin ich ainer,
der das doch ymmer gicht:
an stat und enden kainer
gelaugen ich kainem man der worte nicht,
5 das reche durch in ymmer, wer das welle.«
Lannzilet jach: »Ditz ist mir laid:
es ergat unnser aim hie zu ungefelle.«

757 Die sper sy gen dem punder
mit grimmem zoren naigten.
aus hellem fewres zunder
sprungen gen höch, darvon die ungevaigten
5 mit orsch und all deckten mit vall die grüene.
der ritter weis sein schwert enport
und schlueg zu tod den anndern ritter küene.

758 Nu hat auch fraw Fortunne
im sterben kaum erwert,
wann des spers ain drunzunne
im stackt in seinem leib mit nöten hert.
5 des muesst man ain orschpar zuhandt im machen;
der nie gevorcht frays oder dro,
den füert man dann des leibes gar den swachen.

―――――

756,5 rech *b*
757,2 zorn *b*　　7 vnd schlueg *auf Rasur vom Korrektor A*

―――――

757,3 hellem = helm
758,2 im: *Lannzilet*

[181ʳᵃ] Awentewr, wie es her Gabonen gelanng, alls er aus rayt, den
weyssen ritter zu suechen.

759 Von her Gabon⟨en⟩ sagen
    wil ich dem helld gehewr,
    wie der zu ettlichen tagen
    all suechend rait und manige awentewr   K 194,3. P 36,33.
    ⁵ durch fuer, das er das mer nie kundt erspehen
    umb disen ritter, den er suecht,
    kundt im et nie kain man die warhait jehen.

760 Ains tag⟨e⟩s rait der küene,
    do er auf *ainem* plan
    in ainem walld, was grüene,
    vil manig reiches pav⟨i⟩lun sach stan.
    ⁵ do lag ain herr, des nam man weyt erkennet
    in aller lannde kraissen:
    der künig von Hundert Rittern er was genennet.

761 Zwen fragten in der märe,
    war er der rays hin wollt;
    do sprach der vil erbere:
    »Ich suech ain ritter, des leib hat erholt,
    ⁵ das man in mag von schullden hoche preysen.
    sein kovertewr nach schne gevar,
    des namen mir nie man her kandt beweysen.«

762 Sein rais er nicht wolt sparen;
    mit hullden schied er dann.
    do kam im widerfaren
    ain diet, bey in zway starke kastelan,

760,2 ainen *Ab*   7 den *Ab*
761,4 leibe *b;* erholet *b*   5 schullde *b*
762,1 rays nicht lengᵉ sparñ *b*

759,5 mer = mär   5–7 *Satzkonstruktion apo koinu.*

5   die truegen ain orsch par, darauf verdecket   K 195,6. P 37,2.
lag alldo krank ain ritter wundt;
nicht hares gros do plosses an im plecket.

763   Von dises mannes swäre
her Gaban sy nu fragt,
und wer der krank da wäre.
ain knab all junk dem herren widersagt:
5   »Es ist ain ritter, ser wundt worden von streyte.«
Lannzilet hort ir rede wol.
er laucht die decken auf nicht all zu weyte.

764   An stat kandt er Gabone,
dackt sich snell wider zu;
do dacht der wolgetane:
›Ich wil im lan an spacht seins leibes rue.‹
5   mit urlab schied er sich von dannen pallde.
nach clainer zeit [181ʳᵇ] sach er, das man
ain toten ritter gen im trueg durch den wallde.

765   Ir ettlich klag erschainten
durch das in was beschehen,
so das vil ser sy wainten;
do gund zuhand her Gabon zu *in* jehen
5   und pat, ir not zu ennde im gar sagen.
sy sprachen: »Ain ritter, fuerte weys,
von dem ist diser herr in streit erschlagen.

766   Doch hat er sich mit namen
an jem ains tails errochen,
wann er dem lobesamen
zu verch ain wunden hat in den leib gestochen,

763,5 rittˢ et ser *b;* wundte *A*   6 red *b*
764,5 sich *fehlt b;* palld *b*   7 walld *b*
765,4 im *A*
766,1 Do *b*

5 das man not halb her nach in muesste püeren.
   wie sein ding noch zu haile ste,
   man mues in ye auf ainer ors par füeren.

767   Nu hört des streites schulde!
   durch diss die not geschach:
   der herr der sprach, mer hullde
   hiet er ains ritters, der ainen anndern stach.
5 ain drunzun in des leib im ward gefunden,
   ain schwertes stuck aus seinem haubt
   bey Artus zoch jenr ritter im aus seinr wunden.«

768   Erst dacht der vallsches lere   K 195,11. P 37,14.
   (ich main den von Norwag),
   das jens der ritter were,
   der auf der orsch par dort verwundet lag.
5 seinr wider rais er wollte nicht erwinden.
   er suecht in ser und kundt doch in
   an kainem endt der lannde nynndert vinden.

769   Sunst suecht er affter zwere
   imm lannd⟨e⟩ hie und dann.
   ains tags der tugent here
   in ainer grüenen aw sach vor im stan
5 ain pavilun, des reichhait was nit claine;
   Libloys, ain fürst von hoher art,
   darunder was. dar rait der tugent raine.

770   Noch fürsten drey da waren
   in seiner gesellschaft kumen;
   da sy den hellden claren

768,6 doch *fehlt b*
769,1 aber *b*   2 hie] hin *b*   5 des] das *b*
770,1 da] dar *b*

766,5 püeren = *mhd.* bürn ›*erheben*‹.

so nach bey irem rinng heten vernumen,
5 er ward enpfangen [181ᵛᵃ] von in wol nach eren;
sy weisten in an guet gemach,
do kanndten sy an stund den degen *heren.*

771 Zu tisch sy maniger hannde
sagten von awentewren;
Gabon, der preys erkannde,
fragt alles nach dem ritter vil gehewren,
5 ob in von seiner rais icht wäre kunde.
sy jahen, das sy wessten nicht,
wo man in *in* der weiten wellde funde.

772 Unnder all disen zeiten
sahens ain frawen clare   K 196,5. P 37,21.
schon durch den walld her reiten
mit ainer stollz und wolgeflorten schare.
5 den künig von Hundert Rittern ser des wundert;
sein poten sannt er zu ir hin
zu erfaren, wer sy wäre, die ausgesundert,

773 und jach, das sys gedächten
und dise frawen clar
zu seinem zellde prächten.
hiemit sy riten frölich zu der schar
5 und sagten do der frawen dise märe:
sy solt zu des künigs pavilun,
das diss sein maynung und auch wille wäre.

774 Sy jach: »Zu schaffen wenig
hab ich bey dem künig dort.«
allsus mit irer menig

770,7 heren] herren *Ab*
771,6 nicht] ycht *b*   7 in in] in ein *A*
772,2 klar *b*
773,7 das] vnd *b*
774,3 jr-rer *(Zeilengrenze) A*

wolt sy auf irer strasse reyten vort.

5 sy sprachen: »Fraw, ir müesst et mit uns reiten!«
do das ir ritter sahen all,
do viengens mit den poten an zu streiten.

775 Alls Gaban disen streyte
dort aus zu velldt ersach,
er sass auf sein raveyte,
ranndt⟨e⟩ schnell hin, die anndern herren nach.

5 er tet so vil, das er schied die unmynne.
das sy zum künig rite dar,
des erpat er do vil kaum die küniginne.

776 Die rainen er des fragte,
warhin ir rais solt sein.
die künigin im sagte:
»Mit all der macht und pessten helf⟨e⟩ mein

5 gstan ich Artus gen dem von Über Tennemarke.«
der künig jach: »Darwider füer ich
auf Artus ain her vil michel und auch starke.«

777 [181ᵛᵇ] Von Noaus die wolgetane
sich schied vom künig reich;
der zeit was ain vilone
geloffen durch den wald dem wol geleich,

5 alls ob er pfläg von not vil clainer wunnen.
er vandt Lannzilet, der von der par
durch luft gestigen was zu ainem prunen.   K 197,3. P 37,32.

778 Alls der so eylendt lieffe,
do schuef her Lannzilet,
das man im zu im rieffe.

775,1 disn *b*
776,4 helfenein *b*   7 michl *b*
777,5 wundñ *b*
778,3 rüffe *A*

des *eilt* der knabe dar zu der selben stet;
5 er fragt, wo hin sein rais so eylend sollte.
er jach: »Umb hellf, wo ich die fundt,
wer der von Noaus in nöten hellfen wolte.«

779 Lannzilet fürbas in fragte,
wie diss gar wär ergangen;
der garzun wider sagte,
der künig von Hundert Rittern sy hiet gefangen.
5 er sprach: »Mein pesste helf die sol sy spüren!«
in die ors par zuhant er staig
und hiess der ennde sich vil snelles füeren.

780 Der garzun dise märe
der küniginn schnell sagt,
das all ir not und swäre
ain ritter junk an massen sere clagt,
5 wie der doch wer zu verch verwundet sere.
indem kam ir der ritter zu;
des pot im gnad und hulld die frawe here.

781 Sy pat in mit ir varen
durch rue und sein genist.
der helld jach zu der claren:
»Diss mag nicht wesen, fraw, zu diser frist.«
5 hiemit tet er genadt und urlabs geren;
in ain stat ein zu ainem wirt
kert er, der in entpfienng mit micheln eren.

782 Nur alls der wirt erkannde
des ritters ungemach,
von erzten er besande
die pessten gar. wie er was leibes swach,

778,4 eylent *A;* zu der] zer *b*   5 sollte *nachgetragen A*

779,4 *Diese irrtümliche Aussage des* vilan *bezieht sich auf 774,6 f.*

5 die machten mit ir kunst in zehen tagen,
das er an allen ennden
wappen und wer ze streyt nu wol möcht tragen.

[182ᵐ] Awentewr, wie der künig von Über Tennemarke unnd der
künig von den Hundert Rittern Artus mit her über zugen unnd
wie die vesparie erginng.

783 Lannzilet sich nu wollte
auch zu dem wig beraiten;
er schueff, das man im sollte
in seinen schilt, den er zu streyt wolt laitten,
5 auf rot in belunk silber weys ain paren
beraitten sollt, wann er seiner rais
zu disem turnay lennger nicht wolt harren.

784 Morgens nu mit panieren
zu velld mang ritter zogt,

782,7 *Reklamant am unteren Blattrand:* Awentewr wie dˢ kun, *darüber:*
robrukñ *A*
Überschrift: von ober denne marke *b*
783,6 seinr *b*

783,5 belunk: *terminus technicus in Wappenbeschreibungen, seit* G. EH-
RISMANN, *Beitr. 24 (1899), S. 393 meist als* ›(halbkreisförmig) gebogen,
gekrümmt‹ *gedeutet; vgl.* LEXER *1, 174* bellunge; H. PYRITZ *(Hg.), Die
Minneburg, Berlin 1950 (DTM 43), S. 174,* billungs; H. D. SCHLOSSER
*(Hg.), Hermann von Sachsenheim, Die Mörin, Wiesbaden 1974, Anm.
zu Vers 511. Das Wort kommt aber sicher von afrz.* bellonc ›länglich,
schief‹, *vgl.* A. TOBLER, E. LOMMATZSCH, *Afrz. Wb. I, Berlin 1925,
Sp. 943 s. v.* beslone; *es dürfte in heraldischem Kontext also eher
›schräg‹ bedeuten. Den frühesten deutschen Beleg bietet der 'Prosa-
Lancelot' 1,159,11 f.:* und ging uber den einen ein barre in bellung
von roten kelen, *ähnlich 1,193,4. In der französischen Vorlage des 'Prosa-Lancelot' stand:* vne bende *(›Binde, Streifen‹)* vermeille de bellic.

ir leib da zu movieren;
ettlich⟨e⟩s herz durch preys nach thiost progt.
5 der vand man da genueg, wers wollte geren:
mang schillt man lautt erkrachen hort.
man sach drunzun zerstrewt vil von den speren.

785 Man sach den hellden zieren
(ich main den weys gefar),
mit hurt allso punieren;
wo hin er kert, so prach er durch die schar,   K 198,25.
5 das manigklich wundert ab seiner ritterschefte.   P 38,16.
er strewet orsch und man zer erdt,
auf wem et da sein lannz mit thiost heffte.

786 Der künig von Rittern Hundert
was hoch an seinem preys
mit manhait ausgesundert.
alls sein getat erkandt der ritter weis,
5 durch thiost er sein sper tet gen im naygen;
diss was auch wol des künigs ger.
do spurt man schnellhait gros von orschen payden.

787 Ir payder sper sich reyssen
teten in stucke clain,
das der drunzunne spreyssen
in lüfften flugen; damit auch hie der ain
5 zer erden lag ser quetscht mit ungemache.
die sein dachten, das er wär tod.
von dann trueg man den künig sunder sprache.

785,3 allso] so *b*   5 mengklich *b;* ritt⁵schafte *A*   6 stewret *b*
787,3 drunzun *b*

785,7 hefften *vielleicht intransitiv gebraucht wie* haften, *vgl. DWb 4,2,
Sp. 771.*

788 Wie der künig zer erden
   zu ungemach wardt funden,
   nu prachen auch dem [182ʳᵇ] werden
   von disem paws auf all sein alte wunden.
 5 sein weisse wat mit pluet ward gar durch netzet.
   barun und manig ritter dacht,
   das er auch wer des lebens da geletzet.

789 Hiemit man raumbt das wale,
   paid kund und auch die gest;
   der ritter weis verstale
   sich von der diet, das niembt sein rays enwesst.
 5 er herbergt nach dabei in ainr abteye,   K 199,31. P 38,24.
   da sein zu fleis gepflegen wardt.
   hört, wie gefuer Artus der schanden freye!

790 Er fragte diser märe
   und auch die küniginne,
   wer diser ritter wäre
   nach plank gefar, dem er unkunde mynne
 5 trueg durch sein manlich ellen das vil grosse.
   man zaigt im nach schnell auf sein spor,
   do er zum kloster wer an kreft der plosse.

791 Artus mit seinen frawen
   und vil seiner messeney
   kamen, in zu beschawen;
   ain arzt man pracht, der nicht was künsten frey;
 5 dem wardt vil miet gehaissen, auch gegeben,

788,7 das er auch *doppelt geschrieben, erste Schreibung unterpunktet A*
789,3 vˢstallte *b*   6 da] das *b*
790,1 fragt *b*   2 kũnigin *b*   3 wer] war *b*   4 myñ *b*   6 gespor *b*
791,2 seinr *b*

788,4 paws: *aus mhd.* bûz, biuz ›Schlag‹.

das er mit vleis und maisterschaft
dem hellden guet behielt sein werdes leben.

792   Alls Lannzilet erkannde,
das Artus bei im was,
schnell er sich von im wannde
und part, alls er der krefte wär vil las.
5 nach dem kamm dar die süess(e) küniginne
und fragt seins namens und auch macht,
das er wer fro des muetes durch ir mynne.

793   Er jach: »Fraw, mir enwirret
an meinem leben nicht.
ain annder not mich irret,
das euch mein munnd meins namens yetz nit gicht.
5 ir mügts erfaren leicht zu anderen zeiten.«
durch rue wolltens im lan gemach.
sunst ritens wider dannen sunder peyten.

794   Er vorcht, das da sein name
verholen nicht möcht bleiben,
so dick man zu [182ᵛᵇ] im kame,
›und *das* bey nam von hinnen ich mich scheyben
5 mues.‹ durch diss alls sein maister er besannde.
er pat unnd flecht, bys er dar pracht,
das er an ander endt dann mit *im* wannde.

793,2 lebn *b*   6 im *fehlt b*
794,4 das] dach *aufgrund undeutlicher Korrektur A,* das *b*   6 ers dar *b*
7 im] in *A*

794,5 maister: *der Arzt, den Lannzilet ruft, vgl. K 200,7. 21.* er *(794,6) ist*
Lannzilet, der den Arzt anfleht, ihn fortzulassen. Gaban hat vorher
vergeblich von Lannzilet den Namen des Bezwingers der Dolorose Gar-
de zu erfahren gesucht, vgl. K 200,14–16. Fuetrer stellt die Reihenfolge
um.

795 Gabon in sunder fragte,
  ob er davon ycht wesst
  umb den helld unverzagte,
  ja der an ritterscheft gar wär der pesst,
5 der zu der Garde het so wol gestriten,   K 200,15. P 38,33.
  »wo ich den wesst zu vinden palld,
  das wurdt mein rais nach im durch nicht vermiten.«

796 . Er sprach: »Zu diser stunde
  kan ich euch nichts verjehen.«
  hiemit her Gabans munnde
  nach urlab sprach: »Ich hoff den tag noch sehen,
5 das ich in vind; und wil mirs got verhengen,
  ich suech in in den lannden weit
  und wil mein fart nach im nicht füron lenngen.«

797 Indem ward an getragen
  zu payder seytt ain frid,
  der werdt zu ettlichen tagen,
  das menigklich zu lannde widerritt.
5 hiemit her Gabon schied mit hulden dannen.
  er rait der lannde mengen ennd
  und erforscht sein vart an frawen noch an mannen.

798 Nu möcht ir fragen mere,
  wie in der zeit beschach
  dem ritter lobepäre,
  von dem mein mund euch newes yetz verjach.
5 der erpaisst ains tags bei ainer grüenen linden.
  nu rait dort her ain frawe clar,
  die tet des leibes in vil swachen vinden.

795,7 das wurdt] darumb wolt *b*
797,6 landñ menge *b*

795,1 in: *Lannzilet*   5 Garde: *Die Dolorose Garde.*   7 das: *Der Konse-*
kutivsatz der direkten Rede führt das so *der indirekten Rede weiter.*

799 Von Noaus die küniginne
     sprach aus ir munnd vil suess:
     »Herr, ker⟨e⟩t mit mir hinne!
     ich schaff euch alles ungemaches pues.«
   5 er jach: »Ich dank euch mynn und solicher trewen;
     kem ycht her nach verdienens zeit,
     euch möcht das an dem jungsten nicht gerewen.«

800 Sunst füran mit ir kerte
     der degen lobesam.
     die rechte strass sy lerte,
     das Dolorose Garde er sach stan.
   5 vor im unverr dar tet er menge plicke;
     er [182ᵛᵇ] dacht, das er fraw Ginofer
     darvor verspart; diss pracht im seufzen dicke.

801 Er vorcht, ir gnad und hullde
     darumb han gar verloren;
     umb die verworchten schulde
     er jamert ser. die keusch und hochgeboren
   5 pat in all durch sein rue zer purk beleiben.
     er jach: »Hört, fraw, wie es gefar:
     an ander stat wil ich diss nacht vertreyben.«

802 Die fraw merkt an dem mere
     an pärd und allen seinen siten,
     das er der ritter wäre,
     der Dolores mit manhait het erstriten.
   5 durch das ir rays sy fürbas mit im keret

800,5 mengñ *b*   6 das fraw Ginofer *b*
801,2 han gar han *b*   4 keuschñ *b*
802,2 all sein *b*

799,6 kem ... zeit ›Sollte eine Zeit kommen, in der ich euch dafür einen
    Dienst leisten kann ...‹
800,6-7: *Vgl. Str. 695–697.*

und pracht in vort auf ain ir haws,
da im ward rue und gemaches vil gemeret.

Awentewr, wie es her Gabonen mit ainer magd unnd mit Brunen
erginng, den man nennt den ritter sunder erparmherzigkait.

803 Alls Gabon von Norwage
auf sein suechunng geriet,
im kam an ainem tage
ain maget, die gross clag von frewden schied. K 201,15. P 39,5.
5 er fragt die klar, was ir betrübde wäre;
sy jach: »Man sagt, erschlagen sey
der ritter weis: das ist meins herzen swäre!«

804 Her Gabon sprach: »Gelaubet
die wort kains menschen mundt:
des setz ich euch mein haubet!
yedoch ist er zu verhe sunst verwunndt;
5 ich suech in durch ain ritter auserlesen,
der zu der Dolorose Gard
mit streyt vor menigem hellden ist genesen.«

805 Sy sprach: »Genad vil grosse
sey got und euch gesait!
er ist der valsches plosse,
der zu der Gard den preys manlich erstrayt.«
5 sy riten entsambt zu ainer wallde klausen,
do wondt ain fraw von andacht gros,
bey der sy teten die selben nacht behawsen.

806 Die guet sprach zu Gabone:
»Herr, meydet dise magt!
sy tuet euch lebens ane;

Überschrift: nennt] nante *b*
803,7 mein *b*
805,2 sey] seyd *b*   6 wand *b*

sy mynnet ser ain ritter unverzagt.
5 ob der euch säch zu vellde mit ir reyten,
er liess es durch die wellde nicht,
ir muest [183ᵐ] et umb das leben mit im streiten.

807   Wer disen hellden kennet,
      herr, das sey euch gesait;
      Praun in der selbig nennet,   K 202,25.
      den ritter sunder all parmherzigkait.«
5   er jach: »Nu mues sein hail zum pessten walldten!
      umb dise vorcht wil ich die magt,
      ob sys gert, diser rais nicht von mir schalten.«

808   Nu morgens der vil küene
      sich urlabt mit der magt;
      in ainem walld, was grüene,
      ain pavilun sach stan der unverzagt.   K 203,29. P 39,31.
5   sy jach: »Hie lig⟨e⟩t Praun der unervorchte,
      der durch mein mynn sunder mein dank
      an menigem küenen ritter wunder worchte.«

809   Der ritter all zuhannde
      her Gabon das enpot,
      das er die magt im sannde
      oder er müesstz mit streyt da ligen tod.
5   Gabon jach: »Seid ers trutzlich von mir geret,
      so sag im, das er diser magt
      sey yetz von mir und auch hernach entweret.«

810   Alls jenr dort underem zellde
      die red so stollz vernam,

808,7 mangem kuenem *b*

807,3 Praun: *Das Schriftbild könnte hier und sonst meistens auch als*
Prann *gedeutet werden; für* Praun *spricht die Schreibung* Prawn *in*
883,6, vgl. auch 808,5 Pruñ.

verwappendt aus zu vellde
er schnell mit ainem starken spere kam.
5 do wardt der just mit hurte so geriten,
das Praun lag auf der erden schon
und die pluemen mit seinem zimierde striten.

811 Er lag zerquetsch⟨e⟩t sere;
Gabon an diser stat
im nicht wolt schaden mere,
wann das er im durch mynne sagen pat,
5 ob er ycht wesst den ritter weys zu vinden,
der vor der Dolorose Gard
den helem tet so dick zu haubet pinden.

812 Praun sprach: »Wellt ir versprechen
mir das mit ritters trewen
und mein pet nicht zerprechen,
des ich euch bitt, das ir das sunder rewen
5 mir laisten welt, schnell der end ich euch weise.«
her Gabon sprach: »Mit willen, ja!
doch das ewr pet mich schaide nicht von preise.«

813 [183ʳᵇ] Die hellden paid auf sassen,
riten gar all den tag
zum sloss die rechten strassen,
darauf her Lannzilet durch rue lag;
5 der was nu seiner kraft so wider kumen,
das er in ainem wige hert
auf schillten wol macht starke sper zerdrummen.

814 Alls er hort von den meren,
das durch in zu der vesst
die ritter kummen wären,

810,6 schon] schŏn *b*   7 seim zimierdñ *b*
811,7 hellm *b*
812,3 vᵉprechñ *b*

er legt sich, alls ob er pflag vil unrest.
5 er pat sein maister zu den gessten jehen:
in enmöchte durch sein swachait gros   K 204,31. P 40,7.
zu disem mal et niemant nicht gesehen.

815 Die magt das lan nicht wollte,
     sy muest den helld gesehen.
     ain potschaft sy im sollte
     sagen, davon im liebs vil wurdt beschehen.
   5 sy gienng dar, sprach: »Herr, euch pewtt dienst mit
                trewen
     die maget von Dolorose Gard,
     die ir dort liesst gefangen mit vil rewen.«

816 Ain prief tet sy do raichen
     dem hellden in sein handt,
     daran gewisses zaichen
     er sach, dabey im wardt allda bekannt,
   5 das sy geware märe gein im *fuerte*.
     das er zer Garde im peyten hiess
     die magt, darumb sein herz vil laydes *ruerte*.

817 Do jach der dick genennde:
     »Euch payden got lonen sol!
     nu reytt der selben ennde
     und jecht, sy müg nu fürbas reiten wol.«
   5 »Nayn, herr, sy pat, das ich euch sagen sollte:
     ob ir nicht kömbte, von ewr hanndt
     solt ich ir pringen den klaren ringk von gollde.«

818 Den unpreys ye tet fliehen
     zuhant das gollde rot

816,5 fürten *A*   7 rürten *A*
817,6 kömbte] kembt *b*

815,6-7: *Vgl. Str. 690, 735.*

von seiner hendt tet ziehen.
mit willen er sich ir zu dinste pot.
5 hiemit sy urlabs von dem küenen gerte.
her Gabon sprach: »Wer ist der man?«   K 205,22. P 40,17.
sy jach, das er et fürbas mit ir kerte,

819 [183ᵛᵃ] »so mügt irs werden innen,
wer diser ritter ist!«
sunst schieden sy sich hinnen
und komen zu der Gard in kurzer frist.
5 do kannd sich Gabon all erst auf der grebde;
er dacht wol, das er auch davor
bey disem sloss mit ungemach⟨e⟩ strebte.

820 Praun sprach: »Ir mögt nu wissen,
wer jener ritter ist;
nu seyt auch ir geflissen,
das ew⟨e⟩r trew mich wer zu diser frist.
5 ir habt gelobt, ainr pet mich zu geweren.
nu löset trew und ewren aid.   K 206,23.
der magt thue ich hie petlich von euch geren.«   P 40,24.

821 Her Gabon sprach: »Wer geret,
das so unpetlich ist,
der wirt zu recht entweret;
die maget ward nie mein zu kainer frist.«
5 Praun sprach: »So wellet ir gelübd und aid mir prechen.«
»diss wil ich vor dem künig Artus
in ainem rinng kempflichen auf euch rechen.«

822 »Was sol die zeit gelennget?«
»welt irs nicht haben rat?«
»kampf der wirt euch verhennget!
ir durft ain fues nicht treten von der stat.

819,6 dach *b*
821,5 welld *b*

   5 Naynn, nicht, her Gabon, alls ich das hab gesaget.«
in der zeit heten auch sich mit red
vil wol entsam erkoset die zwo maget.

Awentewr, wie Lannzilet von der küniginn von Noaus schied.

823   Zu Noaus in den zeiten
    het auch her Lannzilet
    muet, von der frawen zu reyten.
    mit urlab schied er dann und sagt, er het
   5 gross zeit sich zu dem urleug auch zu richten;
    zu lieb Artus wolt er dem künig
    von Über Tennmarkt sein preys hellfen vernichten.

824   Sunst schied von Noaus dannen
    der wunder küene degen;
    von frawen und auch mannen
    ward im gewunscht, das der sein solt⟨e⟩ pflegen,
   5 dem aller menschen herz und muet ist kunde.
    er kam zu ainem bruederhof,   K 207,14. P 40,30.
    dacht wol, das er Baranndes noch da funde.

825   [183ᵛᵇ] Er het in dar gelassen,
    do er die Garde gewan.
    nu kert die widerstrassen
    her Gabon, Praun, die maget wolgetan;
   5 dachten, her Lannzilet zu Noaus vinden.
    alls sy horten sein dannen fart,
    gunden sy sich der nachfart underwinden.

823,7 helfn *b*
824,7 Branndes *b*
825,5 zu] voˢ *b*   7 vndˢwunden *b*

824,7 Baranndes = Behandies, *vgl. Str. 720–723; derselbe Namenwechsel
auch im 'Prosa-Lancelot' und in Fuetrers Prosafassung.*

826   Die maget zwo im sagten
       des tages manig mär
       von dem helld unverzagten;
       sunst riten sy den tag gar sunder swär.
   5   zu abent sy an ainem gejegt funden
       ain herren und des masseney,
       die sy nach eren vil wol enphahen kunden.

827   Der herr zu hawse keren
       sy pat durch ir gemach;
       er wollt in frewde meren
       und fuerts, da in durch rue vil lieb geschach.
   5   man pot in zucht und wirtschaft hart⟨e⟩ reiche;
       morgens mit seinen mägden zwayn
       urlabt sich die conpany mynnigkleiche.

828   Alls sy unverr⟨e⟩ riten,
       sehens nach kurzen weylen
       gar nach geswinden siten
       zwen ritter wol verwappent nach in eylen.
   5   ir sper sy gen der thiost teten naigen;
       das Gabon nie kainr zaghait wiellt,
       das tet auch er mit wer all hie erzaigen.

829   Praun hiellt der wer do stille,
       und tet er nicht darzu,
       wann es gar was sein wille.
       zuhannde riten dar die maget zwue,
   5   sprachen: »Wie zimbt das ritterlichen eren?
       welt ir mörden den küensten man,
       der ye zu streite kam mit schilt und speren?«

826, 1 im] in *b*   2 tags *b*   5 aim *b*; geiegde *b*
827, 1 kern *b*   6 seinen] disn *b*
828, 5 teten] gunden *b*   6 welt *b*
829, 1 werd *b*

830   Ainr sprach: »Sagt, frawe raine:
      Wer ist dann diser helld?«
      des gab antwurt die aine:
      » *Von* Norwag Gaban iss, dem ye gezellt   K 208,2.
    5 vil preyses wardt weytt umb in allen landen.«
      alls sy payd horten dise wort,
      wurfen sy schillt und swert aus iren hannden.

831   Sy erpaisten paid zer erden
      und paten do genaden
      Gabon den degen werden,
      sprachen: »Wir sein mit lasster überladen
    5 [184ᵣᵃ] von disem streyt, Praun hat euch her verlogen.
      ain tirand er uns an euch jach,
      des sey et wir valschlich von im betrogen.«

832   Mit urlaub sich hie schaiden
      von in wolt her Gaban
      mit disen magten payden.
      sunst wolt mit im auch Praun der valsche man.
    5 her Gabon jach: »Her Praun, des beschicht mit nichte!
      nu wiss fürwar, das ich mit dir
      durch dein verrätnüss nicht wil haben pflichte!

833   Ich thue hie von dir sprechen,
      das du pist eren lere;
      darstu mit streyt das rechen,
      ich stan all hie gerait und kampfeper⟨e⟩.«
    5 er sprach nicht wort und rait enweck mit schanden.
      Gabon dacht wol, durch Prauns untrew
      müest er noch werden mit newem streit bestanden.

830,1 Minr, a *für Initiale vorgeschrieben A*   4 vor *Ab*   4 vmb weyt *b*
832,4 valche *A*
833,2 ler *b*   6 dach *b*   7 neyn streyten *b*

830,4 *Parallelstellen: 768,2 und 803,1.*
831,6 tirand: ›*Tyrann*‹

834 Den tag er mit den frawen
    rait, bis die nacht an vienng;
    ain purk stark wol erpawen
    sach er, ain prayte prugken darzu gieng.   K 209.4. P 41,13.
   5 alls er zumm mitlen tail kam mit den magten,
    er sach, aus ainer lage dort
    das mer dann zwainzigk ritter nach im jagten.

835 Vor in er dise maget
    kaum zu der port ein pracht.
    der nie an wer verzaget,
    ain just dar traib, der ainen des lebens schwacht.
   5 ir fünf er schlueg zu tod in kurzen stunden.
    sunst macht er vier des leibes lam,
    die anndern fluhen dann mit tieffen wunden.

836 Die magt ynner der porte
    klagten Gabones not.
    alls das der wirt erhorte,
    das sy nannten den ›fili roys Lot‹,
   5 er kam mit scharen gen im aus gedrungen,
    er entpfienng den ellens reichen gast,
    dem an so hohem preys do was gelungen.

837 Man pot im wirtschaft grosse
    mit menger kurtosey;
    morgens der schanden plosse
    fragt nach den magten; der [184rb] wirt gar wanndels frey
   5 begunde zu her Gabonen do sprechen:

834,4 pruck *b*
835,5 zů tod *fehlt b*
837,5 do *fehlt b*

836,4 Roys *zweisilbig lesen. – Gaban ist Sohn des Königs Lot von Norwegen, vgl. Parzival 341,11 und 644,3 sowie Gralepen Str. 1052 u. ö.*

»Herr, ob ich euch gäb dise magt,
so müesst ich glübd und meinen aid zerprechen.

838   Sunst glob ich euch mit trewen,
   das ichs allsus wil han,
   das sy nicht sol gerewen.
   mein haubt *das* sol euch des zu pfand⟨e⟩ stan,
  5 das ichs so halt, alls ichs solt han mein swester.
   nach eren ich ir allso pflig,
   das kaine mich an wird hernach nicht lesster.«

839   Urlabs gert her Gabone
   alldo von seinem wirt,
   im zaigt der valsches ane,
   das er auf seiner rais des wegs nicht irrt.
  5 er vand an ainem tag ain klagende frawen,   K 210,5. P 41,28.
   ain ritter lag ir in ir schos,
   der mit thiost zu verche was verhawen.

840   Er gruesst die jamers reiche
   und gund do fürbas jehen:
   »Sagt, fräwlein mynnigkleiche,
   habt ir ain ritter icht newes hie gesehen,
  5 der mit im her nach wunsch zwo maget füeret?«
   sy jach: »Sein rais verwassen sey!
   sein lannz mein ameys hat unsanft gerüeret.«

838,3 sol] so *b*   4 das *fehlt A*
839,1 Vrlabes *b;* her *nachträglich A, fehlt b*   4 weges *b*   7 verch *b*
840,4 hie newes *b*

837,7 meinen aid: *Nämlich gegenüber Praun, in dessen Auftrag er die
   Frauen fortgeführt hat.*
838,5 alls ... swester: ›*wie ich sie als meine eigene Schwestern behandeln
   müßte*‹

841 Zu handt die nachvart zaiget
im do die frawe klar
(das jenr wär lebens gevaiget,
durch rach wer es ir gewesen ain zuckernar).
5 er rait, do er bey ainem wag sach hallten
zu ainer thiost mit ainem sper
in engels weis ain ritter wolgestallten.

842 Der fragt Gabonen märe,
war sein rais wär gewandt.
do sprach der lobepere:
»Von künig Artus her aus Pritonier lanndt.«
5 der ritter jach: »Dem dien auch ich von schullden!
ich wil hie ewr gelaitte sein,
wie irs gepietet her nach ewren hullden.«

843 Hin riten sy entsamen
bis an den abent gar;
zu ainer purk sy kamen.
der ritter sprach: »Her Gabon, nemet war!
5 [184ᵛᵃ] ob wir des weges zu der purk hin reiten,
da ist et an kain zweifel nicht,
wir paide müessen umb das leben streiten.«

844 »Do habt, herr, sorge clain⟨e⟩!
ich gestan euch diser not:
mein liechtes swert vil raine
kan auch machen die liechten helem rot.«
5 durch vorcht ir rays dar woltens nicht erwinden.
sy schickten sich gen streites not,
gunden ir helem vesst zu haubet pinden.

841,4 gewesn *b*   6 ainr *b*
843,6 zweifl *b*
844,7 hellm *b*

Awenntewr, wie Lannzilet betrogenlich zu der Dolorose Garde
gefüert wardt unnd wie er das zawber muest abtillgen.

845   Ain zeit clain von Gabonen
       leg wir diss märe nyder.
       von dem helld wolgetanen
       her Lannzilet sag wir die rede wider.
    5 do er schied von dem brueder und Baranndes,
       zumm streit zu Logers strebt sein gemüet.
       do stuend sein wird zu lösen hoches pfanndes.

846   Ains tags von abentewre
       fuegt sich nach ymbis zeit,
       dem hellden vil gehewre
       ain knab ser eylend kam auf ainem raveyt.   K 211,7. P 42,8.
    5 er part, alls er von not lit grosse swäre.
       in fragt der ritter umb sein rays
       oder was im zu layd beschehen wäre.

847   »Herr, es ist sunst erganngen,
       die warhait ich euch sag:
       zer Garde leit gefangen
       fraw Ginofer, das ist mengs mannes klag.
    5 ich suech, ob ich den ritter weis möcht vinden,
       der dise purk gewunen hat;
       mit dem sy macht ir not wol überwinden.

848   Vind ich den helld nicht pallde,
       herr, so wil ich euch weren,
       das man sy mit g⟨e⟩wallde
       zu laid Artus wil swachen und uneren.
    5 Baranndes kebslich wil sy bey im hallten.
       o vy, Artus, deiner eren kron!
       sol die suss füran in uneren allten?«

Überschrift: gard *b*
845,1 Gabone *b*   3 wol getane *b*
846,5 er part] d^s part *b*
848,5 sy *fehlt b*

849 [184ᵛᵇ] Solich laid von disem worte
der held alldo entpfiennge,
das er sach noch enhorte
und all sein leibes krafft im nach entgienge.
5 er sprach: »Nu heb mit gaher eyl dich hinne!
das ich heint zu der Garde sey,
das sag von mir der edlen küniginne!«

850 Der knab sich hueb von dannen;
zer Garde was im gach.
er sagt es frawen und mannen.
her Lannzilet im volgte schnell⟨e⟩s nach;
5 er kam zer purk, die phort da stuend weit offen;
er hefft sein pfärd. alls das beschach,
do kam der knab frölich gen im geloffen.

851 An stund der ritter fragte
in von der küniginn.
der knab im widersagte:
»Herr, sy ist in ainem gwelb verschlossen hinn!
5 kumbt dan, ob ir die rainen wellet schawen!«
an stund er auf die tür entschlos;
er sprach: »Gand hin zu meiner claren frawen.«

852 Nur alls er durch die türe
in das gewelbe trat,
schnell spranng der knab hinfüre,   K 212,3. 42,23.
versparrt den helld vasst in der kem⟨e⟩nat.
5 wie vil er sucht, niemant bey im er fannde;
die küniginn lützel wesst der mere:
sy was zu Nantis in Pritonier lannde.

849,2 enpfing *b*   4 entgiñg *b*
850,3 frawn *b*   4 volgt im *b*
851,4 aim *b*   5 wellt *b*
852,3 spranng] sprach *b*   5 er niemät bey im vande *b*

853   Der zeit in tet verlanngen,
do er sunst ainig sass.
do kam ain magt geganngen,
die sprach: »Her Lannzilet, nu wisset das:
5 ir müesst gefangen ymmer hie beleyben,
ir swert dann zu den heiligen mir,
das ir diss gross(e) zawber wellt vertreyben,

854   das hie wondt in der vessten.«
do sprach der küene man:
»Mit meiner macht der pessten
schaff ich, das es mit all ain endt mues han.
5 beschaidt mich nur, wie ich es darzu pringe!
sol ich mit streit icht drumb bestan,
darzu *so* ist et mir mein herz vil ringe.«

855   [185ᵐ] Sy sprach: »Ir müesst beleiben
bey uns zu vierzigk tagen,
wellt *irs* gmächlich vertreiben.
sunst müesst ir es et vil angstlichen wagen,
5 ob ir es wolt an disem tag vollennden.«
er jach: »Ich hab zu thuend vasst vil;
sagt, wie ichs zu dem kürzten müg erwennden!«

856   Die statleit gar zu lieffen,
mit fräwden reichem schall
sy all got lobend rieffen.
sy eilten zu dem ritter auf den sal;
5 er ward enpfangen von in mit vil eren.

853,4 Her] dˢ *b*   5 pleibñ *b*
854,7 so *fehlt A*
855,3 ir *Ab*   6 han *b*
856,2 frewdem reichñ *b*

---

853 *Zu dieser Szene im 'Prosa-Lancelot' vgl.* RUBERG, *Suche, S. 124 und* RUBERG, *Raum und Zeit, S. 35.*

nach dem tet er mit all der diet
verwappent hin auf ainen kirchhof keren.

857 Ain gruft die magt im zaiget;
    sy sprach: »Wellt ir es wagen,
    ewrem preys wirt drumb genayget,
    wann diss bedarf bei namen kaines zagen.
    5 ich sach nie man, er hiet et darab schäutze.«
    er urlabt sich, gienng in das hol
    und zaichnet sich vor mit dem fronen krewtze.

858 Er kam do in ain vinster,
    das er mit augen sehen
    nicht macht ain ainig glinster;
    er gieng storzend, nach dem ain liechte spehen
    5 tet er; er sach zwen man aus *er* gegossen.
    mit helm, axten sy striten so,
    das mich et hiet der zeit bey in verdrossen.

859 Nu muest et er entzwischen,
    wie es gefüere sust.
    ain zag müest darab erhischen.
    er holt ain sprunng mit ainem schnellen just,
    5 doch ward der schillt zu stucken im geschlagen.
    er kam zu ainer pfützen tief,
    da muest ers aber umb das leben wagen.

860 So übel stank die lacke,   K 213,5. P 43,8.
    das im kaum wirs beschach
    dann an dem argen schmacke.
    zwen vilan grob er dabey stennde sach,
    5 yeder sein kolben het zu schlag erpüret;

858,1 do *nachträglich eingefügt A, fehlt b;* aine *b*   5 aus er] aus erd *A*
    7 mich] mir *b*
859,1 er et *b*   3 drab *b;* huschen *b*
860,1 vbl *b*   5 enpüret *b*

hiet in ir ainer troffen mit,
im wär das leben aus dem leib enpfueret.

861   Über die pützen weyte
        er schnelligklichen sprangk;
        die pauren in der zeite
        yeder sein kolben frayslich nach im [185ʳᵇ] schwank.
    5   yedem der schlag zer erd erst widerhebte.
        ain magt von *er* er gossen sach,
        die stuend so hübsch, alls ob sy vor im lebte.

862   Schnell gieng er da der ende
        und nam zu fleys ir war;
        sy het zer lingken hennde
        zwen schlüssel; mit der rechten zaigt sy dar
    5   an ain säul, die von metal was auch gossen.
        ain schrift er fand, der laut was so:
        ›Mit aim der schlüssel sol ich werden entschlossen.

863   So ist in mir behallten
        ain schrein, der ist et vol
        von wunder manigvallten.
        der annder schlüssel auch den entschliessen sol.
    5   mit dem die frayse hie dann hat ain ennde.‹
        Lannzilet do die schlüssel nam
        und schlos auf sewl und truhen vil pehennde.

864   Rören gar ungezallter
        der lagen vil darunder.
        von jugent bys in sein allter
        ervriesch er nie, noch niembt sach sich solich wunder.

860,7 entpfieret *A*
861,1 pfütze *b*   6 erd er *A*
862,1 dar *b*   5 gegossñ *b*
863,4 schlüssl *b*
864,4 solhˢ *b*

5 ain starker windt mit saws sties in die rören,
das macht ain solich ungestüem,
das von dem schall ain mensch kain wort möcht hören.

865 Der saus und das gedösse,
das gerümel und der schall:
diss macht ain solich gestösse,
das in der stat, der purk unnd auf dem sal
5 kain mensch entrawte lenger zu genesen.
her Lannzilet zer erden viel
und dacht, es müesst et da sein ende wesen.

866 Alls das getümel willde
nu ende het genumen,
er sach umb nach dem pillde;
er enwesste, war es und die säul was kumen.
5 pützen und zauber was mit all verswunden.
auf dem kirchhof schilt, helem noch stain,
der kaines ward von im nicht mer gefunden.

867 Hört, was ich euch beschaide!
do diss het ennde gar,
er namm die schlüssel paide,
truegs in die kirch⟨en⟩ zumm fronen alltar   K 214,7.
5 und opferts drauf mit pet [185ᵛᵇ] andächtigkleichen.   P 43,27.
aller erst hort man frölichen schall
von allem volk, payd armen und auch reichen.

868 Von aller diet gemaine
sein lob wardt vasst gemert;
an stunde do der raine
urlab⟨e⟩s von in allen dannen gert.

865,2 gerüml *b*   5 entrawt *b*
866,1 getüml *b*   6 helm *b*   7 kains *b*
867,4 allt dar *A*   6 all erst *b;* frolich *b*

  5 was sy in paten, er sollt bey in beleiben!
    streitliche gird zu Logers hin
    das tet ock in vil schnelles dannen treiben.

869   Sein schillt liess er beraitten
      zum wig mit guetem vleis,
      die er zu streyt wollt laitten,
      zwue swarze paren in aim schillt silber weis,
   5 das man in an dem streit et nicht erkannde.
      sunst rait zu Logers er mit eyl,
      do er zway her mit ritterschefft vil vannde.

870   Vor was das sloss erkennet
      die Dolorase Gard.
      wer diss zu teutsch recht nennet,
      die ›jamrig purk‹. der nam verkeret wardt:
   5 ›Jojose Gard‹, diss haist, ›die purk der fräwden‹.
      vor was et nicht wann jamer da,
      das tet sich nu zu hochen frewden rewden.

868,6 streitlich *b*   7 danne *b*
869 *fehlt b; nachdem der Schreiber 870,1-2 schon geschrieben hatte, hat er
den Fehler bemerkt und Platz für eine Strophe gelassen, ehe er Str. 870
nochmals anfing und zuende schrieb; die vorgesehene Korrektur ist aber
dann unterblieben.*   4 zü *A*
870,1-2 *doppelt in b, vgl. App. zu 869.*

869,4 zü *ist Schreibfehler oder zumindest außergewöhnliche Graphie, die
Form* zwue *fürs Femininum wird durch 829,4 belegt. Diese Schildbe-
schreibung widerspricht nur scheinbar 783,5. Es handelt sich ja hier um
einen neuen Schild, der Lannzilets Identität verbergen soll: zwei schwarze Balken auf Silber (so auch P 43,31). An dem neuen Schild wird
Lannzilet dann 898,4 wegen seiner neuen Taten erkannt. Die dortige
Beschreibung ist trotz anderer Formulierung wohl dieselbe Vorstellung
wie hier: schwarze Balken auf weißem Grund.*
870,7 rewden *wohl gerundete Variante von* reiden ›drehen, wenden‹

Awentewr, wie *es* her Gabon erginng mit den magten und wie er
unnd sein brueder Gaheries aneinannder erkannten in ainer
purk etc.

871 Vor news habt ir vernomen,
    wie Gabon und sein gadt
    zu ainer purk waren kumen.
    der ritter den herrn Gabonen do pat,
    5 unwendig wers, sy müessten et da streiten.
    »den streyt lasset, herr, ainig mir;
    tuet mir helf not, so kumbt et mir bey zeiten.«

872 Ain steg nicht all zu weyten
    muesst er zer purk ein gan,
    den niembt nicht mocht gereiten.
    er sach verwappent ain⟨en⟩ ritter stan,
    5 der sprach, alls er in erst nur het ersehen:
    »Ir entrinnet mir nu streites nicht,
    doch mues der kampf zu ors von uns beschehen.«

873 Er pot da ain raveite
    dem küenen degen schnell;
    ain just zu massen weyte
    namens, do ward ir speres krachen hell.
    5 [185ᵛᵇ] der ritter von der purk den satel raumen
    muesst von dem starken punder,
    doch tet er sich manlicher wer nicht saumen.

874 Schnell von der erd auf sprange
    der degen unverzagt;

Überschrift: es *fehlt A;* erging] ging *b;* unnd sein] vnnd vnnd sein *A*
871,4 den *nachgetragen A, fehlt b*   6 last *b*
872,6 entrynnt *b;* nu streites] zůstreytens *b*
873,4 hell] schnell *b*

871,3 *Bezug: Str. 843*   5 : *Indirekte Rede:* ›*Es sei unabänderlich, sie müßten da kämpfen.*‹

ir yedem ain swert erklange
laut in seiner hanndt. do hiet den preys erjaget
5 der ritter, der mit Gabon dar was kumen.
ain annder in jens helfe kam,
teten dem schillt und hallsperg gar zerdrummen.

875   Alls Gabon des befannde,
den ritter sach in nöten,
in sein hillf all zu hannde
er spranng; do muesten helem liecht sich röten.
5 sy gaben lon den zwayen ir unzuchte,
das sy nicht herten mochten mer:
zu ainem turen sy gachten snell mit fluchte.

876   Sy gerten nach ir schullde
von disen hellden payden
genad und auch ir hullde.
her Gabon sprach: »Nu sagt bei ewren aiden:
5 war sind et dise maget zwo hin kumen,
die man euch newes prachte her?
die hat et man zu unrecht mir genumen.«

877   Der ain begunde jehen:
»Fürwar, herr, wisset das:
gerd ir der magt zu sehen,
mein herr sy bey im hat auf dem palas.«
5 yeder sein hellm von sei⟨ne⟩m haubt do pannde;
aller erst her Gabon disen helld
her Gahewriesen, sein rechten prueder, kannde.

878   Ob sy ycht frölichs muetes
ir kunde all do waren?
ja paid ir herz vil fruetes

874,4 seinr *b*
875,1 das *b*   4 hellm *b*   6 mochtñ herttñ *b*
877,5 helm̃ *b*   6 disn *b*

sach man allda entsam lieplich geparen.
5 sy gingen, do sy funden ir junkfrawen;
do sy sahen die hellden paid,
do tet man sy auch hoches muetes schawen.

879 Pey in ain herr allt, greyse   K 215,14. P 44,12.
auf aim gestüele sas.
Gabon der tugent weyse
sprach: »Herr, ir sollt es nemen nicht zu has,
5 das ich die maget füere mit mir hinnen:
sy hören mir. wers weren wolt,
der möchts zu velld mit streyt von mir gewinnen.«

880 [186ʳᵃ] Des antwurt im der allte:
»Wollt irs dann hinnen füeren
von mir so mit gewalte,
hernach euch arbait mag davon perüeren.«
5 er jach: »Ich füers an frävel wol mit rechte.«
sunst schieden sy von dannen palld;
zu Logers richten sy ir weg all schlechte.

881 Morgens auf sy gestossen
kamm Praun der tugent ler   K 216,1. P 44,22.
mit ettlich seiner genossen,
der sprach: »Gabon, es ist mir von dir swer,
5 du füerest mit g⟨e⟩walt mir hinn die maget;
vor Artus unnd seinr messeney
mein kampf dich darumb noch in lasster jaget!«

882 Gaban diss alles sagte
Gaharies, seinem brueder,
wie der eren verzagte
im vor geleget het auch streytes lueder.

879,5 fuer *b*
880,4 peruen *b*
881,3 seinr *b*

    5 des kund er Gahariesen nicht erwennden,
      er wollt den ungetrewen wicht
      darumb des leibs und aller seiner eren pfennden.

883   Sein sper zuhand er nayget
      gen disem durch thiost,
      der sich auch so erzaiget.
      do erginng der just von in mit reicher kost.
    5 do sach man flügelinge den unwerden
      Praun vliegen von dem satel sein,
      das er mit vall gestreckt lag an der erden.

884   Gabon wollt im mit streyte⟨n⟩
      bescheen lan nicht mee.
      sunst tetens fürbas reiten
      und dise magt, do ich von sag⟨e⟩t ee,
    5 die Gabon bey ir ameys verwundten vande.
      er gab zu miet ain ritter ir,
      den er da news mit streyte überwannde.

885   Der sollt sy not entsetzen
      umb ir ameys ser wundt
      und irer clag ergetzen.
      vianz er schwuer der maget an der stund.
    5 sy urlabt sich mit augen wassers reiche.
      sy riten hin zu Gamahaloth,
      die ritter und die maget mynnigkleiche.

886   Her Gabon sein gezellde
      do richte auf zu handt
      hie voren auf dem vellde.
      die maget er von im zu hofe sandt.

882, 7 all seinr *b*
883, 1 er zuhant *b*

884, 4–5: *Bezug: Str. 839*

5 zu abent sich erhueb die vespareye.
do sach man mengen ritter stollz
[186ʳᵇ] erpanichen sich, das er belib schanden freye.

887 Nu morgens alls mit scharen
man aus zu vellde zoch,
do sach man so geparen
die ritter küen, davon unwird sy floch.
5 man hort auch schillt unnd sper die weyt erkrachen,
sam klungen swert auf hellmen glannz.
ir kainer sich liess geren an wirden swachen.

888 Die panier sach man vliegen
ob in hoch in den winnden.
die starken ors sich piegen
von sprungen wurden. do mocht ain gerender vinden,
5 ja ob sein herz icht ritterschaft begerte.
villeicht ain puneys im bekam,
davon paid ors und man lagen zer erde.

889 Des tags dick her Gabone
tet dringen durch den punder;
des hal in lautem done
seiner eren krey, das man es het für wunder,
5 wie ers erzeugen an dem leib nur mochte.
samm strait der küene Lannzilet,
das annder preys dabey zu nicht entochte.

890 Zu seinen seiten payden
tet er ors unde man
so von einander schaiden:
die ors hin luffen ler ir herr⟨e⟩n an.

886,7 plib *b*
887,1 Nu] Zw *b* 7 kainr *b*
888,3 die *fehlt b*
889,4 seinr *b;* man *fehlt b*

5 sein preys des tags zum höchsten ward gemessen;
gemain red aller frawen munndt:
kain küener helld auf ors nie wär gesessen.

891   Zu abent, alls ain ende   K 218,4. P 45,7.
het diser turnay genumen,
Lannzilet all pehennde
sich dannen verstal; niembt wesst, war er was kumen
5 an ain her Gaban, der tet ain nach im keren.
nach grues er zu dem ritter sprach,
das er in tet durch all sein wirde eren,

892   und im zu künde saget
sein art, auch seinen namen.
»kain ritter mir behaget
zu velld nie pas, was ir zu streit ye kamen.
5 darumb durch ewren preys⟨e⟩ mir verjehet!«
her Lannzilet mit zuchten sprach:
»Ich bin ain ritter, als ir das selb wol sehet.«

893   [186ᵛᵃ] Nicht mer er im do saget.
her Gaban an der stund
rait wider zu der maget
und tet sein red mit alle ir do kundt.
5 sy sprach: »Ich wil et yetz mit euch von hinnen;
wil er sich euch dann nennen nicht,
seinr art und namens bring ich euch gar innen.«

894   Ir rais nicht wardt vermiten;
sy sassen auf all palld,
entsamen sy do riten

893,7 hinnen *b*

893,3 *Die Dame, die Gaban hier trifft und die Lannzilet in 894,5 bittet,*
Gaban seinen Namen zu nennen, ist eine der Frauen vom See. Lannzilet
hatte sie auf der ›Dolorose Garde‹ zurückgelassen (Str. 690).

und ergachten in vor ainem schönen walld.
5 do pat die magt den ritter zuchtigkleiche,
das er sagt seinen nam und art
her Gabon, dem gar küen und ellensreiche.

895 »Hillft gen euch nicht mein flehen,
ich wil dem auserkoren
ewrs namens selb verjehen.
des hab ich disem hellden hoch gesworen.«
5 er sprach: »Zu disem mal mügt irs nicht wissen.
was ich ew sunst gedienen mag,
des bin ich euch mit willen gar geflissen.«

896 Wider hennd sprach die maget:
»Nu wisset, her Gaban,
fürwar, euch sey gesaget:
sein vater was der ed⟨e⟩l künig Bann;
5 so haist er Lannzilet selb mit seinem namen.
die Doloros der helld gewan,
des er sich darf an wirden lützel schamen.«

897 Diser melld sich ser gunde
her Lannzilet zu schamen;
hin rait er an der stunde.
die magt im volgte nach. zer nacht sy kamen
5 zu ainer purk, die magt ward eingelassen. K 219,36. P 45,22.
der phortner zu herrn Lannzilet sprach,
das er fürbas reiten solt sein⟨er⟩ strassen,

898 er möcht die nacht beleiben
allda in kainen weis.
do ward er von den weyben

894,4 schönen] gruenem *b*   5 den] dem *b*
895,6 ich *fehlt b*
896,7 wirden] erñ *b*
898,1 mocht *nachträglich b*

erkennet bey den paren swarz und weis.   K 220,8. P 45,27.
5 die purkfraw kandt do bey dem schilt den frechen.
sy hat gesehen, wie er des tags
mit thiost tet so manig sper zerprechen.

899   Umb das sy all zu hannde
ain clare maget phier
dem ritter snell nach[186ᵛᵇ]sannde,
das sy in prächte auf die purgk mit ir.
5 do ward er et mit fräwden gros entpfanngen.
man pot im eer und wirtschaft gros,
das in dann schaidens torfte nit belangen.

900   Vil kurz nach dem zu hause
der wirt selb kam geriten;
des tages gen Artause
het er zu velld mit seiner macht gestriten.
5 alls er den ritter sach, do tet er gahen,
mit armen er in umbe viellt
und gunde in gar mynnigklich enpfahen.

901   Alls nu zu tische sassen
die hellden unverzagten,
diss preys, jens lobe massen
und aneinander manger hand⟨e⟩ fragten,
5 do sprach der wirt: »Mein has ist unverkoren
hin zu dem künig von Britonn
(des hat mir hilf manng küener man gesworen),

902   durch das zu ainer stunde
ward an sein hof gefüert

898,6 er] es *A*
899,7 das] do *b*
900,3 tags *b*

ain ritter zu verch ser wunnde;
ain swertes ort man in des stiren spurt,
5 ain drunzun von ainem sper auch in im stecket.
ain ritter junk zoch ims all dort:
des ist mir hass in herzen auferwecket.

903 Wie er sichs vor tet weren,
der helld im muesst versprechen
und auch ain aid im sweren,
das er in wollt an all den selben rechen,
5 die sprechen, das in der ritter lieber wäre,
der in verwundt, denn dem der schad
beschehen ist. diss was ye seid mir swäre.

904 Der selben bin ich ainer,
das red ich offenl⟨e⟩ich;
mich widertreybtz auch kainer.
und ob er käme der vil ellens reich,
5 der müesst ock dise wort dick von mir hören.«
her Lannzilet der mär erschrack,
das es im tet gar all sein frewde stören.

905 Alls er zer pettstat gienge
der wunderküene man,
gross trawren er an vienge:
»O got,« sprach er, »sol ich den helld bestan,
5 alls ich das hab zun heiligen vor gesworen?
ob er die red nicht wider[187ᵐ]spricht,
so klag ich, das ich bin zer welt geporen.«

906 Nu morgens, alls er schaiden
sich wolt von seinem wirt,
Lannzilet sprach mit layden:

902,5 steckt *b*   7 auf erweckt *b*

903,7 *Lannzilets Schwur in Str. 507, vgl. auch Str. 755.*

»Ain sach mir all mein fräwd hat gar verirrt.
5 ich bitt, das ir ainr pet mich wellet weren;
das dien ich ymmer, kumbt es so.«
do sprach *des* hawses wirt: »Mit willen geren!«

907 »Herr, durch all ew⟨e⟩r eere:
sweigt von dem ritter wunden,
das ir jenen minndt noch mere
wann den, den ich von nöten hab entpunden.
5 ich bin et der, der im es schwuer zu rechen!«
der wirt der jach: »Seyd ichs euch lobt,
so wil auch ich es euch hie nicht zerprechen.«

908 Gross gnad er im des saget.
hiemit er urlab nam
und rait hin mit der maget.
nur alls er für die purk zu vellde kam,
5 der wirt verwappent sich do all zu hannde;   K 221,22. P 46,12.
auf ainem ors mit seinem sper
dem helld er nach vil tobelichen rannte.

909 Er ruefft: »Hört, ritter here!
nu wisset, das ich mynn
den ritter michels mere,
der jenen schlueg. was euch drumb sei zu synn,
5 des mügt ir mich, wie irs gepiett, peschaiden.«
davon ain thiost do geschach,
das sich der lufft mit drunzunn gunde claiden.

910 Von der thiost zer erde
der wirt unsanfte lag.
auf spranng der degen werde,

906,6 das] des *b*   7 der *A*
907,3 jen *b*
908,7 tobñlichen *b*
909,4 darûb *b*

wann er mit manhait auch vil ellens pflag.
5 sy hüjen do ir schillte clain zu stucken.
das ergremet vasst herrn Lannzilet;
den wirt er do mit gewallte tet auf zucken.

911 Der küene nicht der zage
tet, alls der wer bedarf.
hin lof er zu aim wage;
den wirt gewappent er schnell darein warf. K 222,4. P 46,21.
5 darinn er muesst(e) sunder wer ersterben.
ich klag noch disen ritter küen,
das er allso tet in dem muer verderben.

912 [187rb] Got selber mich beware,
das mir nicht solich gesst
zu kumen über jare,
den ich alls diser geren tet das pesst
5 und sy mir guete hanndlunng so wolten gellten!
wer solicher gesst gere,
das lass ich sein: ich ger et ir vil sellten.

913 Wie dem es was beschehen,
do was nicht annders an.
herrn Lannzilet drumb sehen
gund man vil dick in grossen rewen stan.
5 indem her Gabon zu hof pracht dise mere,
wie diser ritter ellenthaft
von seiner art und nam genennet wäre.

910,7 gwalde *b*
911,4 gewappnet *b*
912,6 gesste *b*
913,4 man in vil *b* 7 *Raum für weitere vier Strophen bis Ende der Spalte Bl. 187rb A*

[187ᵛᵃ] Awentewr, wie der künigk Galahut Artusen brief sanndt,
das er seine lanndt zu lehen von im solt enntpfahen.

914   Nu hört ain annder mere,
       was in der zeit beschach!
       ain ris küen und achpere   K 225,9. P 46,'4.
       für künig Artus man da kumen sach.
    5 er trueg ain brief besigellt in der hennde,
       den er dem künig pot all dar.
       nu merk⟨e⟩t, was an disem brieff was stennde.

915   »Galahut ain künig gereichet
       über all annder sein genossen,
       dem nyembt an macht geleichet,
       enpewt Artus an wirden auch den grossen
    5 vil säligkait, dabei auch lannges leben.
       gehörig bys meinem gebot!
       und solt auch gar mit nichte darwider streben.

916   Gen Soreloys her reiten
       soltu gar all zuhanndt;
       deinr kunft wil ich dar peyten,
       da soltu mir auf geben all deine lanndt,
    5 und solt sy wider enphahen von meiner hennde.
       ob du es tuest, es wirt dir guet.
       annders ich mach dich fräuden gar ellende.«

917   Artus het michel wunder
       von den gar frömbden mären.

Überschrift: brief] wrief *b*
915,7 gar dawidˢ nicht *b*
916,5 meiner] deiner *b*   7 ellnde *b*
917,1 michel] mich *b*

Überschrift: *Beginn des Abenteuers 'Galahot' im 'Prosa-Lancelot' (K 222).
Der leere Raum in A könnte mit diesem Handlungseinschnitt zusam-
menhängen. Allerdings findet sich bei den anderen Handlungs-
einschnitten (Str. 264, 524) kein derartiger Leerraum.*

er nam sein weysen sunder,
die sprachen: »Gar all diser dinng beschweren
5 durft ir euch lan nicht alls werdt ain⟨e⟩r vesen.
wil er euch nicht bey rechte lan,
er möcht das ergst im selber aus erlesen.«

918 Den boten all zu hannde
hiess Artus zu im kumen.
er sprach: »Var haim zu lannde!
deins herrn potschaft hab ich wol vernomen.
5 sag im wider, ich hab ain vogt und herr⟨e⟩n,
den ich nicht wanndel, von dem ich hab
gar meine lannd, die nachen und die verren.

919 Was kaiser, künig auf erden
ye lebten und ir geleichen,
mein vogt, dem edlen werden,
[187ᵛᵇ] des gewalt sy alle müessen gar entweichen,
5 dem ich manschafft durch kain not wil entwenken.
wer sunst zu diser wellde lebt,
der darf es sunst zu mir nymmer gedenken.«

920 Der pot sprach: »Herr, fürware
so wil ich euch des jehen:
neher dann in aim jare
werdt ir mein herrn mit her im lannde sehen.«
5 Artus der jach: »Des sol gelucke wallden.
wer wais, vor seinem hochgemüet
möcht ich villeicht die meinen lannd behallten.«

917,5 lan *nachgetragen vom Korrektor A, fehlt b*
919,2 gleichñ *b* 4 gewalt] gwalt *b;* gar *nachgetragen A*
920,2 des] das *b* 6 hohñ müt *b*

919,3 *Der Nom.* mein vogt *wird aufgenommen durch den Dat.* dem edlen
werden, *dieser wiederum durch den Gen.* des. *Dieser Gebrauch des no-
minativus pendens ist hier eher auf die Emphase des Sprechers, weniger
auf den typischen Autorstil zurückzuführen.*

921   Mit urlab dannen kerte
      des reichen künigs pot,
      alls in die strassen lerte.
      nu höret auch, wie Artus gar sunder not
   5 layd von zwain risen stark und vil ungehewre.
      die hergten in ser in seinem lanndt
      und machten manigem manne frewd vil tewre.

922   Sich het an ainem tage
      durch ritterlichen preys
      der küen und nicht der zage
      verpflicht zu walld (ich main den ritter weis).
   5 er het ain ritter gesehen vor im reyten,
      den er verlos aus dem gesicht.
      er dacht, er sollt et vinden in durch streyten.

923   Er sach ain slos erpawen
      nach lust ze wunsche wol.
      payd magt und klare frawen
      sach er bei rittern tür und venster vol.
   5 ain weiter grab das slos gar umbe gurtet.
      wer daran gert zu reiten,
      so was er ros und läuten ungefurtet.

924   Do sach er bey dem wage
      ain allte wescherin.   K 227,3. P 47,3.
      zu der er rait durch frage
      nach jenem ritter. das hort die künigin.
   5 die sprach: »Ich sach in reyten hin zu wallde.
      ob ir des hellden geret,
      so müesst ir reyten et nach im vil pallde.«

925   Do er die küniginne
      so wunnigklichen dort sach,

921,1 Mit] An *b*
922,6 geschicht *b*
923,4 ritterñ *b*   5 vmb gurtet *b*
925,2 wuñigclich *b*

nu sehet her, fraw Mynne,
das sind aber ewr tuck, der ich ye jach:
5 er hielt an witz, alls ob er wär entschlaffen
dem geleich, wie dort her Parzival
im sne. sunst gund er gen der rainen gaffen.

926 [188ʳᵃ] So kund ir sunder few⟨e⟩r
die mynne gernden prennen.
ir möcht des ritters tew⟨e⟩r
doch schon, umb das er sich nie tet abtrennen
5 aus ewr gepot, er was euch ye gepunden:
wo man ewr wird ye faren wollt,
so ward er ew⟨e⟩r kempfer stet gefunden.

927 Noch hiellt, alls ob er schlieffe,
der helld gar lobepär.
sein orsch zum wag vil tieffe
lof, darvon er gar nach ertrunken wär.
5 die künigin ruefft: »Helft, Maria, maget raine,   K 227,23.
hie disem ritter jungen.«
des was her Iban mit sprüngen nit der saine.

928 Zu im hinn all zu hannde
er in den wage spranng,
pracht orsch unnd man zu lannde,
das im manig roter mundt do sagte dank.
5 er weist in hin die richt füran zu wallde.

_____

925,3 secht *b*   4 da sind *b*   6 gleich *b*
926,7 kempfe *b*
927,7 springen *b*
928,4 das] des *b;* do] so *b*

_____

925,5-7: *Bezug: Die Blutstropfenszene Parzival 283,16-17, vgl. Gralepen Str. 1025 ff.*
926,1-2 ›*So könnt Ihr (Frau Minne) ohne Feuer die nach Minne Streben-den verbrennen.*‹   3 schon = schonen

noch so wolt im fraw Mynne
sein witz⟨e⟩ wider geben nicht so palde.

929   Alls er zu walld hin keret,
      waren sein gedenk und synn,
      alls in fraw Mynne leret,
      nicht wann ock bey der edlen küniginn.
    5 sunst rayt er, alls ob er vertwalmet wäre.
      do kam auf in her Tagenot,   K 228,16. P 47,11.
      ain man nach weibes art unstreitepere.

930   Do er so gar kintleichen
      den helld geparen sach,
      er vie dem ellens reichen
      sein ors bey seinem zawm. zu im er sprach:
    5 »Ir müess⟨e⟩t hin zu hofe mit mir keren.«
      suss füert er hin den ritter junk
      gefangen für die küniginn vil *heren.*

931   Er sprach: »Hört, raine frawe,
      ich kamm vomm walld geriten,
      auf jener weyten awe
      hab ich vianz ab disem helld erstriten.«
    5 des erlachten ritter, frawen gar mit alle.   K 228,35. P 47,17.
      sy erkannten seinen pleyen muet.
      drumb hueb von red sich maniger hannde schalle.

932   Do sprach die küniginne:
      »Nu hört, her Tagenot!
      lat mich dem helld gewinnen
      ain sicherhait wol durch den reichen got,

929,7 vnstreitepere *b*
930,3 ellnsreichen *b*   7 herren̄ *Ab*

931,6 pleyen: ›*aus Blei*‹, *d.h. am Boden bleibend oder ohne Wert; oder zu
mhd.* bliuc ›*schüchtern*‹?

5 so das der ritter vor euch müg genesen.
hört, mein her Iban! ir und ich
[188ʳᵇ] wellen für disen ritter pürgel wesen.«

933 Des ward des schimpfes märe
under in auf dem sal.
Iban der küen und here
zu hanndt hin füert den helldem licht gemal,
5 der noch was durch sein denk der witz ain wayse.
auf sassen die zwen ritter stollz,
Iban ine weyst die richte seiner rayse.

934 In disem widerwanken,
alls irs yetz habt vernomen,
was ausser sein gedanken
der junge ritter zu witzen wider kumen.
5 so kumbt im jener ritter auf der strassen,
der im viel in den zawm alldo,
sprach: »Ir müesst mir hie orsch und harnasch lassen.«

935 »Diss mag ich leicht erweren
euch!« sprach der ritter weys,
»ir müg⟨e⟩t ee verzeren
ewr hohes lob und ritterlichen preys.«
5 des ward ain thiost reich von in verendet.
Lannzilet lannz jen ruerte so,
das er vom ors den pluemen ward gesenndet.

936 Zu handt er wardt bezwungen,
das er schnell müesst geben
sicherhait disem jungen,
das er in liess mit gesunde lannger leben.
5 sy riten entsamen über das gevillde.
der ritter weis zwo wonung sach;
darab in namm der endt vil gross unpillde.

933,7 in *b*
934,3 sein *fehlt b*   4 jung *b*

Awenntewr, wie Lannzilet *zwayn* ungehewren risen erschlueg,
die Artusen vil zwangs heten gethan.

937   Er fragt den ritter mere,
       wer in der willde dar
       mit wonung behawset were.
       er sprach zu im: »Secht, herr, und nemet war:
   5   es wonen hie zwen risen ungehewr⟨e⟩;   K 230,17. P 47,25.
       Artusen und der masseney
       machten sy frewd et manig mal vil tewre.«

938   »Pey nam, das sol ich rechen!«
       so redt der ritter weys,
       »ir hochfart in verprechen,
       oder ich verlews et hie leben und preys.«
   5   »herr, das widerrat ich euch gar mit trewen.
       sollt ir verliesen hie den leib,
       das müesst mich ymmer mer⟨e⟩ für euch rewen.«

939   [188ᵛᵃ] »So mües ich sein verwassen!«
       sunst sprach der unverzagt,
       »das sy Artause⟨n⟩ hassen,
       umb das ist in mein dinst gar widersagt.«
   5   er gurt dem orsch; sein hellem gund er pinden
       und rait hin zu den risen gros
       und wollt et streytes mit in nicht erwinden.

940   Sunst rait er hin der ennde,
       do er die risen paid
       vand. ainen sach er stennde   K 230,21. P 47,29.
       bey ainem wag. der annder auf der haid
   5   gestrecket lag, bey im ain swäre stangen.
       alls in der ain von verren sach,
       do kam er tobigklich gen im gegangen.

Überschrift: Lannzilet mit zwayn *A;* vngehewr *b*

941   Der rise sprach aus zoren:
        »Was schafft in disem gevild?«
        do jach der wolgeboren:
        »Das darf dich von mir dunken nicht unpilld.
   5   ich hab ain lasster gros dir hören jehen,
        das Artus und gar seine diet
        vil manig ungmach sey von dir beschehen.«

942   »Zwar der schad ist noch klaine,
        den ich im hab getan,
        wider ich noch hab maine
        sein: er mues gar mit all durch mich zergan.
   5   ich wil im und mein brueder das erzaigen,
        das Logers und Pritonier lannd
        mit alle werden mues gar unnser aigen.«

943   »Vach, das du seyst verwassen,
        du arger valandes man!
        der hochfart wirst erlassen:
        Got und ich sollen das wol understan.
   5   du pist unwerd zu solich hohen eren.
        mein dinst sein dir gar widersait!«
        in zoren tet er an den risen keren.

944   Ain glavy stark genayget
        ward von dem stollzen vies;
        sein zoren er so erzaiget,
        ainr ellen lannk ers durch den risen stiess.
   5   sein starkes swert gwan er von schaid zu hannde;
        dem valant ain arem er verschriet,
        das er zusambt der stang lag auf dem lannde.

941,5 jehen] sagñ *b*   7 vngemach *b;* beschehen] wid⁵farñ *b*
943,2 valands *b*   4 das] diss *b*
944,5 gewan *b*

941,2 *Anredepronomen* ir *zu ergänzen.*
942,3–4: ›im Vergleich zu der Schädigung, die ich noch vorhabe.‹

945 Der ris auf spranng in zoren
und schray: »Du klainer wicht!
noch pistu der verloren!
dein ritterschaft kan dich gehellfen nicht.
5 kund ich ergreiffen dich zu meiner hennde
– wie küen dein kraft und ellen sey –
von mir du nämbst ock hie ain schnelles ennde.«

946 [188ᵛᵇ] »Diss traw ich wol pewaren,«
so sprach der helld kurtois,
»du muest das hie eraren,
das du den hasst, der gar zer welt den preys
5 mit lobe tregt vor allen künigen werden.«
hiemit er auf den risen schlueg,
das er vor im gestrackt lag an der erden.

947 Das schwert nach seiner lusste
er in den risen stach
mittel zu seiner pruste;
davon er ward seinr kreft und lebens schwach.
5 er schray, das jens gevilld darnach erkrachet:
von disem galem der annder ris
aus swärem schlaff erschrocken palld erwachet.

948 Alls er sein brueder ringen
in todes nöten sach,
er gund vil schwind auf springen;
in seinem grymen zoren er do sprach:
5 »Sag, junger gief: wer ist all hie gewesen,
von den mein prueder leydet not?
ja weren ir tausent, ich lass ir kainen genesen.«

949 »Du darfst des lützel fragen,
wer disen valands man
zu tod⟨e⟩ hab erschlagen.

948,7 kain *b*

du sichst in hie vor deinen augen stan.
5 man sagt mir, das ir payd vil übels schaffet
an dem künig zu Britonia.
darumb dein prueder ist ains tails hie gestraffet.

950 Willdu auch nicht erwinnden
dem künig suene jehen,
du möchst an mir das vinden
alls deinem brueder ist von mir beschehen.«
5 die red dem risen gros vil ser versmachte.
die stang vor gehe er ligen liess;
sunst tobenlich er an den ritter gachte.

951 Er dacht, den ritter weissen
in seinem grymmen zoren
sunder wer gar zerreissen.
do zoch von schaid ain schwert der auserkoren,
5 damit dem risen ain arem ward verschroten
zesine halb, das im sein wat
gevärbet wardt von seinem bluet dem roten.

952 Aller erst nach seiner stannge
wollt er zu rugken lauffen.
mit seiner glavy erlanngen
tet in der helld, stiess in mit all [189ᵃ] zu hauffen.
5 das sper er im einrannt zu mittelm drossen.
nach dem der edel ritter stollz
sein swert vil dick tet in den risen stossen.

953 Jenr ritter alls von verren
im staphet nach durch schawen:
do er den ritter und herr⟨e⟩n,
die risen sach allsus zu tod verhawen,
5 er rannt⟨e⟩ dar schnell zu dem süessen jungen.

949,6 zu] in *b*   7 den prudˢ ains tails ist hie *b*

er sprach: »Got selber habe dank,
das euch der ritterschaft hie ist gelungen.«

954   Zu Lannzilites füessen
wollt er sich lassen nyder.
das wert er dem vil süessen,
schnelles zuckt er in von der erd auf wider.
5 er sprach: »Vil reiches poten prot gewinnen
wil ich vom künig und küniginn;
davon dem hof gar layde mues entrinnen.«

955   Indem kam her geriten
der küene helld Iban
und sach, wie der gestriten
het mit den risen. er sprach: »Herr, kumet dan
5 zu hof, da man euch ere sol erpieten.
der künig und auch küniginn
werden umb die getat sich freud vil mit euch nietten.«

956   Er sprach: »Zu anndern zeiten
mag es hernach beschehen.
ich hab ain end zu reiten,
des ich so gähes euch nicht mag verjehen.«
5 sy fragten, wie er doch genennet wäre.
er sprach: »So es hat fuege mer,
beschaid ich euch wol des und annder märe.

957   Ich bitt, ir wellt verdagen
nicht vor dem künig reich,
mein dinst mit trewen im sagen,
der *künigin,* der masseneye des geleich.«
5 hiemit kumens zu hof hin mit den mären,
wie das die risen vor dem wald
von disem helld zu tod erschlagen wären.

957,4 künig *A;* masseney *b;* gleich *b*

958 Alls das der künig horte
und auch die künigin
vil trawrens es in storte;
die zarten frawen sprachen: »Die gottes mynn
5 sol seiner vert zu allen zeiten wallden!«
sunst ward sein durchnechtiger preis
[189ʳᵇ] perüemet gar von jungen und den allten.

959 Do ritens aus mit schalle
payd ritter und auch frawen,
die masseney mit alle
wollten zu velld, das wunder gros an schawen.
5 Dagenot sprach: »Solich ritter kan ich vahen,
die durch ir manlich ellen
die risen gros in streyt tuend gar erschlahen.«

960 Ains tags nach einer rifiere
bey ainem teuffen wag
rayt Lannzilet der ziere.
do hiellt ain ritter, der auch vil ellens pflag. K 233,5. P 47,34.
5 der fragte Lannzileten, war er wolte
oder wann er wär der lannde,
das er in alldo des beschaiden sollte.

961 Lannzilet gunde jehen
zu hannde wider in:
»Ob ir kund läute spehen,
so secht ir wol, das ich ain ritter bin.«
5 der jene sprach: »Ich frags nicht sunder sache.
ich hass Artus; darumb mein herz
gen im und all den sein tregt täglich rache.

958,1 erhorte *b* 4 zarten] zaigtñ *b*
959,5 solichˢ *b*
960,1 einer] ainr *b* 7 des alld *b*

959,5-7: *Vgl. Str. 929-931.*
961,7 *Vgl. Str. 473-478, 507, 755, 902-904.*

962   Umb das zu ainer zeite
im kamm ain ritter wundt,
der nachen und auch weyte
an kaines fürsten hof mocht werden gesundt.
5 man muesst ains speres drunzun im aus ziehen,
auch aus seim haubt ain swertes stuck,
ob man wolt, das im sewch solt enpfliehen.

963   Ain ritter jungk im swuere,
das er in wollte rechen,
wann es allso gefuere,
das ainer torste ymmer das gesprechen,
5 das im der annder ritter lieber wäre,
der in verwundt. darumb ich trag
gen Artus und all den sein ain muet vil swäre.

964   Darumb seinr ritter kainer
sol dise strass hie reiten;
kumbt aber mir der ainer,
der mues et mit mir umb das leben streiten.«
5 Lannzilet jach: »Ich han diss selb gesworen:
ich pins, der im die stuck aus zoch,
es sey ock, wem es welle, auf mich zoren.«

965   Hiemit zway starke spere
sy naygten gen dem punder.
zusamm in was vil [189ᵛᵃ] gere;
von irer thiost stuben fewres zunder.
5 der luft von drunzunen sich gunde claiden.
die orsch umb wurfen sy zu stund,
zugen zway scharfe swert vil schnell von schaiden.

962,5 ain *b*   6 seim *b*   7 solte *b*
963,7 sein *b*
964,7 wem das *b*
965,1 starcke zway *b*

966　Sunst die zwen hellden küene
　　　teten vil manige ker
　　　auf disem annger grüene:
　　　yetz hin und dann der annder wider her.
　5　Lannzilet namm sein swert zu paiden hännden,
　　　gab jenem ritter ainen schwank,　　　K 234,20. P 48,6.
　　　das es im widerwandt auf seinen zennden.

967　Lannzilet klagte sere
　　　den ritter schanden plos
　　　durch sein ritterlich ere,
　　　wann sein manhait mit ellen was vil gros.
　5　er rait von dann und liess den hellden ligen.
　　　wo füran hin sein rais geriet,
　　　das pleibt et auch von mir gar unverswigen.

Awentewr, wie Lannzilet in der künigin von Moloand gefenk-
nüss kam unnd wie künig Galahut die künigin von Noaus mit
her überzoch, auch wie künig Artus in ir hilf kam.

968　Zu hanndt er fürbas keret
　　　der ellens reiche man,
　　　alls in die strasse leret.
　　　do ward er hurtigklich geriten an.
　5　vor Moloandt ir vierzigk in prachten zu nöten.
　　　er strait, das manig prunen weis
　　　nach seinen schlegen mitt bluet sich gunde rötten.

969　Mit seinem scharfen swerte
　　　durch prach er dick ir schar.
　　　manichen tod er rerte
　　　zer erd. dapey nam man vil wunder war.
　5　der stat volk gunde alls streitlich zu ziehen.

966,5 spert *b*　7 es *fehlt b*
967,5 vnd] er *b*
Überschrift: *danach Platz für eine weitere Strophe A*

recht alls ain leo stund er zu wer
und gert et von in dannen nicht zu vliehen.

970   Und alls die küniginne
       von disem streyt vernam,
       schnell schied sy die unmynne.
       nu hör⟨e⟩t, wie sy zu dem fürsten kam!
   5   sy jach: »Herr, ir sollt vianz mir her geben!
       ich pewar euch leib und ewr [189ᵛᵇ] eer.
       des sey ewr pfandt mein eer, leib unnd mein leben.«

971   Er sprach: »Fraw, mir gelaubet,
       ob des sunst yemant gert
       an euch, ee müesst mein haubet
       verloren sein. ich gib euch auf mein swert.«   K 235,5. P 48,10.
   5   hiemit der streyt alldo gewan ain ennde.
       die künigin den helllden füert
       auf ir palas an irer claren hennde.

972   Sunst in die fraw gund neren
       hie vor streitlicher not.
       yedoch er ir muesst sweren
       in ir gefänknüss, alls das die fraw gepot.
   5   in der zeit der künig Galahut besannde
       ain her vil gross; damit er hergt
       von Noaus der küniginn ser in ir lannde.

973   Künig Artus dargen prachte
       ain her zu massen gros,
       sibentausent man der achte,   K 236,16. P 48,'3.
       die alle waren rechter zaghait plos.
   5   damit er die von Noaus maint zu rechen,
       wie Galahut hunderttausent man
       het in seinr schar (der zal hort man im sprechen).

971,2 obs *b*
973,4 all *b*

974 Gabon sein *her* rotierte
    manlich zu disem streyt.
    mang ritter sich zimierte,
    samm tet auch Galahut zu seiner seytt.
  5 do sach man sper in drunzun clain zerspringen,
    dapey von swerten klinga kling,
    das fewres vil aus hellem kunde pringen.

975 Gabon die schar durch stossen
    sach man des tages dick;
    sam teten sein genossen.
    die Pritoneysen namen lützel schrick
  5 ab jener grossen menig ungehewre.
    ir durchfart gab hellen don,
    das von in starb maniger helld vil tewre.

976 Man sagt, das an dem tage
    Gabon stifft mit seim leib,
    davon in jamers klage
    gesetz⟨e⟩t ward manng rain und käusch⟨e⟩s weib.
  5 er stalt mit ritterschaft solich⟨e⟩ wunder,   K 237,4. P 48,'21.
    das man in paiden heren
    sein hochen preys mit lobe sagt pesunder.

977 [190ʳᵃ] Man sach von mannes kreffte
    nie seiner tat geleich.
    sein punder dick er heffte
    auf schillt und helem. sunst warb der ellens reich;
  5 der streit den tag bis an den abent werte.
    die vinster schuef, das mit ir schar
    und vanen menigklich zu herberg kerte.

974,1 her] herr *A*   3 mangˢ *b*   7 helm *b*
975,4 lützl *b*
976,7 *Reklamant am unteren Blattrand:* man sach võ manes *A*
977,4 helm *b;* ellensreiche *b*   6 vinstre *b*

978   Zer nacht die ritter alle
       gunden et vil verjehen:
       von jens preys, dises valle,
       was yedem ritter lobes wär beschehen,
   5 auch wie Gabon des tages hiet gestriten.
       diss alles hort her Lannzilet,   K 238,22.
       der gund die frawen von Moloant des pitten,

979   *das* sy im auch vergunde
       hin zu dem wig zu reiten.
       hernach, wie er es kunde,
       »verschulldt ichs, fraw. lat mich nach preyse streiten!«
   5 sy sprach: »So tuet ewrs namens mir verjehen!   K 239,17.
       ich sag euch gar der fänknüss quitt.«
       er sprach: »Hernach mags pürlich wol beschehen.«

980   Sy sprach: »Mit dem gedinge
       wil ich der pet euch weren,
       wie euch all dort gelinge,
       das ir an stund her wider wellet keren.«
   5 des gnadet er der frawen manigfallde:
       »Irt mich nicht vänknüss oder tod,
       seyt sunder sorge: ich kum ew, fraw, all pallde.«

981   Des tags in rot zu fellde   K 240,3. P 48,'18
       der helld nu wollte streiten,
       umb das sein kundt nicht mellde
       hiet, wann in weys strayt er sunst zallen zeiten.
   5 nu was Gabon vor worden so ser wunde,
       das er durch sein⟨e⟩s leibs unkraft
       des tages gar durch ain nicht streiten kunde.

978,1 Zernach *b*
979,1 da *A*
980,7 sorg *b;* kum *nachträglich A, fehlt b*
981,6 seines *b*   7 tags *b*

979,3-4: *Übergang zur direkten Rede mitten im Satz.*

982 Der künig zu velld her zogte
von Hundert Rittern, der küen,
des muet vil hoch erprogte.
gen dem der ritter rot hielt auf der grüen:
5 do wurden durch jost zway starke sper genayget.
ir ors mit sporen wurden ermant,
von den so ward auch snellhait gros erzaiget.

983 [190rb] Von disem starken punder
der künig zer erden lag,
an witz vast ungesunder.
hie kam der stich und dort vil gros der schlag.
5 sunst mengt mit krach der streyt sich durch einannder.
gert yemant ycht streitlicher herrt,
ich wen, sein girde da den vollen vand er.

984 Des tags in dem gedrennge
durch schlueg der ritter rot   K 241,8. P 48,'19.
die schar und all die menge,
das manig ritter muest ligen vor im tod.
5 des volgten auf seiner schla die Pritoneysen.
die engen furt sy machten weyt.
drumb teten ritter und frawen sy sere preysen.

985 Zu abent muesste weichen
das Galahutes her.
man gab dem ellens reichen
den preys vil gar, wann er mit mannes wer
5 vil fürsten, herren zwungen het vianze.
er rait die richt zu Moloannt:
do ward sein preys bekront mit lobes kranze.

982,2 kuene *b*   3 hohe progte *b*   4 gruene *b*
985,1 müstñ *b*   4 wer] her *b*   5 viantz *b*

986   Der künigin man sagte
       von dem streit michel wunder,
       und was der unverzagte
       mit grosser manhait hiet begangen sunder,
    5 wie er den punder durch prach so dick mit ellen,
       auch wie sein swert und auch sein lannz
       fürsten, baronen vom ors zer erd kund vellen.

987   Mit freyem muets gelüsten
       morgens aber zu velld
       die helld sich wurden rüssten:
       ettlich durch rach, ains tails durch mynne gellt,
    5 den sein amey zimieret het vil schone.
       do ward berueffet in dem her,
       künig Gallahut und der künig von Pritone

988   hieten ain frid gesprochen
       zusamm vollen ain jar,   K 241,28. P 49,2.
       der wär gar unzerprochen.
       künig Galahut, *auch* all die seinen gar
    5 die riten mit ir her wider zu lannde.
       sust tet auch nu künig Artus;
       der zoch auch dann mit mangem küenen weygannde.

[190ᵛᵃ] Awentewr von Artus trawm von der rittersuechumb unnd
wie Lannzilet ledig ward gesagt von der küniginn von Mo-
loanndt.

989   Alls Artus zu Britone
       was mit den seinen kumen,
       ainr zeit dem valsches ane   K 222,14. P 49,4.
       ain traum fürkam, der sein fräud tet erdrummen:
    5 von ungefell so daucht den rainen süessen,

986,2 michl *b*
988,1 geswornñ *b*   4 auch] mitt *A*

wie im die negel von der hennd
ab vielen und die zehen an den füessen.

990 Nach dem daucht mer den werden,
wie im *die* hennde paid
vom leib vielen zer erden,
auch wie man im vergiffte wag und waid.
5 zeppter und kron man im gar payde näme
und wurf das in ain pützen tief
und daraus ain track mit grosser frayse käme,

991 der in jagt affter zwere,
das er nicht wesste, war
er näm helfliche kere.
leoparten, leoen kamen ain michel schar,
5 der yglich⟨e⟩s zu sunder not in prachte.
von diser ang⟨e⟩stlichen not
der edl künig mit grossem schrick erwachte.

992 Von disem schlaff vil swäre
tet freud im vil entreisen.
an stund der lobepäre
besannte *in seim* lannd gar all die weysen.
5 er sagt des trawmes anfanng, mitel und ennde;
er sprach: »Umb sorge diser ding
ich euch all hab umb dewtumb mir besennde.«

993 Die künste reichen machten
iudicy manger handt,
die dinng nicht ring sy achten.
yeder in sunder das mit all bevandt,

990,2 die] hie *A*
991,2 war] zwar *b*   4 kam *b*
992,4 im sein *A*   5 trawes *b*

993,2 iudicy: *Akk., aus lat.* iudicium, *›Beurteilung‹.*

      5 das in pracht schmerz von rechten herzen layden.
         sy funden, das der künig sollt
         von lannd und hab, auch allen seinen eren schaiden.

994   [190ᵛᵇ] Sy enwessten, wie geparen
         sy sollten mit den dingen,
         ob sy dem fürsten claren
         verhelen oder aber im fürpringen.
      5 zum jüngsten gunden sy mit alle jehen,
         sy wolten dem künig alle dinng
         gar künden, was in darumb sollt beschehen.

995   Sy sprachen: »Herr, gelaub⟨e⟩t,
         ir edler fürste reich,
         oder nembt uns henndt und haub⟨e⟩t:
         die dewttumb ist zu hören ang⟨e⟩stl⟨e⟩ich.
      5 wir sorgen, ewr hoche wirdt die werdt sich krenken.
         gwundt ir ye hocher eren vil,
         die wil et fluchtigklich euch schier entwenken.

996   Ich sorg, ewr lanndt ir walldet
         layder unlange frist.
         in armut ir füran alltet,
         es welle dann understan der süesse krist,
      5 des macht und gwalt gar herscht in allen dingen.
         den rufft an: er hat des macht,
         das er euch hail helfliche noch mag pringen!«

997   Der künig vil ser erväret
         nu ward von disen worten,
         sein herz mit laid beswäret
         im ward, verspart gannz all seinr frewden porten,

─────────

993,7 all sein *b*
994,7 im *b*
995,3 membt *A*   5 sich] sy *b*
996,4 well *b*   7 das euch an hayl helflich mag noch gelingñ *b*
997,4 potñ *b*

    5 und sprach andächtig in seines herzen stille:
    »O Jhesu, wie es dir behag,
    erganng an mir, was sey dein götlich wille!«

998   Sunst lag sein muet verschlossen
    in jamers kärcher tief.
    mit augen überflossen
    vil dick er innigklich zu got auf rieff.
    5 er was an seim gepet dick gar verainet.
    in diser zeit ain heremit   K 241,33. P 49,3.
    kam an den hof, des leben was so gerainet:

999   Durch tugent, die er hete,
    erwarb er dick von got
    mit seinem raim gepete,
    davon manger mensch erlöset ward von not.
    5 dem kundt der künig mit not seins herzen clage,
    den traumb, auch die bedäuttumb gar
    betruebt, die er gehebt het ettlich tage.

1000   Der vater sprach: »Fürware,
    die meister künstenreich
    euch välen nicht ain hare.
    doch ist die sach nicht so gar ängst[191ᵐ]⟨e⟩l⟨e⟩ich.
    5 ob ir selb wellt, ir mügt in wirden greysen,
    ja, ob ir volgt der lere mein,
    alls ichs euch wollt mit worten underweysen.

1001   Ir sollt vor allen dingen
    behalten gotz gebot,
    der euch sarg wol mag ringen;

999,4 mang *b*
1000,7 ich *b;* woltz *b*
1001,3 mag sorg wol *b*

999,3 raim = rainem

die armen geren hören in ir not,
5 beschützen vor pösem gwalt witib, waysen.
hallt got vor augen, der euch wol
mag bewaren vor ewr sorglichen fraisen.

1002   Ir denk⟨e⟩t kainer zeit⟨e⟩,
das ir von gots genaden
habt leben, landt und läut⟨e⟩;
nicht wann mit hochmuet ewr herz ist beladen.
5 gedenkt, das ir pracht lützel auf die werlte
und ewr wird nu stat so hoch:
sagt lob und er got zu seim widergelte.

1003   Lebt ir in gottes willen
(ich bin des ewer wer),
er tuet euch kumer stillen
und behalltet lannd, läut und all ewr eer.
5 und habet rew gar ewr vergangen sünden,
auch halltet puess, so wil ich euch
für ew⟨e⟩r sorg hail von got gros verkünden.«

1004   Der künig andächtigkl⟨e⟩ichen
sich liess auf seine knie
und rueft zu gott dem reichen,
sprach: »Herr, dein gnad nie kain sünder verlie;
5 lass ab, vergib, herr, bys mir nicht erpollgen!
wer mich lert deinen willen thuen,
dem wil et ich seinr ler mit willen vollgen.«

1005   Der heremit begunde
got loben der geschicht.
mit herzen und mit munde
zu seiner dannenfart er sich nu richt.

_____

1002,2 gottes *b*
1003,2 ewr *b*   4 behallt *b*

5 er pat den künig grosser tugent wallten,
»so habt ir preys zer welte hie
und thuet euch got dort nicht von fräwden schalten.«

1006 Sunst er von dannen kerte
der gotz erwellte man.   K 250,22. P 49,16.
Artus der künig geherte
hernach allzeit in gottes mynne pran
5 [191ʳᵇ] und hielt sich in seim stat diemüetigkleichen.
er erwennte aller menschen clag,
das in mynten die armen und die reichen.

1007 Noch het von Moloande   K 251,30. P 49,16.
die künigin alls gefangen
den hellden weit erkande.
des het bey Artus manger helld nach im belangen.
5 sy kunden von im hören nie kain märe,
alls er rait von dem streyte,
wo er der weiten wellt seid kumen wäre.

1008 Gaban und sunst ir mere
(wol vierzigk was ir zal),   K 255,3. P 49,19.
sprachen zum künig here,
sy wollten suechen den hellden liecht gemal,
5 der in dem streyt lobs so vil het errungen.
sy durch riten der lanndt manigen end
und erhorten nicht von kaines menschen zungen,

1009 der in ye kund gesagen,
wo er et wär kumen.
do nachnet es den tagen,
das jener frid schier ennde het genumen,   K 260,15. P 49,20.
5 der von den künigen zwain vor was gestossen.

1005,7 got . . . schalten] got auch nich võ frewdñ dort schalltñ *b*
1007,4 hete *b;* mang *b;* nach] bey *b*   7 wellde *b*
1008,4 liechtñ *b*   5 het lobs so vil *b*

sich richt Artus gen newer wer;
samm tet auch Galahut und sein genossen.

1010　Mit ainem her fraysleichen
　　　Galahuet man kumen sach
　　　auf Artus den vil reichen,
　　　der gen im füert ain her auch nicht ze swach.
　　5　doch pracht Galahut dreissigk wol an ainen.
　　　in Artus hellf zwo künigin kamen:
　　　ich main⟨e⟩ von Noaus die vil rainen,

1011　die anndern von Molannde
　　　die küniginne werd.
　　　sy ginng zu dem weygande
　　　und sprach, ob er auch streytes da begert,
　　5　seinr vänknüss solte er gar sein entpunden;　K 256,18. P 49,21.
　　　darzu wolt sy ors, schillt und sper
　　　den vollen rat im geben zu den stunden,

1012　ja ob mit hellf er wollte
　　　auf Artus seytt gestan.
　　　do sprach der tugent hollde:
　　　»Ich dient zu diser welt nie kainem mann
　　5　so willig alls dem künig von Britone,
　　　dem gar die volg das lob⟨e⟩ geyt,
　　　das werder künigk nie lebte under krone.«

[191ᵛᵃ] Awentewr, wie gar ritter her Gabon, Yban unnd her Kologriand mit den rittern zer Taflrundt den ersten streit gewunen.

1013　Indem wurden rotieren
　　　die her sich paider seit
　　　zu velld aus mit panieren;
　　　do wollt unwendig sein ain starker streit.

1011,1 annd⁵ *b*　4 streitns *b;* pegeret *b*　5 solt *b*　7 den] sunst *b*

5 Estroamus kam zu veld durch ain thioste;   K 261,14. P 49,25.
  sein willen sach Kologriand,
  der im begegnet auch mit reicher kosste.

1014 Die hellden wolgeboren
  die ors zun seitten numen
  mit ir vil scharfen sporen;
  do sach man sper in drunzun klain zerdrumen.
 5 Estroamus in die pluemen wardt gesenndet,
  vil schnell er aufgezuck⟨e⟩t ward,
  sunst wär sein werdes leben da verenndet.

1015 Man hort auf schillten krachen
  mann starken schaft gedigen,
  die do von thiost prachen.
  do die zway her so swinnd zusamen sigen,
 5 do schos mann fewres flamm aus herten hellmen;
  mang küener held zer erden lag
  mit ors und all an haubet in den mellmen.

1016 Galahuet sach die seinen
  vasst weichen an ir wer;
  do liess er hilf in scheinen: K 262,3. P 49,31.
  den erst gewunnen künig mit aim her
 5 schickt er mit rittern vil hin aus zu vellde.
  Gabon auch nicht verligen wolt:
  er pracht dem küenen streites widergelte.

1017 Do rait der künig here
  durch thiost auf den annger.
  diss was Gabones gere,
  der saumbt auch seines willens in nicht langer.
 5 do ward ain thiost hurtigklich geriten;

1013,5 Estroanus *b*
1014,5 Estram₉ *b*
1017,3 diss] die *b*

die sper zerstucket lagen paid,
doch ward vallen von paiden gar vermiten.

1018   Die herr wurden ersprengen
hurtigklich aufeinannder
in den starken gemengen.
wer streytes ye begert, ich wen, das vannd er.
5 Gabon tet in dem streit [191ᵛᵇ] soliche wunder,
das man von einem streyte,
von mannes kraft nie sach solich tat besunder.

1019   Wo er die seinen wesste
oder sach in nöten grossen,
der küen und der not vesste
begund die schar mit manhait so durch stossen;
5 allsus ain praites her er nach entworchte;
diss schuef sein manlich ellen,
das man in mer dann hundert annder vorchte.

1020   Er tet die widerkere
durch das her manig mal;
von seinem swert die rere
nam hellden vil alldo mit todes val.
5 alls diss sach Galahut der schanden plosse;
den künig von der Engen Mark
schickte zu hilf in mit aim her vil grosse.

1021   Her Iban palld das merkte,
das Galahut die sein⟨en⟩
in disem streyt so sterkte.
er liess sein manhait auch alldo erscheinen.
5 er nam ain sper vil starkes zu sein hannden,

1018,4 vannd er *auf Rasur Ab*
1019,7 dann] wañ *b*
1020,3 rede *b*   7 schickt *b*
1021,1 das palld *b*   4 alldo auch *b*

samm tet der künig jener seitt.
hurtigklich aufeinannder sy paid rannten.

1022 Do hort man schwerter klingen
auff schillt und hellmen hert,
die helld nach preise ringen,
das ich hiet sorg, ich wär der unervert,
5 ob ich vergattet wär in disem gedrenge.
ich schlach nach art der mueter mein,
das ich pewar mich wol vor solichem gemennge.

1023 Jacob Pütrich ye spechten
gund mit den worten sein:
wann sy nur heten zu vechten,
so wurden sy all vaist g⟨e⟩leich dem swein.
5 des scherz aim anndern ich allzeit für mich gunde,
den sein gelusst; ich wurd davon
vermegert gar geleich dem dürren hunde.

1024 Die *tödlich schlacht* gar werte,
bis das durch die nacht vinster
mengklich zu herwerg kerte
und das der tag verlos seins scheines glinster.

1021,6 sam] sar *b*
1023,5 schertz ich aim and'n allzeit *b*
1024,1 Die schlacht gros, gros *nachgetragen A;* werdt *b*

1022,4 unervert *zu mhd.* erværen ›in Gefahr bringen, erschrecken‹, *Negation zu ergänzen:* ›ich hätte Angst, daß ich nicht unerschrocken wäre‹.
5 vergatten, *vgl. Seifried de Ardemont 302,6, Variante zu* vergatern
›versammeln‹, *besonders bei Reitergruppenkämpfen mit* gedrenge.
1023,1-7: *Es wird ein komischer Gegensatz aufgebaut zwischen dem Erzähler und Püterich. Dieser behauptet, sie (die Ritter? Püterichs Familie?) würden, hätten sie nur etwas zu fechten, dadurch auch dick; der
Erzähler hingegen, der schon 1022,3-7 von seiner Angst gesprochen hat,
glaubt, er würde dadurch abmagern wie ein dürrer Hund.*

5 Artuses her des preys des tags gar wiellte,
doch was Gabon so ser wundt,   K 263,8. P 49,36.
das mangen Pritoneys von fräuden schielte.

1025 [192ᵃ] Drey ripp in seinem leibe
im wurden zerquetscht gar,
das not pracht manigem weybe,
das wassers reich in wurden ir ewglein klar.
5 mit not man pracht den hellden ab dem vellde.
gross clag ward hie vermitten nicht:
in anmacht lag der herr in seinem gezellde.

1026 Solch mär zu gehörde kumen
der frawen von Moloand,
das ir tet fräwd zerdrumen.
alls aber Lannzilet das mär befand,
5 er sprach zer frawen: »Ir habt mir versprochen,
zu sennden mich in disem wig!
daran ir hand ewr gelöbd an mir zerprochen.«

1027 Sy sprach: »Herr, seyd ir geret
zu disem scharfen streyt,
ir werts von mir geweret.
ich sennd euch morgen zu rechter kampfes zeit K 264,1. P 50,8.
5 verwappent und zimiert zu velld reichl⟨e⟩iche.
ich sag euch quitt ew⟨e⟩r vianz!«
des glübds der helld do ward an fräwden reiche.

1024,6 sere *b*   7 mangñ *b*
1026,1 Solich *b*   5 mir võ versprochen *b*   7 globd *b*
1027,5 zimieret *b*

Awentewr, wie des anndern tags gestriten ward und wie gar ritterlich Lannzilet den höchsten preys erwarb, auch, wie Galahut
unnd Lannzilet sich in frewntschafft verainten nach disem streyt.

1028 Nu morgens, alls man sollte
      aber zu vellde ziehen,
      do ward der eren hollde
      zimieret so, do muesst zaghait enpfliehen.
    5 von herzen im sein muet do gunde grossen.
      wo man von streyt ye sagte im,
      so ward sein leib mit manhaitt vol gestossen.

1029 Sunst zogen aus zu vellde
      die küenen ritter zieren,
      ettlich durch mynne gelde.
      do ward der streyt sich graussamlich mofieren.
    5 do sach man drunzun auf gen höche fliegen;
      von starker thiost hurte
      des tags der tod tet mangen lebens triegen.

1030 Nu sassen in den venstern
      die küniginnen weyt erkandt,
      der wat von golld gund glensteren:
      fraw Ginofer und die von Moloandt.   K 264,22. P 50,10.
    5 dagegen tet her Lannzilet sunst [192ʳᵇ] gaffen,
      das er sein selb allsus vergas,
      das er dort hiellte still gleich ainem affen. –

1031 Fraw Minn, gar ungestraffet
      welt ir ye allzeit wesen;

Überschrift: ritterlich] ritter *b*
1028,5 do *nachträglich eingefügt A,* im *b*   7 mit] im *b*
1029,1 zogtñ *b*
1030,2 künigin *b*   3 glenstᵉn *b*

1030,5-7: *Ähnlich Str. 925-926, Lannzilets Selbstverlorenheit gegenüber
Ginofer ist topisch.*

nu secht, was ir hie schaffet
an disem mann, der manhait ist erlesen,
5   der unerforcht in streyt sich ye liess vinden,
der hielt zu spot gemainer diet!
was solls, das ew⟨e⟩r strenng in suss tuet pinden?

1032   Hie ist nicht stat zu schimpfen!
er sollt all anders werben.
ir secht den streit hie tymphen;
ir schaft nur, das sein preys hie mues verderben,
5   ob ir in nicht erlasset ew⟨e⟩r tucke.
lat ab, löst auf der mynne pannt,
so das er sper zerprech in mange stucke! –

1033   Do sprach zer küniginne
die fraw von Moloand:
»Fraw, ir sollt sennden hinne   K 265,30. P 50,15.
ain maget, die dem ritter thue bekandt,
5   das er durch euch und uns zer thiost reite;
ich prüef an seinem geferrt, das er
in drenng kan machen lucken gar vil weyte.«

1034   Do sprach die eren reiche:
»Ob er ye preys bejagt,
dem hallt er ungeleiche.
ich wen wol, das sein ellen sey verzagt.«
5   die fraw von Moloand ain maget hiesse,
das sy ir aus zu vellde
ain potschaft füert und das durch nicht enliesse.

1031,7 solts *b*
1032,6 mynñen *b*
1033,6 seim *b*
1034,3 helld *b*

1031,6 hielt: *Zu erwarten wäre eher Präsens* halt.

1035   »Jen ritter, den ir hallten
        dort secht gar streytes frey:
        sprecht zu dem wolgestalten,
        das er der küniginne kempf hie sey
    5 in disem streit (und sunst auch manger frawen).
        das sey ir pet von in zu im,
        das er sich lass in streit durch sy auch schawen.«

1036   Die maget auf die grüene
        rait zu dem ellensreichen.
        sy sprach: »Hört, ritter küene,
        ich pin ain pot von frawen minnigkleichen,
    5 zu voran von der lanndes küniginne.
        das ir der ritter weset hie,
        drumb sol belonen euch die süess⟨e⟩ mynne.«

1037   [192ᵛᵃ] Hiemit die maget prachte
        den helld ausser gedanken;
        alls er sich recht verdachte,
        das man in het gesehen des muets so kranken,
    5 er dacht, er wärs gelesstert ymmermere.
        indem her Gabon im zu velld
        dar het gesand drew gros und starke spere.   K 266,9. P 50,22.

1038   Er wand gar han verloren
        sein preys und ritters eer.
        das ors mit scharfen sporen
        zer seitt er nam; zu streit im stuend sein ger.
    5 erst hort man sper erkrachen, swert erklingen;
        man sach manng drunzun in dem windt,
        do er mit hurt den punder tet durch dringen.

1036,1 die gruene] der grüne *b*

1035,1–7: *Es redet die Frau von Moloandt.*   6 in: *daher ist* küniginne
(1035,4) Plural.

1039 Gar frawen und man das jahen,
das sy zu diser welt
nie küeneren man gesahen,
der auf ain tag solich wunder stifft zu velld.
5 her Gabon gerte auch den streit zu schawen.
wie er leg in unkrefften gros,
doch trueg man in in ain venster zu den frawen.

1040 Und alls er die maleye
dort aus zu vellde sach,
das der helld zaghait freye
der veindte schar so hurtigklich durch prach,
5 das gab im zu sein wunden noch mer kreffte
dann wurzen, kraut und was man im
ye erzen kundt mit kunst und maisterscheffte.

1041 Her Gabon zehen spere   K 267,28. P 50,33.
aber zu velld im sanndt
(nu merket), fürbas mere
fünf schnelle ors hoch stark von Spanielandt.
5 ain knab im sagt, wer es dar hiet gesenndet.
do er hort von Gabone, do
ward in herzen im trawrens vil verschwenndet.

1042 Er dacht vor, das Gabone
seinr wunden wär erstorben.
und do der valsches ane
hört, das er was des leibes unverdorben,
5 do ward er nie so fro in menigen jaren.
all erst man ritter vallen sach
(ja wer sein thiost gen im nicht wollt sparen).

1043 Sein durchfart mengen lerte
des tages satel rawmen.
her Kay⟨e⟩ alles [192ᵛᵇ] kerte   K 269,6

1042,5 mengen *b*

nach im, der sich an preys nie tet versawmen.
5 samm tet auch her Yban in disem streite.
wo die sahen in drenge not,
do kunden sy auch machen weg vil weyte.

1044 Allsus der streit hie werte,
bis das die trüebe nacht   K 274,10. P 51,6.
des tages liecht verkerte
und menigklich hin zu den zellden gacht
5 durch rue und gmach, den sy do wonden vinden.
vil küener ritter ellenthaft
durch luft teten hel⟨e⟩m von häubten pinden.

1045 Lannzilet aus dem streyte
kart auch an sein gemach;
und in der selben zeite
künig Galahut in verres reiten sach.
5 er eylt im schnelles nach ze fragen märe;
durch seinen namen und auch art
fragt er, wann er der lanndt dar kumen wäre.

1046 Er sprach: »Hort, ritter here!
in güet frag ich der mär;
durch ew⟨e⟩r manlich ere
lat euch die frag von mir nicht wesen swär:
5 wie ir mir schaden gros habt heut gefüeget,
ich näms für zwayr lande kron,
das ir hernach mir holldes herze trüeget.

1047 Dem künig aus Pritone
habt ir auf disen tag
behallten lannd und krone.

1043,4 sich *nachgetragen A, fehlt b*   5 streyt *b*
1046,6 ir *A*

1046,1 Er: *Galahut.*

wie ir mir habt *ersterbet* man und mag,
5   yedoch wil ich in warhait euch das jehen:
ob ich ewr gesellschaft sollte han,
do wär et mir vil hailes an beschehen.

1048   Ob ich das kund gelaisten,
das euch, herr, möcht behagen,
mit meiner trew der maisten,
das ir ewren namen mir geruechet sagen,
5   ich laist ymmer, war nach stüend ew⟨e⟩r gere.
ob ir mich pätt aller meiner lannd,
die gib ich euch auf mein künigklich ere.«

1049   Der helld aus süessem munde
dem künig antwurt pot,
sprach:»Herr, zu diser stunde
solt ir meins namens doch nicht haben not.
5   hernach wil ich euch des und fürbas weren,
umb das ir kund geloben vil,
ob ir vollaisten tetet auch so geren.

1050   [193ʳᵃ] Dienstlich gesellschaft geben
wolt ich euch ymmer mer
gar all mein zeit und leben,
ob ir ainr pet wolltet sein mein gewer.«
5   des gund der künig vil gütigklichen lachen.
er sprach:»Herr, reytet mit mir hinn,
so wil ich euch der gelübd gewis wol machen.«

1051   Sunst riten sy entsamen
die hellden unverzagt.
nach müed ir rue sy namen,
da manig wunder man mit nöten klagt.

1047,4 ersterbñ *Ab*
1048,6 all *b*
1049,7 tet *b*

5 Galahut nach zwayn künigen schnelles sande.
er sprach: »Den helld, den ir hie secht,
dem stet mein trew durch glübd zu hochem pfannde.

1052 Des sollt ir wesen payde
gewer all solicher sach;
ich bestäts mit meinem ayde:
wes er mich mant, sey wirdig oder swach,
5 des setz ich mich in kainen weis im wider.«
hiemit bestätt was dise *suen.*
durch ru die herrn alldo sich legten nyder.   K 277,7.

Awentewr, wie der frid mit Artus und dem künig Galahut gemacht ward durch Lannzilet.

1053 Artus vil klainer wunnen
wielt all die selben nacht.
morgens, alls man die sunnen
sach, das sy über die hochen perg auf gacht,
5 Artus nicht dacht, wann läut und lannd verlieren
von jener grosser übermacht.
yedoch richten zu streyt sich die vill zieren.

1054 Allsus sich ward rotieren
in Galahutes schar
zu vellde mit panieren
so mange rot. Lannzilet der schanden par
5 der mandt den künig gelübdes und seiner eren;
er jach: »Ich bitt euch in der mynne,
das ir mich ainer pet hie wellet weren!

1052,6 sam *A*   7 *Platz für eine weitere Strophe b*
Überschrift *fehlt b, Platz dafür und für Initiale ausgespart.*
1053,3 alls] all *b*   6 grossñ *b*
1054,1 Alls *b;* sich auch *Ab,* auch *wegradiert A*   5 gelübds *b*

1055   So wir den weyt erkennden
       mit streyt gesygen an,
       sein schar zer fluchte wennden,
       das ir durch all mein lieb nicht wellet lan,
   5   ir kumet zu Artus mit mir geriten!   K 278,3. P 51,30.
       was ir gen dem habt missetan,
       [193ʳᵇ] drumb solt ir in umb gnad und hullde piten!«

1056   Der künig erschrack vil sere
       ab den vil frömbden worten.
       in daucht, er hietz unere.
       als aber dise künig zwen das horten,
   5   sy sprachen: »Herr, ir rewset all zu spete
       suss hohe glübde unbedacht,
       ir nachru ist dick scharfer rewen grete.«

1057   Do gund der künig senken
       sein haubt zer erden nider.
       yetz wollt ers thuen, dann wenken.
       aufs jüngst gedachte im der künig pider
   5   und sprach: »Wol hin, seid ichs euch hab versprochen,
       so sollt ir haben zweifel kain,
       das es euch ymmer werd von mir geprochen.«

1058   Lannzilet ritterleichen
       sich aus zu velld ward rüssten
       mit rittern ellensreichen,
       die truegen manlich herze under prüssten.
   5   auf Artus seitt hiellten helld ausgesundert
       zu streit berait in ainem lag,
       doch waren ir an der zal nicht wann drewhundert.

1055,5 zu kunig Art₉ *b*   6 gen *fehlt b*
1056,3 dauch *b*
1057,6 zweifl *b*

1056,7 ›. . . *dessen Nachreue* (nachru) *die Stufe* (grete) *zu noch schlim-
merer Reue ist.‹ scharfer rewen: Gen. Pl.*

1059 Dargen mit scharen grossen
      kam Galahutes her.
      do muessten die zaghait plossen
      doch werlich in hie weichen aus der wer.   K 279,7. P 52,4.
    5 do gund her Lannzilet den künig ermanen,
      das er vollaiste seine wort:
      »Ir secht doch weichen hie die küenen Pritonen.«

1060 Der künig sprach: »Vil geren
      thuen ichs in kurzer frist.
      kumbt dann, ich sol euch weren,
      was ir gepietet; mein wil das ymmer ist.«
    5 in dem Artus der edel schanden freye
      sich nicht da zu behelfen wesst
      dann mit der flucht und all sein messeneye.

1061 *Do* was die küniginne
      gefüeret nu von dannen;
      auch was Artus zu synne,
      das er mit her Gabon unnd all sein mannen
    5 gericht sich het zu schneller dannen verte.
      diss wardt von im vernomen nie,
      das yemandt [193ᵛᵃ] mer solichs preys an im beherte.

1062 Alls er was auf gesessen
      und yetz wolt dannen reiten,
      Galahuet der vermessen
      sprach: »Herr, ir sollet hie ain lützel peiten!«
    5 hie mit er von seim ors spranng all pehennde.
      er sprach: »Hört, edler künig werd!
      nach gnaden so vallt ich euch hie mein hennde.«

1060,4 gepiett *b*
1061,1 Do] Nu *A*   7 solich *b*
1062,1 aufgessñ *b*   7 hie *fehlt b*

1063   Galahut minnigkleiche
        aber zu Artus sprach:
        »Hört, edler künigk reiche!
        gewunnet ir ye von mir ungemach,
5   das lat mich gen euch nach genaden püessen.
        gepietet, herr, selb über mich!«
        hiemit naigt er sich gehes zu sein füessen.

1064   Artus abe zu der erden
        vil schnelligklichen sprang;
        auf hueb er den vil werden;
        mit kus manig lieplichen umb⟨e⟩fank
5   pot ainer do dem anderen an den stunden.
        Artus der sprach: »Wie kumbt, das ich
        suss gnad und hulld so gros hab bey euch funden?«

1065   Galahut sprach: »Enruech⟨e⟩t,   K 280,7. P 52,'6.
        ir bevindt es wol hernach!
        die stund sol sein verfluechet,
        in der ye ungemach euch von mir geschach!«
5   Gabonen ward gesagt von diser mynne;
        der fräwd sich diser suen allso,
        das er sich gannz gesundt daucht in seym synne.

1066   Zu handt man poten sannde
        schnell nach der lanndes frawen,
        die klagend dannen wande,
        wann ir et was ir frewde gar verhawen.
5   alls ir kumen die fräwdenreychen mere,
        die poten yeschen potengab,
        sagten, wie alle dinng ergangen *wären*.

1063,4 gewinnet *oder* gewumet *A*   5 gnaden *b*
1064,1 Artus] Ar *b*
1065,3 verflucht *b*   7 seinē *b*
1066,7 wie ding alle *b;* wäre *Ab*

1067   Vil schnell sy wider kerte,
do man diss mer ir jach;
Galahut der geherte,
alls der die küniginn dar kumen sach,
5 er kam all dar und umbeving die rainen.
alls Lannzilet die mynn ersach,
do hueb er innigklichen an zu wainen.   K 282,26. P 52,'14.

1068   [193ᵛᵇ] Alls Galahut erkannde
seins frewndes ungemach,
seim herzen es fräwden wannde.
»was dewttet diss?« allsus der herr⟨e⟩ sprach,   K 283,10. P 52,'15.
5 »ist euch ycht beschehen ainich weys zu laide?«
Lannzilet sprach: »Herr, sicher nayn!
es ist durch euch, sprich ich bey meinem aide.

1069   Es ist von euch beschehen
ain sach zu libe mir
so gros, das ich mues jehen,
ob ich darnach setz herz, synn und begir.
5 so kan ich widergellts euch nicht erdenken.
ich bin und pleib ewr dienestman
ewig; des willens wil ich euch nicht wenken.

1070   Secht, herr, diss ist mein klage,
der ich vergiss gar nymmer:
woch, zeit, stund, nacht und tage,
wolt got, solt es her nach sich füegen, ymmer
5 man sech mich in ewr dinst kain frayse meyden.
solt es kossten mein leib und lanndt,
diss wär et ringer mir alls durch euch zu leyden.«

1071   Hiemit vil zäher flussen
aus seinen augen klar,

1067,5 vmb viñg *b*
1068,4 dewtte *A*

das sy sein wat begussen.
Galahut sprach der edel schannden par:
5 »Hört, herr und fründt, lat dise clag beleiben!
ich tet nie liebers mer zer welt,
oder got sol von eren mich vertreiben.«

1072 Zu stund er dar besannde
all fürsten in dem her.
er sprach: »Ir ziecht zu lannde!
es sey dann, das unhail mich des erwer,
5 ich erkenn es gen euch allen sunderleichen:
wann irs hernach ermanet mich,
mein pesste hellf ewr kainem sol geschweichen.«

1073 Artus der pat vil sere
und auch die küniginn
den künig durch sein ere,
das er so geches schied sich nicht von hinn.
5 der künig jach: »Ir sollt zu mir gepieten!
wo ich zu lieb euch kumen sol,
des willens wil ich mich stät gen euch nietten.«

1074 Die künigin Ginofere
gros gnad im darumb sagt
der fräwdenreichen mere.
[194ᵐ] Gabon und manig ritter unverzagt
5 kamen alldar, puten im wirde ain wunder.
do ward vil clarer frawen herz
von laid erweckt, das es in fräud wardt munder.

1075 Nach dem unlang sy sassen
in fräwden auf dem sal.
mang mannes wird sy massen.
Ginofer die edel küniginn licht gemal,
5 die sass zu Galahut dem künig reichen.

1075,4 edl *b*

sy jach: »Ob ichs mit urlab torst,
ainr pet wolt ich euch piten innigkleichen.«

1076   Er sprach: »Fraw, ir solt geren
       gar was euch sey zu muet;
       mag ich, ich wils euch weren.«
       do jach die edel küniginne guet:
   5   »Ich wolt auch durch ewr pot lan und auch hallten,
       was ir möcht geren her zu mir,
       allso, das mich von eren nicht möcht schallten.«

1077   Sy jach: »Mit urlab fragen
       wil ich von disen sachen,
       das ir mir ruechet sagen,
       wer gen euch gund hie dise suene machen.«   K 284,13. P 52,"6.
   5   er sprach: »Fraw, kund ich euch der mär beschaiden!
       kenn ich sein namen noch sein art,
       so schaid mich got von er und wirden payden.

1078   Wann das er gar zer wellte
       mir ist der liebst auf erden,
       seinr mynn zu widergellde
       gelobt ich den frid dem küenen ritter werden.
   5   er ist et diser ritter wol gezieret,
       der vor dem tag mein praites her
       mit seiner manhait mir gar entschumpfieret.«

1079   Do sprach die küniginne:
       »Ist der ycht in dem landt,
       ich pit euch durch des mynne,
       das er all her zu uns schier werd besanndt.«   K 286,16. P 53,10.
   5   »Fraw, ich denk, das er hinnen sey gelenndet.
       ob des, fraw, ewr wille gert,
       so wirt von mir vil schnell nach im gesenndet.«

1076,4 edl *b*
1078,6 der *fehlt b*

1080　　»Das ist auch, des ich gere«,
　　　　so sprach die mynnigkleich.
　　　　zu hand der künigk [194ʳᵇ] here
　　　　rait nach dem küenen hellden ellens reich.
　　5　er sprach mit fräwden zu dem degen frechen,
　　　　ob das mit seinem willen wär,
　　　　die fraw des lannds in geren wolt besprechen.

1081　　Der helld nie lieber mere
　　　　gehort bey seinen tagen;
　　　　der ritter lobepere
　　　　durch das tet trawren gar von herzen jagen.
　　5　er wesst vor hochen fräwden nicht zu geparen.
　　　　sunst kam zu hof der tugentreich,
　　　　da er empfangen ward von frawen klaren.　K 290,19. P 53,20.

Awentewr, wie Lannzilet zu hof kam unnd wie er der künigin all
sein wesen unnd sein verholne mynn sagte.

1082　　Die künigin tet umb schranken
　　　　den küenen degen clar
　　　　mitt weissen ärmlein planken;
　　　　dabey ir süesser mund haiss rubin var
　　5　ward im an wanng und mundt vil dick geschmucket.
　　　　von diser mynn so was dem helld
　　　　nach witz und synne mit all gar enzucket.

1083　　Sunst manig wird und ere
　　　　pot im die künigin
　　　　und auch der künig here.
　　　　do kam et aber dar die strenge mynn
　　5　und nam dem helld all sein manlich gepere.
　　　　er sach zer küniginne dar
　　　　und stuend, alls ob er so gefroren wäre. –

Überschrift: all] als *b*
1082,7 synn *b*

1084   Das sind litzenz die allten,
der ir, fraw Mynn, stät pfleget,
mit tucken manigfallten,
wie ir in rumor euch dick gen mir pęweget.
  5 so wil et mich unpild nicht lan gesweigen:
schiedt ir das sawr von der süess,
ewrem gepot wolt ich drumb ymmer neygen.

1085   Ir enwisst, was ir rechent
an disem stollzen jungen;
secht, wie stet er unsprechent!
und er hat doch vil redepäre zungen
  5 all news gehabt, die ir im habt penumen.
sunst tuet ir im allhie gewallt,
das er erpleyet stet gleich ainem stumen. –

1086   [194ᵛᵃ] Ulrich, ich wil dir sagen:
mich hilft an dir vil clain,
was ich an dir thue pagen.
den jäckln, narren mit seinen schelhen pain
  5 wolt ich von mynne kraft noch ee berichten
wann dich. schamm dich, vil tumer,
das du mein wirde gros sunst wild vernichten.

1087   Nu hab ich doch die schönen
für augen im gestallt.
wes tuestu mich dann hönen
und treybst törische mit mir deinen gwalt?

1084,6 der] dem *b*   7 ewrm *b*; ymmer *fehlt b*
1085,1 enwisset *b*   6 ir] er *b*
1086,3 an] mit *b*   4 ieckl *b*   7 am Ende N *(Vorwegnahme der Initiale N von Str. 1087) A;* wird *b*
1087,1 doch *fehlt b*   4 torisch *b*; dein *b*

1084,1 litzenz: *vgl. Anm. zu 244,6 und 583,6.*
1086,4 *Vielleicht eher in Anlehnung an b* jäcklnarren.

    5 schont ich nit dein⟨e⟩s edlen fürsten herr⟨e⟩n,
    ich *setzt* dich sein zu puesse so;
    auch muess ich schonen *selb der meinen* eren.

1088   Hab ich aber verkallet,
    fraw, ewr genad und hulld,
    das ir suss mit mir schallet,
    es ist yedoch nicht gar an ew⟨e⟩r schuld.
    5 ich getet aber euch nie recht in kainem stucke
    wann ainer zeit, da ich ain stieg
    viel hinder wert ab aus gar überrugke.

1089   Ob ir drumb zürnet sere,
    ich wen, des beschech da nicht.
    nu sagt mir, fraw vil here,
    und gebt mir diser sachen pas pericht!
    5 seid ir so gar unschuldig wellet wesen,
    erzürnet nicht so ser gen mir!
    vor ew⟨e⟩r gäch traw ich vil kaum genesen.

1090   So ir lieb ser geliebet,
    alls dem helld ist beschehen,
    ich wen, ir zwischen schiebet
    (des ich nicht tar so lautes mer verjehen):
    5 ir thuet als der dem kind den apfel lucket,
    so es in wendt haben gewis,
    und im in schnelles dann von hennden rucket.

1091   Zwar diser ding gar müessig
    möcht ich villeicht wol gan,
    ist mynn nicht liebe süessig.

1087,6 setz *A*　　7 selber meiner, selber *nachgetragen A*
1090,2 salls *b*　　5 apffl *b*
1091,2 wol umb gan *b*　　3 nicht] ycht *b*

1087,6 setz = setzt *(Konj. Prät.), -t vor folgendem Dental eingespart.*

do sag et von ain mynne gerender man!
5 meim edlen fürsten wil ichs zu hofe pieten,
der kans zu recht erkennen wol,
und wil der awentewr zu end mich nietten. –

1092 Die küniginn merkte sunder
an aller seiner gepär,
das er von mynne zunder
[194ᵛ] durch mynne plick allsus enzundet wår.
5 durch das ginng sy mit annderen claren frawen
ab dem palast und liess in dort,
des herz ir mynn zu grunnd gar hett verhawen.

1093 Ains tags für lannge swäre
die künigin weyt erkannt
(ich main frawen Ginofere)
zu handen nam auch die von Moloandt,   K 289,34. P 53,21.
5 den künig Galahut mit disem jungen.
in ainen garten wunnigklich
sy giengen, da mang plümlein was entsprungen.

1094 Die künigin zer hennde
die herr⟨e⟩n payde vieng.
an ain besunder ende
sy durch den garten an ain sunder gieng.
5 bey ainem pawm sy in die grüene sassen.   K 290,6. P 53,24.
mit schall, worten manigen schimpf
gunden ritter und frawen für sich vassen.

1095 An hueb die küniginne
den hellden junk zu fragen:
»Durch alle werde mynne
bit ich euch, das ir mir ruechet zu sagen,
5 durch was ir gundet hie den frid zu machen.

1091,4 sagt *b*   5 ich *b*
1093,1 Aains *A*
1095,5 den frid hie *b*

mag diss haben fueg und auch zeit,
ich fle, das ir mir sagt von disen sachen.«

1096   Der helld erpleyet sere
        sass vor der küniginn.
        do dacht der tugent here
        künig Galahut: ›Im ist villeicht zu synn,
    5   das er nicht wil so offenlich verjehen.‹
        er ginng zu der von Moloandt;
        do ward et mang⟨er⟩ hande schimpf gesehen.

1097   Aber die küniginne
        den hellden do ermannt:
        »Ich beschwer euch bey der mynne,
        der liebsten, die zu der wellde euch ward bekannt!«
    5   er sprach: »Es beschach all durch ain frawen werden;
        was ye zer werld geboren wardt,
        so fräwd et mich die clar gar ain auf erden.«

1098   »So mues sy sein gegrüesset
        von got die sällden reich,
        das ir mynn euch so süesset.
        ich pitt got, das ir mynn euch nymmer geschweich.
    5   wolt got, hiet ich der rainen [195ʳ] keuschen kunde,
        ich schwuer euch pey der wirde mein:
        sy kem zu melld nymmer für meinen munde.«

1099   Er sprach: »Hört, fraw vil here!
        solt es hernach nicht pringen
        mir herzenliche sere,
        davon mein herz mit jamer müesste rinngen,
    5   auf gnad sagt ich euch all mein lieb und layde.«

1095,7 mir *nachträglich eingefügt A, fehlt b*
1097,4 welt *b*   6 ze *b*
1098,2 selldnreich *b*   5 rainen keuschen] kauschñ rainen *b*
1099,1 fraw hort *b*

sy sprach: »Habt aller sorgen kain!
diss bestätt ich euch mit meinem höchsten ayde.«

1100 »Auf gnad und guet gedingen
so sey euch, fraw, gesagt:
nach der mein herz tuet ringen
und die mich dick in not und fräwde jagt,
5 nach der mein herz dick leidt sennlich⟨e⟩ quale:
das seyd ir ain auf all der erd,   K 293,27. P 54,3.
seid euch mein aug ersach zum ersten male.«

1101 Sy sprach: »Ir schimpfet ser⟨e⟩
mit mir in disen sachen.«
»nayn, auf mein manlich ere,
oder ich müess an all mein fräuden swachen.
5 ewr wird mich laydes machen mag den plossen.
wie ew⟨e⟩r will des zu mir gert,
so mugt auch ir mich fräwden gar verstossen.«

1102 Do sprach die küniginne:
»Nu thuet mir, herr, verjehen:
wie gefiengt ir mein sust mynne?
von erst oder wo hab ich euch vor gesehen?«
5 do sagt er ir tag, zeit und alle stunde,
wie in sein fraw zu hof⟨e⟩ fuert
und wie er schwuer all dort dem ritter wunde. K 291,17. P 54,6.

1103 »Gedenkt ir, fraw, ainr zeite,
das die fraw von Noaus   K 291,32. P 54,20.
her sant durch ainen streyte
und pat vil ser den edlen künig Artaus,

1099,6 sorge *b*
1100,4 in *fehlt b*   7 mein aug] auch mein *b*
1101,4 allñ *b*
1102,3 giefiengt *A*

5 das er durch not ir ainen kempfen sannde?
des tags Artus mich ritter macht,
do ich der selben raise mich unnderwannde.

1104   Des tags ain kus vil süessen
pot mir ewr roter munnd,
der mir kundt trawren püessen,
des ich seid nie vergas woch, tag noch stund.
5 ir jacht: ›Var hin, du solt mein ritter wesen!‹
wo ich nach *hochem* preyse [195ʳᵇ] strit,
diss was unnd ist ain fräwd mir auserlesen.

1105   Alls ich die awentew⟨e⟩r
zu Noaus dort erstrait,
bey aim ritter gehew⟨e⟩r
sannt ich zu hof euch her ain clare maid.
5 zu ewren gnaden ich des mer zu euch gerte:
ich daucht nicht vollen ritter mich,
bis ir mir sandt mein ritterliches swerte.«   K 291,24.

1106   »Diss ist vil wol mir kunde«,
die fraw begunde jehen,
»seider der selben stunde,
sagt mir, ob ich euch seyd ye hab gesehen?«
5 »ja, fraw, zer Doloros sich das gepurte;   K 292,12. P 54,11.
ich was, der euch und auch Artaus
das sloss entspart und euch nach mir drein fuerte.

1103,5 ir] euch *b*   7 rais *b*
1104,4 noch] vnd auch *b*   6 hochen *A*
1105,5 genadñ *b*
1106,4 ich ye seyd euch *b*   5 das *fehlt b*   6 ich *fehlt b*   7 das] da *b*

1103,5 *Bezug: Str. 510 ff.*
1105,7 *Bezug: Str. 550 ff.*
1106,4 seyd *greift Vers 3 wieder auf.*   7 *Bezug: Str. 724–725*

1107 Seyd habt auch ir gesehen
      mich in nöten vil grossen,
      das ist durch euch beschehen,   K 293,1. P 54,13.
      do ich nach was meins lebens der verstossen,
    5 wann da her Yban mich von nöten losste:
      ich was et, fraw, dem in jem wag
      her Yban kam hellflich⟨e⟩ dort zu troste.

1108 Ich müesst et, fraw, erstorben
      sein durch ewr süesse mynn
      und in dem wag verdorben;
      sunst nam ewr süesser plick mir all mein synn.
    5 diss sey et, fraw, auf gnad euch gar gesaget:
      durch euch zu zeit mit ritterschaft
      hab ich ettlich⟨en⟩ enden preys pejaget.

1109 So hab auch ich den werren
      all hie durch euch gestillt
      und wais, das meinen herr⟨e⟩n
      dinstlicher trew gen euch nymmer bevillt.
    5 samm thue auch ich, des wisst zu allen stunden:
      wo ich der weiten wellde var,
      so bin ich dinstes ewig euch gepunden.«

1110 Do sprach die küniginne:
      »Herr, so seyt ir der helld!
      alls ir euch schied⟨e⟩t hinne,
      ich wen, zwen risen stark ir darnach fellt,
    5 die mangen man zu laid mir handt erschlagen.«
      »Ja, fraw, alls ich ir has vernam,
      das wollt et ich in kainen weys vertragen.«

1107,4 lobens *A*

1108,3 *Bezug: Str. 925–928*
1110,5 *Bezug: Str. 939ff.*

1111   [195ᵛᵃ] »So mues der tag und stunde
        ymmer gesegnet sein,   K 294,23. P 54,22.
        in der ich euch ward kunde
        und das ich euch ye nannt den ritter mein.
    5   darumb mein herz und mynn sey ew⟨e⟩r aigen!
        wie euch das ymmer fräwen mag,
        so verr davon mein er sich nicht mug vaigen.«

1112   »Fraw, der will sey mir verre,
        das ich suss sollte werben,
        von dem ir und mein herre
        ainichen weys an preise sollt verderben;
    5   nicht wann das ir mich ewren ritter nennet
        und das ewr gnad mir wege sey,
        värlich sey mir ewr mynne unerkennet.«

1113   Sunst ward ain pundt verstricket
        all hie von mynne pannt;
        künig Amor den verzwicket,
        das in fraw Wer so leichtes nicht entrannt.
    5   Fraw Er, nu secht auch selb zu disen dingen!
        wann stat und zeit dick machet, das
        an wirden mangen man tuet misselingen.

1114   Die künigin an stunde
        den hellden umbe vieng;
        von ir vil süessen munde
        an seinen ain lieblicher kus ergienng.
    5   sy sprach: »Hiemit sey unnser mynn versigelt!«
        – nu sag, Ulrich, wie dirs behag,
        das ich suss hab zway süesse herz verrigelt?

1111,7 mein] man *b;* er *nachträglich eingefügt A, fehlt b*
1114,4 seinen mund ain *b*

1112,4 solt = soltet *(Konj. Prät.)*
1113,4 Wer: *zu mhd.* werre ›Zwietracht‹

1115 Was sol ich darzu sagen?
   ir wellt et haben recht;
   es mues mir leicht pehagen.
   nur ain⟨e⟩s ding⟨e⟩s mir allhie verjecht:
  5 habt irs getan mit rat auch frawen Eren?
   ist ir genad und rat dabey,
   so mag ich euchs desto pas zu guetem keren.

1116 Dem künig von Britone
   bin ich mit trewen so hollt.
   und sollt seinr eren krone
   hie durch geschwechet sein, lieber ich wollt
  5 – des solt et ir für warhait von mir wissen –,
   das ewr helfe und rat hie zu
   mit all hetten die willden wolf zerrissen.

1117 Haha, du gauch vil tumbe,
   wie wechs⟨e⟩lich sich kert
   dein muet [195ᵛᵇ] wanndelich umbe!
   wes dein pett yetz mit vleisse zu mir gert!
  5 dein herr zu vil deins willens dir verheng⟨e⟩t.
   sag an die awentew⟨e⟩r fort!
   dein geschwetz zu dick mit red es unnderstennget.

1118 Ich lass et aber schleiffen,
   seyd irs alls recht wellt han,
   und wil nu fürbas greiffen
   zer awentewr, do ich sy hab gelan. –
  5 die künigin pat Galahut dar kumen.
   sy fragt, ob er des ritters art   K 297,16. P 54,25.
   oder von seinem namen icht hett vernumen.

1115,7 dest⁵ *b*
1118,4 zer] zw *b*

1117,7 unnderstengen: ›*dazwischenstoßen*‹, *vgl.* ¹stengen *DWb 10,2,2,
Sp. 2367.*

1119   Er sprach: »Hört, raine frawe,
        sein wesen, nam und art
        (ewr wird mir des getrawe)
        mir nie von im oder yembt erkennig wardt.«
    5 »so wil aber ichs mit willen euch verjehen!
        sein vater hiess der künig Bann,
        der ye in hochen eren ward gesehen.

1120   Lannzilet selb genennet
        so ist der helld gehewr;
        sein nam lützel erkennet
        der welt noch ist, wie er manng schumpfentewr
    5 erstriten hat in mangen lannden weiten.
        noch bitt der ritter, das sein *nam*
        verholen pleib yetzund zu disen zeiten.«   K 296,34.

1121   Nu kam auch dar zu hannde
        die fraw von Moloandt.   P 55,1.
        der mynn den künig prannde,
        das er verstricket lag in geleichem pandt,
    5 alls ir gehör(e)t habt von jenen payden.
        fraw Mynn schuef, das bis an ir endt
        sy auch waren an mynne ungeschaiden.

1122   Kurz darnach wolten schaiden
        die künig nu haim zu landt;
        trew früntschaft von in payden   K 302,16. P 55,1.
        gelobet ward ir yedem in sein hanndt.
    5 sy gerten an ain ander dick zu sehen;   K 302,31.
        sust schieden sy mit hullden sich.
        hernach mer hört, was ich euch wil verjehen!

1120,6 nam] mynn *nachträglich eingefügt A*
1121,4 gleichm̄ *b*   5 jenem *b*
1122,4 gelobt *b*

1122,7 *Ende des 'Galahot'-Kapitels im 'Prosa-Lancelot'. Es folgt die erneute Suche Gabons nach Lannzilet.*

Namenverzeichnis

Namen mit weniger als 15 Belegen sind (mit Ausnahme von *Minn*) mit allen Textstellen verzeichnet. Bei den übrigen Namen ist das erste und letzte Vorkommen angezeigt. Wesentliche Namensvarianten stehen ebenso in Klammern wie die Flexionsendungen des Nominativs und der obliquen Kasus, sofern sie von der im Stichwort aufgenommenen Nominativform abweichen; vernachlässigt wurden jedoch unbedeutende Schreibvarianten. Auf eine Unterscheidung der Schreibung in den einzelnen Handschriften wurde nur dann nicht verzichtet, wenn bF eine echte Namensvariante bieten (andere Bildung oder ganz anderer Name). Personifikationen wurden mit aufgenommen. Alle Namen jener Figuren, die in dem hier edierten 'Lannzilet'-Teil erscheinen, sind kursiv, Namen anderer 'Lancelot'-Versionen, die zum besseren Verständnis mitunter aufgenommen sind, sind recte (im Stichwort auch in eckige Klammern) gesetzt. »Vorrede« meint die Prosavorrede mit Widmung an Herzog Albrecht. Ist ein Name an einer Stelle mehrfach genannt, erscheint die Anzahl der Belege in runden Klammern, z.B. Vorrede (2).

Aglians: Bruder des Boten, der das Abenteuer *Lannzilets* an der *Dolorose Garde* am Artushof erzählt. 652,1.

Akarin: Kalif von Bagdad. 77,7.

Albrecht: Herzog von Bayern-München, gen. »der Weise« (1465–1508). Vorrede. 5,7. 41,2. 99,4.

Albrecht: her *A.*, Dichter des 'Jüngeren Titurel'. 108,7.

Alibors: (*-bers* 593,6; *Olibers* b 590,6) Hüter der *Künigin Furt*. 581,Ü. 590,6. 607,6. 649,5.

Amor: 499,6. 1113,3.

Anthonius: siehe *Ponthus.*

[*Aramund*]: siehe *Ganues.*

Aristotiles: 85,5.

Artus: (*Artaus, -ause*; Dat.Akk. *-tusen*, Gen. *-tuses*). Vorrede. 133,1–1106,6; siehe auch *Briton* (Land) und *Priton* (Bewohner von *Briton*).

Awe: siehe *Hartman.*

Awentewr: Frau Abenteuer. 603,4.

B siehe *P.*

C siehe auch *K.*

Claudas: (*Kl-*) König vom *Wüesten Lannd*, Gegner der Könige *Ganues*, *Bann* und *Bohort* (I); Lehensherr von *Phariens.* Vorrede. 114, Ü–433,7.

Cupido: 499,6.

D siehe auch *T.*

Darius: (Akk. *-um*) Sohn des Königs *Claudas.* 265, Ü. 275,5. 292,5. 293,5.

Dolet: Toledo 490,6.

Dolorose Garde: (*-rase* 870,2; *-res* 802,4; *-ros* 896,6. 1106,5; – *Gard*; auch nur *Dolorose* oder *Garde*) Burg (›Schmerzenswacht‹) des *Behandies*; siehe auch *Jojose Garde.* 607, Ü–850,2.

Dolorose Klause: Burg des *Behandies.* 670,1; vgl. auch Kommentar zu 664,5.

Elonie: Mutter *Lannzilets.* 646,6; siehe auch *Bonebick.*

Enea: Aeneas. 450,5.

Enge Mark: (*künig von der Engen M.*) König von der Engen Mark, Verbündeter *Galahuts.* 1020,6.

Er: (*-re*; Gen. Dat. *-ren*) Frau Ehre. 8,5. 25,1. 68,1. 78,4. 89,6. 96,1. 97,6. 204,3. 501,6. 1113,5. 1115,5.

Eschenbach: siehe *Wollforan.*

Estroamus: (*Estroanus, Estramus* b) Ritter *Galahuts* im Kampf gegen den Artusritter *Kologriand.* 1013,5. 1014,5.

[Evaine] siehe *Gann.*

Ewklides: Euklid. 65,3.

Floritschanz: Artusburg. 75,5.

Fortun: (*-unne*) Frau Fortuna. 64,4. 80,6. 205,6. 564,3. 758,1.

Frannzois: Bewohner Frankreichs. 664,4.

Fuetrer: siehe *Ulrich F.*

Furt: siehe *Künigin Furt.*

Gabon: (Nom. Akk. *-one*, Dat. Akk. *-onen*, Gen. *-ons/-ones*; Nom. *-an*, Gen. *-ans*) Sohn des Königs *Lot* von *Norwag* und der Schwester von König *Artus*. Vorrede. 605,6–1074,4. – *fili roys Lot* 836,4. – *von Norwag(e)* 768,2. 803,1. 830,4.

Gahanndes: siehe *Behandies.*

Gaharies: (*-he-*, *-hew-*, Akk. *-sen*) Bruder *Gabons*. 871,Ü. 877,7. 882,2.5.

Galahut: (*-alla-* 987,7; *-huet* 1010,2. 1016,1. 1062,3. Gen. *-hutes* 985,2. 1054,2. 1059,2) König von *Soreloys* [Sohn der Riesin Joiande], Herausforderer von König *Artus*. 914,Ü bis 1118,5.

Galat: Sohn *Lannzilets* aus der Verbindung mit Brisane, Vollender der Gral-Queste (KLUGE 2,296,24 f.). Vorrede.

Galatt: Taufname *Lannzilets*. 178,6.

Gallia: Herrschaftsgebiet von König *Ganues*, wohl die Bretagne. 114,2.

Gamahaloth: (*-he-* 472,4) Artusburg. 247,6. 885,6.

Gann: (Dat. *-ne* 341,2. 359,3. 374,1) Stammland und Hauptstadt von König *Bohort* (I), reimt 359,3 und 374,1 auf *-anne*, entspricht im 'Prosa-Lancelot' *Gaun*, im 'Lannzilet' (Prosa) nach PETER *Gami*; vgl. Gaule. Vorrede. 114,Ü.6. 270,3. 302,Ü. 379,5. – Frau von *G.* ist Evaine, die Mutter *Lionells* und *Bohorts* (II), Witwe *Bohorts* (I). 200,2. 202,5. 213,6. 440,Ü. 442,5.

Ganues: (nicht mit Sicherheit auszuschließen sind die Lesungen *Gannes* oder *Gaunes*; *Ganuens* 120,6) Vater von *Bann* und *Bohort* (I), Großvater *Lannzilets*, entspricht Aramund im 'Prosa-Lancelot' und 'Lannzilet' (Prosa). 115,1. 116,5.

Gard(e): siehe *Dolorose Garde.*

Gaule: Land [der Sippe von *Ganues* (Aramund), *Bann*, *Bohort* (I), *Lionell*, *Bohort* (II) und *Lannzilet* mit wechselnder Herrschaft und unklarem Verhältnis zu *Gann/Gaun*, vgl.

Klause: siehe *Dolorose Klause*.

Kologriand: Artusritter im Kampf gegen *Estroamus*. 1013, Ü. 6.

Künigin Furt: Von *Ginofer* entdeckte Furt durch die *Humber*. 581, Ü (2). 595, 5. 598, 7. 607, 4. 649, 4. 664, Ü.

Künigswal: Kloster Evaines und *Elonies*, Grab König *Banns*. 179, Ü. 185, 5. 198, 2. 274, 3. 442, 2.

Lack: See der Fee Ninienne. Vorrede. 175, 7–735, 2. – *fraw vom Lack* (Ninienne). 276, 5. 447, 5. 470, Ü. 479, 5. 480, 6. – *Lannzilet vom Lack*. Vorrede. 645, 7. – *maget* [Botin der Frau] *vom Lack*. 287, 7. 354, Ü. 607, Ü. 621, 6. (689, 5. 735, 2).

Lambegus: (Dat. *-ege, -ego*, Akk. *-egum*) Neffe des *Claudas*-Ritters *Phariens*. 197, 5–444, 5.

Lannzilet: (Gen. *Lannzilet* 935, 6. *-ates* 277, 3. *-ites* 954, 1. *-etz* Vorrede; Akk. *-eten* 960, 5) Sohn des Königs *Bann* und der *Elonie*. Vorrede. 105, 6. 109, 6. 178, 7–1120, 1; siehe auch *Galatt, Lack*.

Leontes (von Boerne): (*-ten* 354, Ü) Ritter aus der Gefolgschaft des *Phariens*. 360, 5. 362, 7. 367, 5. 370, 7. 371, 5. 409, 3. 413, 3. 414, 6. – *Herr von Boerne*. 368, 5.

Libloys: Fürst, Freund *Gabons*. 769, 6.

Lionell: Sohn des Königs *Bohort* (I) und der Evaine, Bruder *Bohorts* (II), Vetter *Lannzilets*. Vorrede. 179, Ü–495, 4.

Logers: (*Lagers* 472, 2) Land des Königs *Artus* (mit der Burg *Gamahaloth*). Vorrede. 649, 3. 737, 3. 845, 6. 868, 6. 869, 6. 880, 7. 942, 6.

Lot: Vater *Gabons*. 605, 6. 836, 4.

Luna: Planet. 100, 2. 102, 4.

Manndragois: Ritter, Hüter eines Edelfräuleins, Gegner *Lannzilets* beim Werben um den Vorzug, für die Frau von *Noaus* zu kämpfen. 578, 1.

Marcurius: (Dat. *-io*) Planet Merkur. 4, 5. 35, 6. 53, 1. 59, 6. 60, 1. 100, 3.

Bann: (Gen. *-nes* 183,6) König von *Bonebick*, Bruder *Bohorts* (I), Sohn des *Ganues*, Vater *Lannzilets*. Vorrede. 114, Ü (2). 117,4. 123,4.7. 124,1. 125,6. 127,3. 128,1. 130,2. 140, Ü. 200,6. 646,3. 896,4. 1119,6.

Baranndes: siehe *Behandies*.

Parzival: Vorrede (2). 208,3. 925,6.

Peffenhawser, Hanns: siehe Kommentar zu 493,4.

Behandies: (*Baranndes* 824,7 [*Branndes* b]. 845,5. 848,5; *Gahanndes* 670,5) Herr von *Dolorose Garde* und *Dolorose Klause*. 708,3. 714,2. 720,5. 723,2.

Phariens: (Gen. *-ses* 209,2) Ritter und Lehensmann des *Claudas*, von *Bohort* (I) vertrieben (vgl. 187,2), dessen Söhnen *Lionell* und *Bohort* (II) aber noch loyal, Onkel des *Lambegus*. 197,4–444,5.

Pittagoras: 46,7.

Boerne: siehe *Leontes*.

Bohort (I): (Gen. *-horts* 227,5; *-horten* 238,1) König von *Gann*, Sohn des Königs *Ganues*, Bruder König *Banns*, Vater *Lionells* und *Bohorts* (II). 114, Ü. 117,5. 183,5. 187,2.

Bohort (II): (*Pohort*, Gen. *-orz* Vorrede) Sohn des Königs *Bohort* (I), Bruder *Lionells*, Vetter *Lannzilets*. Vorrede. 179, Ü. 265, Ü. 276,6. 291,6. 354,2. 445,6. 487,4. 495,4.

Bonebick: (*Bonabick* Vorrede) Land des Königs *Bann*. Vorrede (2). 114, Ü.6. 122,2. 270,3. 646,1. – *küniginne von Bonebick* (*Elonie*, Mutter *Lannzilets*) 265, Ü.1. 446,6.

Ponthus Anthonius von Rom: Graf aus *Rom*, Verbündeter des *Claudas*. 123,6. – *Römer* (Akk.) 125,4.

Praun: (*Brun*, Dat. *Brunen* 803, Ü; Gen. *-ns*) Ritter »ohne Barmherzigkeit«, Gegner *Gabons* bei dessen Suche nach *Lannzilet*. 807,3. 808,5. 810,6. 812,1. 820,1. 821,5. 825,4. 829,1. 831,5. 832,4.5. 833,6. 881,2. 883.6.

Pretschlaipfer: siehe Kommentar zu 493,4.

Priscianus: 17,1. 19,1.

Briton: (*Britan, Priton, Pritan*; *Britonie* Vorrede; Dat. Akk. *-one, -oni, -onia, -onn*) Land des Königs *Artus* (siehe auch

Priton, Pritonierlannd). Vorrede. 239,6. 268,5. 460,6. 469,6. 470,Ü. 550,5. 559,6. 587,4. 588,6. 593,7. 744,4. 750,1. 989,1. - *künig von Briton* o.ä. (*Artus*). Vorrede. 133,1. 134,2. 470,6. 650,6. 753,6. 901,6. 949,6. 987,7. 1012,5. 1047,1. 1116,1. - *küniginne von Briton* (*Ginofer*) o.ä. 525,Ü. 550,5. 587,4. 588,6. 744,4. 750,1.

Priton: (*Pritann* 664,4; Gen.Pl. *Britonier/Pritonier* 248,6. 842,4. 852,7. 942,6; Akk.Pl. *Pritonen* 1059,7; Akk.Sg. *Pritoneys* 1024,7; Nom.Pl. *Pritoneysen* 975,4. 984,5; Gen.Pl. *Pritoneyser* 667,7) Bewohner von *Briton*. 706,2. - *Britonier lannd* s.o. *Britonier*. - *Artus der Priton, A. der Pritoneyser herre*. 706,2. 667,7.

Brun: siehe *Praun*.

Ptholomeus: 25,4 (*Jotholome* b). 33,1.

Pütrich: *Jacob P*. von Reichertshausen. 1023,1.

Rein: *bey Rein*, Pfalzgrafschaft der Wittelsbacher seit 1214. Vorrede. 99,3.

Rittern (Dat.): siehe *Hundert R*.

Rom: 123,6. 490,6.

Römer: (Akk.Sg. 125,4; Gen.Pl. 121,5), siehe auch *Ponthus Anthonius*.

Ruedoll: Rudolf von Ems. 108,6.

Sand Johanns: Johannistag (24. Juni). 469,5.

Sand Jacob: Santiago de Compostela. 490,5.

Saturnus: (Akk. *-um*) Planet. 37,7. 71,6. 72,2. 83,5.

Satzenhofen: siehe *Ulrich von S*.

Schannd: Frau Schande. 24,7.

Selld: (*-äll-, -de*; Gen.Sg. *-den*) Frau Sælde. 7,7. 43,5. 611,4.

Sol: Planet. 100,2.

Soreloys: Land des Königs *Galahut*. 916,1.

Spanielandt: 1041,4.

Straspurg: siehe *Gotfrid*.

Suene: Frau Sühne, Versöhnung. 428,3.

Taflrundt: 1013,Ü.

Tagenot: (*D*-), zugleich schwächlicher und aufschneiderischer Artusritter, Narr. 929,6. 932,2. 959,5.

Tann: *(her) von T.*, Anhänger des *Claudas*. 344,4.

Tennemarke: siehe *Über T.*

Tido: Dido. 450,5.

Trewe: (-*w*; *Troye* 138,2 b) Hauptstadt König *Banns*. Treves-Cunault an der Loire (?; Maine et Loir, Arrondissement Saumur). 128,5. 138,2. 140,Ü. 166,6. 170,4.

Triphon: (Gen. -*nes*), Ungeheuer in der griech. Sagenwelt. 137,2.

Tubal: Sohn Lamechs, im System der Septem Artes nach 1 Mose 4,21 f. Begründer der Musik, vgl. Kommentar zu 79,1.

Tulius: M. Tullius Cicero. 55,4. 56,3. 58,1.

Türlin: siehe [Heinrich].

Über Tennemarke: (-*markt* 823,7) *künig von (der) Ü. T.* (KLUGE 1,189,12,17; 190,3 *konig von Uber den* [*der* 198,3] *Marcken*; 194,34 *k. von der Uber Marcken*). 738,5. 776,5. 783,Ü.

Ulrich Fuetrer: (*Ulreich Fuertrer* Vorrede, sonst nur *Ulrich*) 10,1. 92,6. 105,1. 206,1. 603,1. 1086,1. 1114,6.

Ulrich von Satzenhofen: (*von S. her Ulrich*) Ulrich von Zazikhoven. 109,4.

Uriens: Artusritter. 605,6.

Valand: *der Valands man* (die eherne Figur auf *Dolorose Gar-de*). 637,2.

Venus: Planet. 37,1. 70,7. 78,2. 80,1. 83,2. 88,6. 90,5. 100,5. 103,1.

Waldack: Bagdad, Sitz des *Waruch*. 77,6.

Waruch: (Gen. -*s*) Titel des Kalifen. 430,2.

Wer: Frau Werre, Zwietracht. 1113,4.

Wirrig: Wirnt von Gravenberc (vgl. Fuetrer, 'Wigoleis', 317,6).
108,6.
Wirzpurg: siehe *Johannes von W.*
Wollforan: *von Eschenbach her W.* 108,4.
Wüestes Land: (Dat. *Wüesten L.*) rechtmäßiges Land des Kö-
nigs *Claudas.* 114,Ü. 115,4. 121,6.

Zirien: *her von Z.*, Anhänger des Claudas. 344,4.